JN436390

31 | 계명한국학총서

영남의 음악과 무용의 전통을 찾아서

| 계명대학교 한국학연구원편 |

계명대학교 출판부

| 계명한국학총서 31 | 영남의 음악과 무용의 전통을 찾아서

머리말

계명대학교 한국학연구원은 2011년도 11월 18일에 기획시리즈의 하나로 〈영남의 지역예술연구 I〉이라는 학술대회를 성황리에 열었다. 거기에서 발표된 총 여덟 편의 논문이 학술대회의 지정토론자와 청중의 토론을 거치면서 이제 완성된 형태로 계명대학교 한국학 총서에서 빛을 보게 되었다.

지역예술은 우리에게 낯선 개념이다. 그동안 우리 지역에 사는 도시민들은 서울을 열심히 따라가는 것을, 특히 다른 지역보다 앞서서 따라가 전국적인 경쟁에서 우위를 차지하는 것을 지향점으로 삼아왔다. 그 걸음에서 잠시 멈추고 지역예술이라는 개념의 중요성을 생각해 보게 된다. 지역 단위의 정체성 찾기는 최근에 와서 화두가 되었다. 전 지구가 모든 분야의 교통과 소통이 수월해지면서 국가 간 방벽이 없어지고 있다. 그러면 이 세계가 이루어왔던 다양성이 없어지고 모두 다 같아지는 게 아닐까, 대세를 이루는 주류가 형성되어 모두 따라가야 하는 건 아닐까, 여러 불안감이 있다. 이제는 거스를 수 없고, 바로 내 피부로 느낄 수밖에 없는 세계화의 흐름과 함께 나타나는 것이 지방화 추세이다. 그 흐름도 역동적으로 일어나야 하는데도 불구하고 우리 대구영남인은 너무 안이한 것은 아닌가 질문하게 된다.

영남지역 예술연구의 활성화를 위한 초석 깔기를 시도한 논문들로 구성된 이 책에는 영남 전통예술의 줄기 연구의 의미를 찾고, 음악, 무용에 있어서 지역 양식을 차별화 시켜 연구를 진행한 결과를 담았다. 첫 논문으로 춤연구의 대부이신 부산대학교의 채희완 교수님의 영남예술의 미적세계 탐구를 위한 방법론적 논의가 실렸다. 이어서 세편의 영남풍류를 이어간 기생과 가객의 연구가 묶였다. 한국음악문헌학회의 손태룡 대표는 일제 강점기에 대구 기생조합과 권번 연구를 수행하면서 쉽게 찾을 수 없는 자료까지 끌어내어 이후 연구의 기틀을 마련해 주었다. 한국예술종합학교 김성혜 선생님은 경주 가야금 풍류객 이말량의 활동을 보여주었고 경북대학교의 정서은 선생님은 영남가객 김유기와 한유신에 집중하여 영남풍류 연구를 진전시켰다. 이어진 두편의 무용 연구에서는 계명대학교의 이종희 선생님이 대구의 명무 최희선(1929-2010)을 조명하였으며, 섭무용단 김용철 대표는 대구 남성무용수의 역할과 의미를 다루었다. 마지막에 실린 두 편은 음악 연구로 먼저 부산대학교 최헌 교수님이 영남민요토리의 이론과 실제를 논의하였고, 이어서 계명대학교 박미경 교수님이 영남 음악의 지역양식: 차별화논의를 시작하며 라는 제목으로 처음 〈영남의 지역예술연구 I〉이라는 학술대회를 기획하게 한 문제의식을 제기하여 추후 나아갈 방향을 제시하였다.

계명대학교 한국학연구원

● Content

영남의 음악과 무용의 전통을 찾아서

영남예술의 미적 세계 탐구를 위한 방법론의 모색
- 통영 승전무를 대상으로 한 통학문적 접근 | 채희완

영남예술의 미적 세계 탐구를 위한 방법론의 모색

—

통영 승전무를 대상으로 한 통학문적 접근[01]

—

채 희 완

Ⅰ. 민족춤학으로 · 춤인류학으로 접근

1. 자료의 수집 및 체계화 방식

1) 역사민속학으로, 구비현장연행론으로 접근

전통춤 등 민속학연구대상의 일반 사례에 대한 접근 방법은 대체로 두 가지가 있다. 하나는 역사 민속학으로서 문헌고찰의 방법이고 또 하나는 그 문화양태가 존재하고 있는 그곳에서 직접 관찰·기록하는 구비현장연행론의 방법이다. 나중 것은 현장의 민속지民俗誌(ethnography)의 구성이다. 모든 민속예술은 모아서 기록하고 체계화하는 이 민속지의 과정을 거치지 않으면 소멸·변질되기 때문에 기록법을 개발해서 그것의 핵심 실체를 놓치지 않고 제대로 파악하는 방법이 지속적으로 연구되어 왔다. 그것은 민속학뿐 아니라 인류학에서도 마찬가지이다.

---

01 이 글은 2011년 11월 18일 계명대학교 한국학연구원이 주최한 학술대회 〈영남지역예술연구 I〉에서 기조발제로 발표된 논문을 수정하여 같은 연구원이 발간한 『한국학 논집』 제46집에 실린 글을 조금 손질한 글이다.

특히 문자언어가 아닌 음악, 연극, 춤, 놀이 등은 그것을 문자로, 기호로 옮겨 기록해야만 학문의 대상이 된다. 그러기에 비발성언어의 것을 기록하는 기호언어학의 힘을 빌어 표기화(notation)하는 과정을 거치고 있다. 앞으로 영상민속학이 진전되어 영상자료물이 좀 더 진한 학문자료가 될 수 있겠지만 그렇다고 하더라도 그것은 1차적 자료일 뿐 이를 다시 기록하여 그라피화〔誌化〕해야 할 것이다. 이러한 두 가지 연구, 즉 문헌자료에 의한 역사 민속학의 연구와 함께 구비현장자료를 통한 비문자언어의 현장연행론적 실체기록과 연구는 핵심과제라 할 것이다. 그리고 그것은 현장연행의 살아있는 '판'의 원리 속에서 여러 인접 매체와 문화복합적인 요인과 상황이 다시 한 번 몸을 섞는 생동하는 자료(materials in action)로 구축되어야 할 것이다.

2) 현장조사 가이드 및 분석요소들

춤인류학자인 조안 케알리이노호모쿠(Joan Kealiinohomoku)가 1970년대에 고안한 현장조사 가이드와 여러 가지 분석요소들을 참조하여 최해리가 요약하고 한국화시킨 조사방법론이 있다.[02] 현장 조사의 방법론이면서 또한 조사된 내용을 어떤 식으로 분류하여 항목의 틀을 만들 것인가를 제안한 것이다. 일별하자면, 춤의 환경적 측면(춤의 성격, 유형, 구조, 춤에 대한 민족학적 평가, 춤의 전승), 신체

02 최해리. 2005. 「현장자료의 조사 및 수집방식」. 『민족미학』 4집. 민족미학연구소. 141-151쪽; 최해리. 2010. 「춤인류학에서의 움직임 연구」. 『한국탈춤의 몸짓말 갈래사전 연구』. 민족미학연구소 편. 경당. 105-119쪽.

활용 측면(기본자세, 특정보법, 두드러지는 몸 부위, 신체부위에 따른 움직임, 준비자세, 상징적 몸짓, 두드러지는 움직임 단위), 공간 활용 측면(공연장 유형, 공간 구성, 배열과 배치), 시간 활용 측면(공연 길이와 전개 속도, 연주의 형태, 악기의 종류와 역할, 음악, 공연도중의 변화, 두드러진 장단), 에너지 활용 측면(에너지에 대한 인식, 흐름, 무게감, 역동성, 움직임의 시작과 파장, 움직임의 성격, 악센트의 유무와 종류), 춤의 수반요소(공연자, 장식과 소도구, 관람자) 등이다. 하나의 현장자료 또는 공연자료에 대해 다방면으로 접근하여 송두리째 대상물을 기록하고 체계를 세우는 방식이다.

승전무는 이미 1968년에 중요무형문화재 제21호로 지정되면서 역사민속학의 문헌자료와 함께 연행현장의 기록을 통해 계속 민속지의 작업이 수행되어 왔다.[03] 또한 살아있는 현장적 자료로서 보유자 한경자(1942~), 엄옥자(1943~)를 비롯하여 이들의 윗대인 정순남(1907~1987), 이갑조(1901~1982), 주봉진(1891~ 1975), 박경규(1903~1969), 이치조(?~1989), 박복률(1935~1989) 등 작고한 보유자들의 연행 자료와 함께 여러 이수자들[04]과 전수자들이 현

03 김천흥 · 박헌봉 · 유기룡. 1966.「무형문화재 조사보고서 제 18호 진주검무」. 문화재관리국; 김천흥. 1967.「무형문화재보고서 제 36호 승전무(통영북춤)」. 문화재관리국; 박준홍. 1968.「승전무」. 유인물. 충무무형문화재보존협회; 엄옥자. 1973.「영남검무의 춤사위연구」. 경희대석사학위논문; 같은 저자. 2004.『승전무』. 국립문화재연구; 같은 저자. 2008.『승전무의 실상』. 새한미디어; 이보형 · 정병호. 1985.「무형문화재 조사보고서 제 169호 통영검무」. 문화재관리국; 정말숙. 1987.「진주 통영 해주검무의 비교연구」. 동아대 석사학위논문; 김윤옥. 1995.「영남북춤 춤사위연구」. 영남대 석사학위논문; 통영문화원. 1997.「승전무(북춤, 칼춤)」. 학술세미나 자료; 이왕진. 1997.「진주검무 통영검무의 비교연구」. 중앙대 교육대학원 석사논문; 차옥수. 1998.「진주검무의 표현기법과 춤사위분석」. 한국체육대 박사학위논문; 정수연. 2000.「궁중검무와 각 지역 검무의 비교분석」. 중앙대 석사학위논문; 강인숙. 2001.「진주 전통춤 전승 및 발전방향」.『진주문화』제 26호. 진주문화원; 성계옥 · 차옥수. 2002.『진주검무』. 화산문화; 임수정. 2004.「한국의 검무 음악연구」.『음악과 민족』제 23호. 민족음악학회; 같은 저자. 2011.『한국의 교방검무』. 민속원.

장인으로 활동하고 있어 그분들 스스로의 활동이 일차자료인 셈이다.

앞의 일별한 여러 가지 항목들에 대입하여 얻어낸 여러 자료를 중심으로 이러저러한 항목을 만들어 줄기와 계통을 잡아보는 것이다.

2. 공연생태학으로 접근

공연생태학의 접근방식은 통시적 접근과 공시적 접근으로 나누어 볼 수 있다. 통시적 접근은 수직의 접근방법으로 시대적 흐름에 따라 어떻게 생겨나서 어떻게 흘러와 지금에 이르렀는가를 살펴보는 것이다. 공시적 접근은 수평의 접근 방식으로 현재 공연현장을 중심으로 공연이 생겨나고 벌어지는 '판'이라는 출렁이는 현장의 여러 측면을 다루어보는 것이다. 오늘날 하나의 공연물이 무대공간에 올려질 때처럼 공연 제작자나 기획자, 연출자와 스텝진들, 그리고 관중 위치에서 여러 과제를 다룰 수 있을 것이다. 이는 '연행적 채비'의 문제들이다.05

---

04 2008년 현재 전수조교로는 김진규, 유덕관, 김정희, 장영미 등이 있고, 이수자로서 김경란, 정두애, 김명희, 임유숙, 유인숙, 박정, 박연주, 장경숙, 김귀업, 김정미, 김정련, 추미경, 박준희, 조수미, 공민선, 유송이, 변지연, 이경화, 서명순, 장윤정 등이 있다. 부산지역에서도 보유자 엄옥자를 중심으로 <연무회>(1985년)가 결성되어 김윤옥, 변지연, 김연화 등 25명이 승전무를 이어받고 있다

05 채희완. 2003. 「탈춤구조 속 말뚝이의 극적 성격」. "'말뚝이는 누구인가' 제1회 진주탈춤학 예굿" 발표자료.

1) 통시적通時的 접근

통시적 접근은 두 말할 나위 없이 승전무가 여러 세대를 거쳐서 전승되어온 점을 염두에 둔 것이다. 대부분 전통문화는 여러 시대의 것이 한 몸 속에 적층되어 있다. 시대가 흘러도 전 시대의 것이 남아 큰 부분을 이루고 있고, 새로운 것이 들어오더라도 곧바로 이전의 것이 변화되는 것이 아니라 이와 부딪치고 무너지며 굴러가면서 쌓인 변이과정의 것이다. 승전무인 경우에도 이러한 과정을 겪으면서 오늘에 이르렀다고 짐작하지만 여러 세대의 것이 공존하고 있는 양상이 어떠한가를 살펴보는 것이다.

(1) 발생의 토대와 형성과정

그러한 시각에서 승전무의 발생 토대와 형성과정에 관한 여러 가지 논의가 있다. 통영 승전무는 궁중의 것에서 교방의 것으로, 다시 교방의 것에서 통영의 것으로 이행된 것이라는데 과연 그러한가. 또는 통영이라는 지역적 토대 위에서 궁중이나 교방청 또는 기방의 것이 얹혀간 것은 아닌가, 하는 두 갈래의 방향에서 함께 다루어본다. 그런가 하면 통영승전무의 음악과 복색은 〈남해안별신굿〉과의 긴밀한 관련 속에서 갖추어졌음도 확인해볼 수 있다.

(2) 유형의 변이와 정착성 또는 유형적 현장 적응성

대부분의 적층문예적인 전통문화, 특히 춤이나 음악은 그 전승의 특성으로 '유형적 즉흥성'이라는 점을 지적한다. 틀을 가지고 있되 그 상황과 현장에 따라서 적응하는 개성의 발휘라는 것이다. 큰 테두리 속에서 조금씩 변화하는 것은 지극히 자연스럽고 오히려 그것이 개성적 창조력이 개입된 것이라는 점에서, 전래의 것을 그대로 고수해야 하는 일본 전통문화의 전승방식인 가원제家元制와는 엄밀하게 구분된다고 보는 것이다.06

그런데 승전무가 처음부터 하나의 고정된 틀을 지닌 채 변화하면서 유전해 온 것인지, 아니면 일정한 틀을 갖추지 않은 채 상황을 겪으면서 새로운 것이 들어오고 나가고 부딪치면서 정착해왔는지, 하는 문제이다. 그리고 이제 무엇보다 승전무가 안고 있는 과제는 1968년 중요무형문화재 제 21호로 지정됨으로써 더 이상의 소멸과 변질을 막는 기능을 다하여야 한다는 사실이다. 그러나 바로 그런 점에서 하나의 살아있는 생명체로서 지닌 현장 적응력과 창의력을 오히려 저해하는 것은 아닌지를 판별해야 할 과제가 뒤따른다.

(3) 집단 창작, 그리고 안무와 실연의 총합성

또 하나는 개인의 창작과 집단의 창작 문제이다. 집단창작이라해도 주도적인 인물이 있을 수도 있고 거기에 작용한 개인의 아이디어나 개별적인 창작계기가 또한 중요하다. 그러나 한 사람의 주도 아래 출발하였다고 하더라도 되풀이 연행되면서 더하고 빼고 바뀌어져 온 그 자체가 창작의 전 과정이라 할 수 있다. 집단적 작가의식과 집단적 무의식이 하나의 '저장된 상황'으로 유형의 틀을 이루어, 이것

06 이혜구 · 채희완 대담. 1980.「한국춤의 정신은 무엇인가」.『춤』. 1980년 11월호.

이 계속해서 창조의 계기를 이루었음을 지적해낼 수 있는 것이다. 그러한 지속적인 창작과정과 함께 그것을 보고 가꾼 사람들의 쌓이고 쌓인 적층된 관점, 즉 '집단 창작'과 '집단 향수'의 관점을 좀 더 강조해서 볼 때에야 한국인의 미의식의 탐구상 특수성과 아울러 보편성을 확보할 수 있을 것이다. 이런 문제와 더불어서 살펴볼 것은 춤꾼과 안무가와의 관계이다. 전통춤문화 속에서는 춤꾼과 안무가의 경계가 뚜렷하지 않다. 예나 이제나 연행자로서 춤꾼들도 자기 스스로의 예술세계를 기존에 주어진 춤 속에 펼쳐내기 때문에 재해석자로서 자기창조의 활동을 한다고 여긴다. 더구나 연주행위가 곧 작곡이자 창작인 전통음악의 경우처럼 대부분의 전통춤 또한 이러한 특성을 지니고 있다. 안무와 실연이 연계된 총합적인 관점에서 볼 때 승전무는 어떠한가하는 것이다.

(4) 공연 전승의 동인 및 계기

또 하나는 승전무가 오늘날까지 전승될 수 있는 실제적인 요인들은 무엇인가 하는 것이다. 승전무는 넓게 보아 해마다 맞이하는 세시풍속행사의 하나로서 말하자면 통영관아의 명절행사라는 점이다. 제향제祭享祭라든가 이순신 장군을 기리는 의례행사의 배경 속에서, 또는 관아의 여러 행사에서 연례용이나 접대용으로 행해지기도 했고 또 필요한 대로 궁중행사나 관아행사에 불려나가기도 했을 것이다. 일제치하에서 승전무의 전승은 또 어떠하였는가. 중요무형문화재로 지정된 이후에도 정기공연 이외에 각종 경축행사에서 공연되기도 하고 개인의 발표회장에서 공연되기도 한다. 이처럼 승전무의 공연의 계기가 어떻게 주어지는가에 따라 공연의 목적과 내용이 달라질 수 있음에 유의함직하다.

또 전통예술의 하나로서 승전무의 경우 하나의 예술작품으로서 공연하는 것은 가능한 일이 아니었다. 오늘날 극장무대와 같은 것이 없었을 뿐만 아니라 마당판이나 대뜰이라 하더라도 개인적으로, 또는 연희집단 스스로의 힘으로 승전무를 올려보겠다고 해서 과연 전통사회에서 그 뜻을 펼 수 있었겠는가 하는 것이다. 다른 전통종목과는 달리 특히 이순신 장군을 기리는 것이 행사목적인 승전무의 경우에는 개인이든 집단이든 혼자해서 공연계기를 마련하기란 여간 어렵지 않았겠는가라는 점이다.

(5) 산악백희의 시공간과 합설

그것과 연관해서 본다면 승전무가 버라이어티 패키지 쇼와 같은 행사에서 여러 공연물들과 더불어 행해졌던 것 중의 하나였다는 점에 유의해 보아야 할 것이다. 여러 연행물 중의 한 프로그램으로서, 그야말로 산악백희散樂百戱의 시공간 속에서 동반 연행물들과 승전무의 관계 설정은 어떠했는지. 어떤 위치에서 어떤 역할이었는가 하는 것이다. 또한 자발이었든 강제였든 북춤과 칼춤이 합설合設된 동인과 과정도 살펴볼 일이다. 그와 함께 소도구로서 '칼'의 변천과정도 유의해 볼 일이다.

(6) 악가무 일체로서 음악과의 긴밀성

승전무는 하나의 춤으로서 뿐만 아니라 악가무일체樂歌舞一体의 총체연행으로서 특성을 지니고 있다. 대부분 전통춤의 경우 춤을 주도적으로 이끈 인물들이 음악인이었기에 음악과 함께 하는 안출능력이 춤을 이끄는데 결정적이었다고 한다면 승전무의 경우는 어떠한지, 이를 주도한 인물의 음악과 춤과 연극의 안목과 기량과 수행과정은 어떠했는지도 살펴보게 된다.

(7) 전승교육의 창조적 개성의 존중과 구전심수

그리고 승전무의 전승제도가 출연자, 전승자들에게 개인의 창조적 능력을 발휘할 수 있도록 열어주고 있는지, 어떻게 배려하고 있는지도 살펴볼 만하고, 구체적인 교습방식은 어떠했는지도 과제가 된다. 특히 구전심수口傳心授라고 하는 교육방식이 마냥 비과학적인 것이라고만 할 수 있는 것인지, 다시한번 승전무를 통해 '비과학적인 것의 과학성'[07]을 새로운 과제로서 설정해 볼 수 있을 것이다.

2) 공시적共時的 접근

이는 특히 '짜여진 판놀음'으로서 승전무와 연계된 것으로 공연공간의 현장연행론으로서의 과제들이다. 이러한 공연공간의 형성문제

---

07 김지하 · 채희완. 2003. 「유랑성과 정착성, 그 이중교호적 '얽힘'과 민족미학」. 『민족미학』 제 1집. 민족미학연구소.

는 두 가지로 구분해 볼 수 있다. 하나는 공연공간의 갈래짓기에 따르는 문제이고 다른 하나는 앞일패와 뒷일패, 그리고 관중과의 문제이다.

(1) 공연공간의 형성 1 : 공연공간의 분류방식 : 마당, 대뜰, 방안

여기서는 우선 전통춤의 분류방식에 관한 논의에서 출발해보기로 한다. 전통춤의 분류는 주로 전통음악을 분류하는 방식에 따르는데[08] 이때 춤과 음악은 동양고대문화권에서는 혈연관계이기도 하다.

음악 아카이브(archive)를 운영할 경우 자료를 손쉽게 제공할 수 있도록 자료 정보학적인 분류의 갈피를 잡는 방안 중에 특히 이보형의 기록자료실의 분류방식[09]이 유효하다. 그는 '연행되는 장소'를 중심개념으로 하여 분류하는데, 이야말로 연행의 계기와 목적과 기능, 연행의 유통과정, 연행자의 사회적 예술적 위상 등을 함께 고려해 볼 수 있는 종합적 분류법이라 하겠다. 이를 크게 세 가지로 갈래짓기하여, 하나는 '마당'이고, 또 하나는 '대뜰'이고, 또 하나는 '방 안'이라 하였다.

먼저 마당이란 야외공간을 말한다. 일터, 들판, 시장판, 마을의 쉼터, 굿판, 서낭당, 광장 등이 그곳이다. 대뜰은 전정殿庭으로 궁중무가 수행되는 대궐 뜰이나 일무의 종묘, 석전釋奠의 대뜰, 불교의식무가 올려지는 법당 대뜰이나 교방무가 거행되는 동헌, 관아, 오위영

08 채희완. 1985. 「전통춤의 분류 체계」. 한국국악학회와 한국무용연구회 공동주최 학술대회 발표문.
09 이보형. 1985. 「한국전통음악 자료의 십진분류방법표」. 『월간문화재』 제 9호. 문화재보호재단.

의 대뜰 등이다. 또 방안은 사랑방, 기생방, 풍류방, 도시상공인의 공방, 공청 등을 들 수 있다.

① 공연공간 : 대뜰

승전무는 대부분 대뜰, 곧 전정에서 수행되었다. 그렇다면 대뜰 중에서도 어떤 자리인가, 공연이 펼쳐지면서는 평상의 공간이 어떻게 공연공간으로 바뀌어지는가도 흥미로운 문제이다. 그리고 무대공간과 악사석, 객석 등 대뜰의 공간 배치는 어떠하고, 또 지형지물의 활용은 어떠한가도 관심사이다.

② 악가무일체

또한 승전무는 악가무일체의 것이다. 음악과 노래와 춤이 어떤 관계로 총체성을 지니는가. 또 악사들의 배치에서부터 악기 구성법, 공연 전후의 분위기, 또 가령 협무(협무)의 '지화자'라든가 하는 목소리가 판의 분위기를 어떻게 이끌어가는 지도 흥미롭다.

③ 조명 및 무대구성과 동작선

또 밤과 낮의 조명, 자연광으로서의 효과 등이 판의 분위기를 어떻게 조성하는지. 또한 가설무대와 휘장, 차일치기, 대고와 홍고 등 북의 배치, 의물儀物과 의장대의 출몰, 그리고 원무元舞 네 사람를 비롯한 협무挾舞 네 사람 등 여덟 사람, 열여섯 사람 등으로 판이 구성되는 방식, 작대무作隊舞로서 직선, 휘어진 직선, 곡선, 원형 등 동작선과 대열의 형상 등이 시지각적으로 중요한 항목이 된다.

특히, 오늘날은 막을 이용해 이미 배치된 상태에서 연희하지만 전통춤인 경우는 야외에서 무대막이 없이 연희되기 때문에 관중에게 등・퇴장이 노출되기 마련이다. 그런 점에서 공연으로 진입되는 과정은 어떠하고, 또 어떻게 마무리되는지, 공연 판과 관중과의 거리, 각도, 위치 등은 어떠했는지도 살펴볼 일이다.

(2) 공연공간 형성 2 : 뒷일패와 관중, 그리고 축전

①공연관행

총괄적으로 기획, 제작, 홍보를 거쳐 공연물로서 올려졌을 때 공연 수행자들 사이 앞일과 뒷일의 분담방식은 어떠한지도 공연생태학의 과제이다.

② 축전과 관중

제향일이나 오위영이나 관아에서 승전을 기념하는 경축행사로 올려진 승전무는 민관군 합동의 축전이기에 산악백희적 배치에다 앞놀이, 판놀음, 뒷놀이로 구성되어 있었음이 분명하다. 그러므로 이때 관중은 동원된 것인지, 자연스럽게 모여들게 된 것인지, 또 어떠한 의관으로, 어떤 상태에서 관람하는지, 또 어떤 때는 연회석상에서 한 사람씩 상차림을 받으면서 구경한 것인지, 관중들이 음전하게 앉아 바라보기만 한 것인지, 아니면 연희에 적극적으로 개입하였는지 등도 흥미로운 항목이 될 것이다. 그리고 관중들은 관람 후에 어떻게 다시 생활공간으로 돌아갔는지 등도 과제꺼리이다.

③ 그리고 공연의 시 · 공간의 가변성을 이끌어내는 문화기획의 마인드를 간취해내어야 하는 것이다. 이는 결국 공연현장을 감싸돌고 있는 역학적 관계들이 하나의 '판' 안에서 어떻게 한 몸을 섞어 생동하는 자료(material in action)를 구축하는가에 달린 과제이다.

여기까지가 기초작업이다.

이제 다음 논의들은 이를 기초로 한 접근방식의 이동, 관점의 이동이다.

Ⅱ. 춤 언어체계 및 춤의 동작언어학으로 접근

다음의 과제는 춤의 기호언어체계라 할 수 있는 동작의 기록법을 통해서 학문의 대상으로 정착시키고 그것의 동작언어학적 의미를 밝히는 작업이다.

여기서는 형체를 갖고 있지 않는 춤을 어떻게 기록하여 학문의 연구대상으로 삼을 것인가 하는 것이 일차 과제이다. 이른바 비문자 언어 또는 비발성언어(non verbal language)를 어떻게 학문의 대상으로 삼을 수 있겠는지에 연관된다. 형체가 없는 음악을 악보로 기록하듯이, 형체가 없는 몸의 움직임을 무보舞譜로서 기록하는 여러 가지 표기〔notation〕 방법들을 통해 이를 기호언어학으로, 동작언어학으로, 의미론으로, 해석론으로 접근할 수 있겠는가 하는 것이다.[10]

---

10 신체움직임을 연구하는 동작학(kinesics)에 관한 참고문헌으로는 Ray L. Birdwistell. 1952. *Introduction to Kinesics.* Lousville Univ. Press. 같은 저자의 1952. Kinesics *and Context,* Harmondsworth : Penguin. 같은 저자의 1963. *The Kinetics and the Investigation of the Emotions,* in Knapp, P., ed., *Symposium on Expressions of Emotion in Man.* N. Y. International Univ. Press. 같은 저자의 1964. "Behavior and Communication" *in International Encyclopedia of the Social Science.* N.Y. The Free Press. 그리고 Richard Schechner. 1985. *Between Theatre and Anthropology.*

1. 동작기록법

동작의 기록법으로는 세종 조에 개발된 정간보법井間譜法, 라반이 개발한 라반노테이션(Labanotation, Kinetography Laban)[11]을 비롯하여 베네쉬동작기보법(Benesh Movement Notation), 에쉬콜-바크만 동작기보법(Eshkol-Wachman Movement Notation), 그리고 북한에서 평양음악무용대학의 우창섭 교수를 중심으로 약 15

Pennsyvania Univ. Press. 같은 저자의 1977. Essay on Performance Theory. N. Y. Drama Book Specialist Publisher; Randall P. Harrison. 1974. *Beyond Words.* Englewood Cliffs: Prentice Hall; Miles L. Patterson. 1983. *Nonverval Behavior.* N. Y; Springer. Fernando Poyatos. 1976. *Man beyond Words.* Oswerge. N. Y : State Univ. of Coll; 같은 저자의 1983. *New Perspectives in Nonverbal Communication.* Oxford, Pergamon; 같은 저자의 2002. *Nonverbal Communication across Disciplines,* John Benjamins, 2002. Patrice Pavis, *Analyzing Performance: Theatre, Dance, and Film.* A. David Williams(tr.) Ann Arbor, Adrienne L. Kaeppler. 2008. "Anthropological Analysis Of Dance Structure and Style". 민족미학연구소 학술발표회, 2008. 5. 22, Martine L. A. Sternberg(ed.), *American Sign Language Concise Dictionary,* N. Y: HarperPerennial; David F. Armstrong and William G. Stokoe and Sherman E. Wilcox. 1965. *Gesture and the Nature of Language,* Cambridge Univ. Press; 김영순(옮김). 2001. 『몸짓과 언어본성』. 한국문화사; 채희완. 2005. 「한국탈춤의 몸짓말갈래사전 연구」. 『민족미학』 제 4집. 민족미학연구소; 신상미·김재리. 2010. 『몸과 움직임 읽기』. 이화여대출판부.

11 라반노테이션을 풀이한 책으로, Muriel Topaz and Odette Blum. 1996. *Elementary Labanotation : A Study Guide,* N. Y ; Dance Notation Bureau Press; 신상미·최해리 역. 2001. 『라바노테이션 : 움직임 기록법의 실제 I』. 대한미디어; 신상미·김재리. 2010. 몸과 움직임 읽기. 이화여대출판부 등이 있고, 라바노테이션으로 한국춤을 기록한 것으로 <타령춤>이 조원경. 『무용예술』(1967)에 실려 있고, <처용무>와 <춘앵전>이 Judy Van Zile. "Two Korean Court Dances"(1982)에, 그리고 한영숙류의 <살풀이춤>이 "Young-Sook Han's Salpuri Chum : Labanotation and Stylistic Analysis of a Traditional korean Dance"에, <봉산탈춤 미얄춤>이 신상미. 2003 「봉산탈춤 미얄과장에 등장하는 인물들의 신체표현과 공간관계」. 『무용기록학회지』 3집에, 봉산탈춤을 비롯한 산대놀이, 야류, 오광대의 기본 춤사위들이 민족미학연구소. 2010. 『한국탈춤의 몸짓말 갈래사전연구 I, II』. 도서출판 경당에 실려 있다.

년간의 연구 끝에 1986년에 발표된 이래 개발해온 자모식 표기법[12] 등이 있고, 그 외에 최근에 한국에서 동작표기법과 춤동작 용어가 연구되고 있다.[13]

1) 북한자모법

북한의 기록법은 춤의 동작을 언어학에서의 자모법과 같이 설정하고, 자음과 모음이 결합되어 한 단어를 이루듯 춤문자를 결합시켜 다양한 기호로 동작을 표기하고 있다. 북한의 자모식 표기법에는 형태문자와 놀림문자를 모음으로 놓고, 자리문자와 방향문자는 자음으로 표기한다. 이 둘을 섞어 하나의 동작을 표시하는 방식을 개발한 것이다. 형태문자는 팔, 다리, 발목, 허리, 손목, 손가락을 비롯한 모든 관절마디의 굽힌 정도를 기준으로 한 4개가 있고, 놀림문자는 팔 다리를 비롯한 몸 부위 움직임의 모양과 속성을 표현한 11개가 있어 이 15개로 모음을 구성하였다. '놀림'은 돌리기, 굽이치기, 틀기, 흔들기, 물결치기, 짚기, 돌기, 뛰기, 어기기, 넘기기 등이다. 자

12 평양음악무용대학 무용표기연구실. 1987. 『무용표기법』. 문예출판사.

13 춤동작 용어와 동작표기법에 관한 논저로는 박금슬. 1982. 『춤동작』. 일지사를 비롯하여, 허순선. 1991. 『한국의 전통춤사위 : 이론과 용어해설과 도해』. 형설출판사; 같은 저자. 2005. 『한국의 춤사위와 무보틀』. 형설출판사; 임학선. 1998. 「춤 표기법에 관한 연구 1: 호흡 표기법을 중심으로」. 『대한무용학회지』 23권; 같은 저자. 2002. 「호흡표기법을 이용한 한국춤 구조분석」. 『한국무용연구』; 같은 저자. 2003. 「한국춤의 호흡구조에 따른 호흡유형 및 특성연구」. 『무용학회논문집』 35집; 채희완. 2005. 「한국탈춤의 몸짓말 갈래연구를 위하여」. 『민족미학』 4집. 민족미학연구소; 김지원. 2006. 『한국춤의 코드와 해석』. 한양대출판부; 채희완·송성아. 2009. 「전통춤동작의 동작언어학적 접근」. 『민족미학』 8집. 민족미학연구소; 민족미학연구소. 2010. 『한국탈춤의 몸짓말 갈래사전연구 Ⅰ, Ⅱ』. 도서출판 경당; 송성아. 2011. 「한국전통춤의 미적 형식연구」. 부산대학교 박사학위논문.

리문자는 몸통을 중심으로 공간에서 팔 다리 몸 부위들이 놓이는 위치를 나타낸 12개가 있고, 방향문자는 안, 퍆, 가로, 세로, 눕혀, 축심 및 무대방향 등 움직이는 쪽의 방향을 표시하는 7개가 있어 모두 19개로 자음을 구성한다. 이러한 자모법으로 전통춤을 표기한 것으로 몇 종목이 있다.[14]

2) 김지원 코드

최근까지 여러 분들이 나름대로 춤동작의 명칭과 무보법을 개발해 왔다. 박금슬에 이어 허순선이 전통춤사위의 명칭을 세심하게 분류한 것이 한 예이다. 최근의 것으로는 김지원의 화쟁론적 표기법이 있다. 앞서 예로 든 자모법에서는 호흡이 전혀 표기되지 않는데 그는 호흡을 날숨, 들숨, 멈춤, 깊게 들숨/날숨, 얕게 들숨/날숨 등 구분하여 표기하고 있고, 눈동자도 정면, 측면, 위, 아래, 왼쪽, 오른쪽 등을 천지인의 모양으로 표기하고 있다. 이는 북한의 표기법이 미처 다루지 못한 것을 보완한 면이 있다.

그의 표기 중에는 한 장단 중의 한 박을 중심으로 해서 핵심동작을 찍은 사진을 도안화, 로고화한 것[15]이 있는데 이는 춤의 양태를 더 확연하게 보게 하고 사진보다 훨씬 더 짙게 동작의 질감을 느끼

---

14 자모법 표기로는 박영란(연변대 교수)의 채보로, 통영승전무 중 검무(엄옥자. 2008. 『승전무의 실상』. 한컴디자인)가 라바노테이션과 함께 실려 있고, 봉산탈춤을 비롯한 각 지역 탈춤의 기본춤사위(민족미학연구소. 앞의 책), 그리고 제주칠머리당굿의 춤사위, 국립국악원의 무보집에 궁중무의 몇 종목 등이 있다

15 김지원. 앞의 책. 165-173쪽.

게 한다. 머리, 상체, 하체, 오른손, 오른발, 왼손, 왼발 등으로 나누는 것은 북한의 것과 비슷하나 표기의 방식과 부호는 다르다.

2. 몸 움직임의 언어체계 : 동작언어학

동작언어학이란 일상언어를 음운론·의미론(Semantics)·구문론(Syntex)으로 접근하는 것과 마찬가지로 동작을 그것에 유비하여 접근하는 것이다. 말하자면 언어학(linguistics)의 방식을 동작학(kinesics) 속으로 원용한 것이다.[16]

1) 매체로서의 움직임

이를테면 한 단어에서 초성, 중성, 종성의 각각을 '음소'(phonemes)라고 하는데, '음소'가 모여 하나의 '음절'(morphones)을 만드는 것과 같이 한 동작을 이루는 발동작 손동작 등의 '동작소'(kinemes)가 모아져 하나의 '최소단위동작'(morphokines)이 이루어지는 것이다. 그것은

16 채희완. 2005. 「한국탈춤의 몸짓말 갈래연구를 위하여」. 『민족미학』 4집. 민족미학연구소. 174~175; 채희완·송성아. 2009. 앞의 글; Adrienne, Kaeppler. 2008. "Anthropological Analysis of Dance Structure and Style." 민족미학연구소 학술발표회.

언어학에서 음절에 해당한다. 이러한 음절이 모여 한 단어(words)를 구성하는데, 이는 동작으로서는 모티프〔motifs〕, 곧 춤단어이다. '춤사위'는 한 단어(낱말)로 이루어지기도 하고 여러 단어가 모아져서 이루어지기도 한다. 어떤 것이 동작소이고 어떤 것이 한 단어인가 가름 짓는 것이 어려운 문제이긴 하나 최소단위동작 그 자체를 춤사위로는 보지 않는다. 다시 말해 한 단어 '어머니'에서 '어'가 춤사위가 아니라 '어머니'가 춤사위라는 것이다. 그리고 대부분의 춤사위 이름은 발동작보다 상체동작을 중심으로 하고 있다. 그리고 단어와 단어가 합쳐져 하나의 구句(phrase, 또는 choremes)를 이루는 것과 같이 춤의 한 단어와 단어가 모여 춤사위를 이루기도 한다. 또는 춤사위와 춤사위가 묶어져 또다른 하나의 구를 형성하기도 한다. 이것은 도리스 험프리가 개발한 구의 원리와 연결된다. 단어와 단어, 단어와 구, 구와 구가 모여 하나의 완결된 내용을 지닌 하나의 센텐스(sent ence), 곧 문장이 이루어진다. 이 한 센텐스를 춤의 용어로 '가락'이라고 일컬을 수 있을 것이다.

2) 문장 구성요소와 맥락

한편 춤단락이라는 것은 패러그래프〔paragraph〕인데, 여러 문장이 모여 하나의 단락이 된다. 우리 음악에서 '마루채' 개념은 한 문장을 이루거나 아니면 여러 문장이 모여 더 이상 쪼갤 수 없는 하나의 의미단락을 이룰 때 쓰는 말이다.[17] 이렇게 춤의 동작, 춤사위,

17 최태현. 1987.「진양장단의 박에 관한 연구」.『해금산조연구』. 세광출판사. 251~262쪽; 최

춤가락, 이것이 모아져 단락을 이루는 일련의 과정 한가운데서 춤의 낱말의 의미, 문장의 의미, 단락의 대의를 살펴보는 것이 춤동작언어학인 것이다. 엄옥자의 승전무 연구[18]에서는 북춤과 칼춤으로 나누고 있는데, 장단에 따른 동작의 흐름을 일목요연하게 살펴볼 수 있다.

3) 동작유형

동작유형에는 크게 상체동작과 하체동작으로 나누고, 이를 머리, 목, 어깨, 허리로, 그리고 엉덩이, 무릎, 발목, 발디딤으로 나눈다.

4) 동작선과 공간형성

그 다음은 춤동작의 위치변화이다. 동작선이란 '춤을 출 때의 공간적 궤적舞跡'을 말하는 데 이때 어떤 보법(step)으로 짜이는 가가 일차적인 관심이 된다. 이러한 디딤새와 함께 춤동작이 긋는 동작선이 춤의 공간형성의 기초가 된다. 춤의 공간은 동작선과 춤동작이 함께 형성하는 가상假像의 입체공간이다.

뿐만 아니라 무대장치와 악사석, 휘장, 의물, 집박의 위치 등도 공간형성에 주요요인이 된다.

태현. 2008.「해금산조의 선율 구성 틀」.『해금산조연구 II』. 민속원. 145~174쪽; 이애주. 1995.「승무의 구조와 춤사위 연구」.『한국민속학』제 27집. 283~313쪽.

18 엄옥자. 2004.『승전무』. 국립문화재연구소. 90-91, 108~111쪽; 같은 저자. 2008.『승전무의 실상』. 한컴디자인.

5) 춤동작과 인접매개체와의 통섭

또한 하나의 동작을 의미 있게 표현해주면서도 동시에 동작을 제한하는 의상과 신발, 부대도구로서 한삼, 탈, 부채 사용 등 여러 인접매개체들과도 함께 다루어야 할 것이다.

3. 춤기호학과 화쟁론적 접근방식

1) 춤기호학의 도입

그리고 또다시 거론할만한 것이 김지원의 춤의 기호학으로서 화쟁론和諍論적 접근방식이다. 그는 춤을 기호학일반과 결부시켜 논의를 전개하고 있는데 특히 퍼스(Charles Sanlers Peirce)의 견해를 도입하고 있다. 하나의 춤동작을 기표화하고 그것을 해석하는 춤동작의 기호해석학인 것이다.[19] 표상체(춤동작의 기호), 대상(춤동작), 해석체(춤의 의미) 등 삼각구도를 통해 하나의 동작을 부호화하고 부호의 의미를 해석해 놓은 것이다.

19 김지원. 앞의 책. 89-91쪽, 122-123쪽.

2) 체상용의 화쟁기호학으로 의미해석

거기에 또 한 가지로 의미부여한 것이 체상용體相用의 삼원일원론이다. 마음과 실체로서 체, 해석과 아우름으로서 상, 춤동작으로서 용, 이 세 가지가 빙빙 돌면서 하나로 융합되고 있다는 것인데, 이것은 원효사상의 핵심인 일심一心과 화쟁和諍의 논법을 기호화한 것이다.[20]

살풀이를 예로 든다. 정情이 파탄을 겪어서 한恨이 되는데, 한의 풀이를 통해 신명을 불러일으키고, 신명이 정을 다시 회복시키는 것이 살풀이의 내용이라는 것이다.[21] 진도 씻김굿에서의 몇 가지 동작에도 체상용의 개념을 도입하는데, 상은 모양이고, 용은 3재三才 오행 음양 사상으로 나누었다. 삼재는 시선과 무게중심, 오행은 동작선이고 음양은 숨쉬기이다. 이렇게 나누어 그 각각의 동작에 의미부여를 하고서는 그것을 위 아래로 체로 묶고 있다. 또 태극무늬 동작소의 기호체계와 의미라고 하여, 몇 가지 예를 들고 있는데, 그 중 하나로 승무의 '활개펴기' 동작이 있다.[22] 긴 장삼자락을 희미한 것으로 표기해놓고 안에 숨어 있는 보이지 않는 손동작은 까맣게 표기하고 있다. 이것을 '학체'라고 하고 체상용으로 묶은 것이다. 한 춤사위가 지니고 있는 의미를 염두에 두고 나서 이를 숨쉬기, 동작선, 시선과 몸의 중심, 동작의 부위별 상체 하체, 특히 눈의 위치, 고개의 위치 등으로 종합하여 표기해 놓았다.

---

20 위의 책. 196-197, 209, 211, 226.
21 위의 책. 98, 235.
22 위의 책. 226-227.

4. 화쟁기호학적 표기의 문제점

그런데 이 도표와 표기상에 몇 가지 문제점이 있다.

이를테면 '활개펴기 동작소'를 예로 들어보자. 동작소라는 것은 예를 들어 한 낱말(단어) '하늘'에서 '하' 또는 하의 초성인 'ㅎ'에 해당하는 것이다. 동작소는 언어학적으로 볼 때 음소 또는 음소의 결합인 음절일 따름이다. 그런데 '하늘'이라는 이름의 한 단어를 두고 '하' 또는 'ㅎ'이 엄청난 의미를 지니고 있는 것으로 본 셈이 되었다. '활개펴기'는 동작소가 아니라 두 단어로 이루어진 한 '춤사위'이다. '활개펴기'라는 춤사위는 학이 활개를 펴고 날아가듯 장삼자락을 확 펼치는 동작이고, 이는 '팔펴기'와 '팔내리기' 두 동작으로 되어 있다. '활개펴기'라는 하나의 춤사위에 그 독자적 의미를 구축한 것은 그럴듯하나 다만 한 춤사위일 뿐인 '활개펴기' 의 의미만으로 춤의 내용이 이루어지는가 하는 데는 의문이 생긴다. 여러 춤사위들이 엮여져서 하나의 문장을 만들고 그것이 하나의 의미내용을 형성한다는 점, 다시 말해 동작단어들과 동작단어들의 관계설정에서 의미내용이 형성된다는 점을 간과하고 있다는 점을 지적하지 않을 수 없다. 김지원의 이 체제에서는 문장에 대한 개념이 없고, 또 여러 문장이 엮어져 한 단락을 이룬다는 관념이 없어, 하나의 춤 작품이 지닌 전체적 대의를 포착하기에는 겪어내야 할 과제가 산적해 있다고 할 것이다.

그럼에도 이 체제가 한편 소중하다고 여겨지는 점은 한국음악의 특성을 '모노폰〔monophone〕'에 있다고 할 때와 같다. '하나의 소리'

가 던져주는 의미의 폭이란, 여러 음들이 모여 화음체계를 이루지 않은 채 하나의 소리가 던져주는 파장, 곧 농현弄絃에서 온다는 것이다. 그런 점에서 본다면 춤사위 하나가 던져주는 의미폭을 강조한다는 것은 우리 춤단어의 표의문자성을 강조하는 것과 통한다고 본다. 다만 전체적 대의로서의 주제의식을 파악하는 데로 나아가기 위해서는 동작과 동작, 동작군과 동작군 사이의 관계의미망을 파악해야 한다는 점에 크게 유의해야한다는 것이다.

다시 강조해두는 바이지만 춤은 일련의 동작군과 일련의 동작군의 관계 속에서 의미가 생성된다는 점이다. 하나의 동작이 그 자체로 완결된 의미를 구성하는 것이 아니라 동작과 동작의 연계 속에서 의미가 생성된다는 것이다. 즉 단어와 단어, 단어를 둘러싸고 있는 여러 가지 정황, 상황적 조건과 함께 존재의 의미가 생성되고 부여되는 것이다. 문제는 모노폰으로서 농현弄絃을 중시하는 견해와 주변적 정황과의 관계를 중시하는 견해를 어떻게 얽혀 아우르게 할 것인가 하는 것이 앞으로의 과제이다. 이는 '생성론'의 관점에서 해결의 실마리를 찾을 수 있다고 본다. 이를테면 생성하고자 하는 기운이 존재를 가능하게 한다는 것이다. 말하자면 "생성이 존재의 어머니"라고 하는 생성론의 관점으로 풀어볼 수 있다는 것이다.[23]

화쟁의 관계란 서로 대립되는 둘이 서로 얽혀 새로운 차원으로 동시 진입되는 것이다. 명제와 반명제가 부딪쳐 서로 지양止揚되어 변증적으로 전혀 새로운 합의 명제로 나아가는 것이 아니라 서로 대립되는 것이 얽히면서 새로운 관계 속으로 함께 굴러가 기우뚱한 균

23 김지하·채희완. 2003.「새로운 정치·경제의 비전을 향한 미학적 모험」.『민족미학』 제1집. 민족미학연구소. 94~95쪽; 김지하. 2002.『김지하 전집 1,2,3』. 실천문학사.

형을 이루는 것이 화쟁和諍인 것이다. 김지하의 논법으로 바꾼다면, '서로 대립하는 것의 이중교호로서 기우뚱한 균형'이라 하겠다. 우리 춤의 의미를 하나의 춤동작에서 밝혀내려는 것은 의미있는 일이다. 그러나 대립되고 있는 명제가 단순한 동작소에 머물거나, 또는 미처 의미를 갖추고 있지 않은 단계의 동작의 것이라면 이것에 화쟁론적 관점을 적용하는 데에는 무리가 따른다는 점이다. 그런가 하면, 한편 하나의 정명제 속에 다의적인 것이 혼재해 있는 경우 한 정명제와 한 반명제 사이의 화쟁론적 논법보다 한 정명제 속의 화쟁론적 논법이 우선적으로 적용되어야 한다는 사실이다.

Ⅲ. 비교춤학으로 접근

비교춤학으로 접근(comparative method)하는 데에서 처음 과제는 춤의 갈래를 어떻게 지어낼 것인가 하는 것이다. 갈래를 잡는다는 그 자체가 이미 승전무란 무엇인가라는 정의내리기와 연관된다. 승전무는 북춤과 칼춤으로 합설되어 있으므로 각기마다 갈래짓기의 체계를 세울 필요가 있다. 그리고 통영이나 진주의 것만이 아니라 각 지역의 것과도 비교하고, 나아가 일본이나 중국, 동양의 여러 종족의 그것과도 비교해나가야 할 것이다.

1. 춤의 갈래짓기[24]

여기서 갈래짓기란 공통적인 성격을 지닌 것을 한 데 묶어내고 묶어 낸 것을 구분지句分枝를 통해 다시 구분해서 구분을 거듭함으로써 개념의 외연적 계통조직을 밝히는 것이다. 여기서 구분(division)이란 류類를 종種으로 쪼개고 이들을 다시 하위의 종으로 쪼개가는 과정을 말한다. 쪼개어진 종은 구분지가 된다. 구분지가 둘이면 2분법이고, 셋이면 3분법이다. 외연(extension, denotation)이란 한 개의 개념 또는 명사가 적용될 수 있는 범위전체를 말하는데 개념의 속성을 지닌 개체의 전부인 것이다. 내포內包(intension, connotation)는 둘 이상의 본질적 특성을 일컫는 말이다. 여기에서 같은 류類에 속하는 종種들을 서로 구별하게 해주는 특징인 종차種差(specific difference)에 따라 하위개념으로 구분지를 더욱 거듭하게 되는 것이다.

갈래짓기의 조건으로는 다음의 세 가지가 있다. 첫째, 일정한 구분기준점, 구분원리 아래 갈래지어야 한다. 구분기준은 하나에 한한다. 구분지는 그 외연에서 서로 중첩되어서는 안되고 상호배타적이어야 한다. 말하자면 학자와 교육자같이 교착구분은 피해야 한다. 둘째, 유개념 속에 포함되는 종개념이 망라되어야 한다. 셋째, 한 단위개념이 여러 종개념에 겹치지 않아야 한다. 내포에는 아무런 공통성이 없는 이류異類개념(군인과 삼각형 등)이 아니라 동류同類개념(3각

24 채희완. 1985. 「전통춤의 분류 체계」. 한국국악학회와 한국무용연구회 공동주최 학술대회 발표문.

형, 4각형, 5각형 등)이어야 하고 이왕이면 내포 면에서 공통성이 있고, 상호의존함으로써 의미가 더욱 명확해지는 상관개념이면 더욱 더 좋다.

2. 승전무의 갈래짓기

1) 기능과 효용성

통영 승전무의 경우 궁중무나 교방무로 갈래를 잡는 것이 통상적이다. 그러나 그렇다고 하더라도 좀 더 섬세하게 기능이나 효용성에 따라 갈래짓는 것도 요긴하다. 이를 테면 경축적인 것, 기념비적인 것 등 어떤 역사적 의미를 부각하는 것인지, 연례로서 연회이거나 보고 즐기는 유흥이나 오락적인 것인지, 아니면 용맹무쌍한 기상을 드높여 상무정신을 고취시키는 것인지 등 그 기능과 효용에 따라 갈래를 지을 수 있을 것이다. 국가의 이데올로기나 통치자의 위엄이나 권위를 위해 동원되는 궁중무나 교방무라 하더라도 좀 더 세밀하게 성격이 규정되어야만 이런 갈래짓기가 가능할 것이다.

2) 궁중적인 것과 향토적인 것

그런데 또 통영검무는 관아의 것으로서 기념비적이고 전례의 기능이 주된 것이지만 궁중 또는 교방의 성격만을 그대로 간직한 것은 아니라고 본다. 통영의 향토문화적 토대 위에 궁중의 것이 얹힌 것인지, 아니면 궁중의 것이 먼저 주어진 그 위에 향토의 것이 개입된 것인지도 규명되어야 할 것이다.

이를 좀 더 확실히 하기 위하여서는 검무 자체의 역사성을 토대로 밝히는 것과 함께 그와 같은 통속에 들어가는 교방춤의 여러 갈래의 것과 같이 견주어 보는 것이다. 예를 들어 진주검무와 통영검무를 견주어볼 때 진주검무가 교방춤에 가깝다면 통영검무는 차라리 향토적인 것에 가깝다라든가 하는 이러한 종차가 나타나는 것이다.

3. 북춤과 칼춤

북춤·칼춤의 유형을 연희장소와 기능 및 속성으로 분류해보면 다음과 같다. 먼저 북춤의 연희장소별로 분류하면,

- 궁중이나 법당 : 舞鼓, 고무, 法鼓, 弘鼓, 大鼓, 八正道 북춤, 대취타 북춤
- 5위영 · 관아 : 승전무 북춤 · 대고
- 향토 들판 : 풍물 소고춤, 풍물 설북, 진도북춤, 밀양 오북춤, 밀양 뻘춤의 북춤, 탈춤의 문둥이 소고춤, 날매 북춤 등

- 교방·기방 무대 : 무고, 교방굿거리 소고춤, 승무 북춤, 3고무, 5고무

칼춤을 기능 및 속성 별로 분류하면,

- 궁중 · 관아의 연례 : 검기무, 항장무, 황랑창무
- 무속 : 무당칼춤
- 무예 : 검술무, 장검무, 쌍검무
- 장례 및 형 집행: 휘쟁이춤, 망나니춤
- 종교의례 : 검결劍訣
- 교방춤 : 통영검무 · 진주검무 · 해주검무· 평양검무 · 호남검무 · 밀양검무

4. 칼춤의 비교춤학

1) 비교춤학의 조건

한 가지와 한 가지를 비교해보는 것은 그들의 내포적 의미와 함께 그 속성상의 특성을 좀더 분명하게 가려내기 위해서다. 여기에는 비교우위의 가치판단을 개입시키지 않고 대등한 관계 속에서 병렬로 놓고 이들끼리 통하고 있는 것, 충돌하는 것을 살펴 그 각각의 특징을 드러내는 것이다. 중요한 것은 비교춤학의 조건으로서 비교대상을 '동일평면상'에 놓고 다뤄야한다는 점이다. 예를 들면 통영검무과 통영오광대는 '통영이라는 지역'의 동일기반 위에서, 그리고 통영검무

와 진주검무는 '검무라는 유형'의 동일 기반에서 비교가 성립되나, 통영검무와 진주오광대는 영남권이라는 큰 영역을 내세우지 않고서는 같은 평면 상에서 비교대상이 될 수 없다는 점이다.

2) 내포의 종차

유종관계가 같은 한 통속, 한바탕임을 전제로 하여 서로 그 내포적 종차가 다른 것끼리 비교할 뿐이라는 것이다. 그렇다면 통영검무와 망나니, 휘쟁이 춤을 비교하는 것은 가능한 일인가 하는 것이 문제가 된다. 또 한가지는 통영검무와 진주검무를 비교하는 것과, 통영검무와 평양검무와 해주검무를 비교하는 것에는 어떤 차이가 있는가 하는 점이다. 그리고 통영검무와 궁중검기무, 진주검무와 궁중검기무를 상호 교차적으로 비교하는 것은 어떤 의미가 있는가도 생각해볼만 하다.

3) 동일평면상

비교연구라 하는 데에는 여러 가지 의미의 교차지점이 있다는 것이다. 다시 강조하건대 가장 중요한 것은 동일평면상이라고 하는 것이다. 가령 한국춤의 특성을 이야기할 때 한국 남자춤의 빠른 춤과 여자춤의 느린 춤을 두고 비교할 수는 없다. 마찬가지로 일본전통춤의 남자춤과 한국전통춤의 여자춤을 한자리에 놓고 비교할 수 없다. '동일평면상'이란 동위同位개념상의 병렬적 비교라는 것이다. 이를 위해서는 유종관계를 분명히 해야 하는 것인데 이것이 분류이고 갈래짓기이다. 이 갈래짓기를 명확히 하여 내포 상의 종차를 두고 할 때 비로소 비교의 조건이 형성되는 것이다.

궁중의 검기무와 무고는 고려사악지, 악학궤범, 정재무도홀기, 의궤 등에 나와 있다.[25] 통영검무와 진주검무는 엄옥자, 『승전무』[26]와 성계옥. 차옥수, 『진주검무』[27]를 참조해서 비교해 볼 수 있을 것이다. 그리고 경기검무, 평양검무, 해주검무, 호남검무, 밀양검무와도 비교해 본다.[28]

Ⅳ. 현대춤의 정의에 따른 문제성적 과제

다음은 승전무를 현대춤의 관점에서 접근하는 것이다. 현대에 와서 여러 가지 방식으로 춤을 정의내리고 있다. 예를 들면, "노동동기를 지니지 않은 일상동작의 유형화"라든가 "음악의 시각화", "움직이는 조각", "맺고 풀림의 변증법적 과정의 몸 움직임의 구성체", "상징형식을 통한 몸 움직임의 가상적 힘", "움직이는 도道" 등이다.[29] 매

25 장사훈. 1977. 『한국전통무용연구』. 일지사.
26 엄옥자. 2004. 『승전무』. 국립문화재연구소; 같은 저자. 2008. 『승전무의 실상』. 한컴디자인.
27 성계옥·차옥수. 2002. 『진주검무』. 화산문화. 174-183.
28 주3)의 논저 참고
29 채희완. 1999. 『춤미학 강의록』. 민족미학연구소 춤미학 강좌.

체를 통한 형식, 공간형성의 유의미성을 통한 내용, 이 둘을 아우르는 정의로는 "몸의 움직임을 통해 시각적으로 형성하는 유의미한 일련의 구성체"[30]가 있다. 이러한 현대춤의 정의에 비추어볼 때 승전무의 내용과 형식은 어떻게 파악될 수 있겠는가 하는 것이다.

1. 몸의 움직임 : 매체(medium)

춤에서 몸의 움직임은 그것을 통해 무엇을 전달하는 의사소통의 매체(medium)이다. 대리석 조각에서 대리석은 매체가 아니라 재료(materials)인 것과 같이 춤에서 몸은 재료이고 몸의 움직임이 매체이자 언어인 것이다.[31] 신체의 조건이 춤꾼으로 맞지 않는다고 고민하는 사람이 있다면 이는 재료적 차원의 고민일 뿐이다. 대리석이 좋다고 해서 훌륭한 대리석조각임을 보장해주는 것은 아니다. 문제는 몸이 아니라 몸의 움직임을 통한 문장구성과 언어구사의 정확함과 심도이다. 그런 점에서 본다면 당시에는 궁중이나 교방에서 무희와 무동들을 가려뽑을 때 매체적 기준으로 정하였는가, 아니면 재료적 기준으로 정하였는가도 고려함직하다.

30 위의 책.
31 V. Aldrich. 1963. *Philosophy of Art*. Printice-Hall. ch. 2.

육체에 따라서는 각기 육체적 정감(physical feeling)이 있기 때문에 어떤 육체는 어떤 정서를 더 강열하게 표현해 줄 수도 있다. "자태(posture)가 곱다" 할 때가 그러하나, 그러나 그것도 육체 자체만으로 바로 좋은 표현임을 보장해 주는 것은 아니다. 가령 진주 검무를 보고 쓴 시 중에 정약용의 〈무검편증미인舞劍篇贈美人〉(1780)에는 끝머리에 다음과 같은 대목이 나온다. "쨍그렁 칼 던지고 사뿐히 돌아서서/ 호리호리한 허리는 처음 보는 그대로네/.......백 사람이 칼춤 배워 겨우 하나 성공할 뿐/ 살찐 몸매 가진 자는 흔히 둔해 못한다네/ 너 이제 젊은 나이 그 기예 절묘하니/ 옛날 소위 여중호걸 오늘날에 보았는데/ 얼마나 많은 사람 너로 인해 애태웠나/ 거센 바람 장막 안에 몰아친 걸 알 만하네" 몸매 타령이 없지 않으나 그것보다 출중한 기예가 여중호걸을 일컫게 하고 있음을 알 만하다 하겠다. 그러기에 몸 자체가 아니라 몸의 움직임이 매체이며 언어라는 점을 강조하게 된다.

2. 시각적 가상성(virtual power)

그렇다면 몸의 움직임이란 무엇인가. 텅빈 공간에 몸을 움직여 가로, 세로, 높이로 구성되는 육면체를 만드는 일이다. 이는 물론 만질 수 있는 조각과는 달리 무형체의 것(intangible substance)이다. 우리가 춤을 본다할 때 무엇을 보고 있는가. 춤을 본다고 하는 것은 움직임이 없는 텅 빈 마이너스(-) 공간에 몸의 움직임으로 만들어진 적극적인 플러스 공간(+), 그 공간형성을 보는 것이다. 이러한 적극적인 생성공간은 디딤새의 동작선과 함께 춤동작이 이루어 낸다. 춤의 공간은 이처럼 동작선과 춤동작이 함께 형성하는 가상의 입체공간이다. 하나의 움직임의 공간과 움직임의 공간 사이의 관계 맺기 속에서 하나의 의미, 하나의 장이 이루어지게 된다. 이것이 '시각적 가상성假像性'[32]이다. 그리고 그것은 상징으로서의 힘이 된다.

통영검무의 춤사위 진행은 음악의 구성법에 거의 따르고 있다. 처음 염불도드리에 의한 입춤, 다음 타령장단에 의한 한삼사위춤, 그리고 느린 타령에 맞춘 앉은 춤, 다시 빠른 타령에 의한 화려한 칼춤, 그리고 다시 염불도드리에 의한 입춤으로 돌아온다. 이 과정에서 절정은 빠른 타령 대목의 칼춤으로, 외칼춤과 쌍칼춤이다. 갖은 연풍대춤가락과 겨드랑춤사위, 그리고 돌림사위와 모둠사위가 한 마루채로 짜여진다. 이중 백미는 연풍대가락으로, 잦은사위 연풍대, 엇사위 연풍대, 머릿사위 연풍대, 자반뒤집기 연풍대 등으로 엮어지는데, 이러한 몸움직임과 몸움직임이 관계를 맺어 일으키는 시지각적 공간형상이 유의미한 의미부여의 형식이 되는 것이다.

---

32 S. K. Langer. 1953. *Feeling & Form.* N .Y. Scribner's.
__________. 1957. *Problems of Art.* N. Y. Scribner's.

3. 유의미한 의미부여

대부분 춤은 추상적 언어이다. 춤과 마임은 어떻게 다른가. 마임은 동작 하나하나에 문자적(literary) 의미가 있으나 춤은 그렇지 않다. 수많은 동작군이 모여 하나의 의미체를 형성한다. 어떤 춤이 일상적 사실적 몸짓으로 이루어져 있다고 하더라도 거기에 리듬과 운율이 붙어 춤으로 넘어가는 것이고, 일상적인 동작 그 자체가 춤인 경우는 드물다. 지시의 의미를 지니고 있는 동작의 일차적 문해성文解性(literacy)을 넘어서 공간의 한 형상적 의미로 율동화되었을 때 그것이 지니게 되는 상징적이고도 환유적인 의미의 것, 이것이 우리가 춤을 보고 포착하는 내용물이다. 공간형성의 것에 대한 시지각視知覺적 의미와, 공간형성과 나 사이의 상호 유기적이고 생성적인 감정이입感情移入을 통해 부여잡는 의미를 모두어, 이를 통찰洞察(insight)이라고 하고, 그것이 '유의미한 의미부여'이다.

앞서 위에서 열거한 갖은 연풍대 가락은 통영검무에만 독특한 것이 아니다. 궁중무이거나 민속춤이거나 전통춤 대부분이 연풍대로 마무리를 짓기 마련이다. 여러 갈래의 동작선, 즉 직선이든, 곡선이든, 원형이든 여러 갈래로 만들어졌던 선들을 연풍대가 모아 마지막 한꺼번에 돌린다. 연풍대는 한 바퀴 스스로 맴돌면서 큰 원을 그리는데 그 도는 형상을 두고, 자전하면서 공전하는 것으로 해석해볼 수 있다. 연풍대는 맴돌아 수렴하는 것 뿐 아니라, 바깥 큰 원을 그리면서 확산하는 것이기도 하다. 집중과 확산이 이중 교호적으로 얽히는 대목이다.

원은 원융이되 폐쇄적 순환이다. 그러나 연풍대는 단순히 안쪽으로 수렴되는 것이 아니라 안으로 수렴되면서 바깥으로 펴져 '굴러나간다'는 점에서 연풍대의 동작선(라인긋기)는 의미가 깊다. 우리의 마음을 둥글게 푸근하게 해 주는 동시에 들먹이게 해주는 동작이다. 연풍대를 한자로 표기한 예는 여럿 있다. 연풍대筵風擡(정재홀기), 연풍대軟風隊(교방가요), 연풍대燕風擡(가볍게 나는 제비 모습에 비유) 등이 그것이다. 임금 앞에서 허리를 제끼며 둥글게 도는 모습하며, 부드럽게 제비가 나는 듯한 모습에 빗대어 놓고 있다. 비교하자면 진주검무의 연풍대가 제비처럼 날카롭고 맵차다면 통영 검무의 연풍대는 갈매기처럼 활달하나 옹골진 맛이 있다. 특히 검무에서의 연풍대는 훈련과 전쟁의 분위기를 강기있게 역력히 보여주고 있기도 하다. 조명의 빛깔로 한다면 딤 아웃〔dim out〕이다. 서서히 소멸되는 느낌이면서 동시에 그것이 완전한 소멸이 아니라 끝없이 펼쳐져 나아감이다. 엔딩이되 엔딩이 아닌, 끝나되 끝나지 않아 이는 '미완성의 미학'이기도 하다.

4. 일련의 과정으로서의 공간 구성체

공간형성의 상황 속에서 의미가 부여되어 새롭게 생성되는 문화복합의 의미구성체, 이것이 춤이라는 것이다. 특히 춤은 움직임의 예술이기 때문에 '과정'이라고 하는 것, 곧 결과가 아니라 일련의 과정 그 자체가 한 다발의 묶음으로서 한 작품이다. 이때 예술가는 연행자(performer)가 되고, 감상자는 참여자(participator), 예술작품은 한 다발의 과정(a series of process)이 된다. 연행자와 관람자가 동시초대 되고, 공동창작하는 것이다.

최근에는 하나의 예술작품은 작가의 손에서 완성되는 것이 아니라 관중에게로 독자에게로 넘어와서 향수자가 그 작품을 통해 또 다른 새로운 작품을 만들어 내는 '재창조체험'으로 풀이되고 있다. 현대에 와서 작품은 고정불변의 것이 아니라 일련의 생성과정이 되고 있고, 이의 내용을 '문화복합구성체'라고 한다

낱말과 구가 모여서 한 문장(sentence)이 되고, 문장이 묶이어져 한 단락을 이루고 이들이 하나의 흐름 속에서 엮어낸 상징적 의미부여가 춤이라는 것이다.

그렇다면 승전무의 여러 춤사위들은 어떻게 엮어지고, 그 과정에서 어떻게 의미가 생성되는가, 그렇게 해서 형성되는 유의미한 의미는 무엇인가, 춤으로써 공간구성을 통한 가상적 힘이 승전무는 어떤 상징의 힘으로 드러나고 있는가, 이것이 승전무의 메시지이자 승전무의 내용이고, 승전무가 품고 있는 미적 세계의 구체적인 실상이라

하겠다. 몸의 움직임과 몸의 움직임이 관계를 맺어 불러일으키는 의미생성의 시각적인 가상성을 감지感知하거나 간취하기(prehension) 위해서는 좀더 치밀하게 공간형성과정을 살펴보아야할 것이다.

Ⅴ. 동양예술일반론의 비교문화학으로 접근

동양예술일반에서 논의되고 있는 여러 쟁점 중에 두 가지를 선택하여 다루어 보려고 한다. 한 가지는 한국 전통음악의 수리체계로서 2와 3의 동양문화사적 의미이다. 또 하나는 동양예술의 독특한 특징을 사事와 동사同事로 나누어 짚어보는 것이다. 사회학자인 우실하는 한국 전통음악의 구조, 나아가서는 동이족의 문화적 속성을 크게 두 가지로 대별해서 다루면서 그의 특별한 용어로 제시한 것이 이수분화二數分化와 삼수분화이다.[33]

33 우실하. 2004.『전통음악의 구조와 원리』. 소나무. 181~251, 330~372.

1. 2수분화와 3수분화

2수분화는 음양이원론을 토대로 한다. 3수분화는 천지인天地人 삼재三才사상에서 비롯된다.

1) 2수분화

2수분화는 짝수 진행방식이고, 음양 2중의 생성론이다. 2박 계열은 코스모스적 우주론이고 질서정연함이다. 태극은 음양으로 나누기 전의 근원이다. 태극이 있고서 음양이, 음양에서 4상四象이, 4상에서 8괘로, 8괘에서 64괘로 나아가는 것이다. 이진법, 이배수 분화와 연관되어 있고 대칭구조이다. 안으로 모여드는 구심적인 것이고 정착과 수렴이면서, 지리적 여건으로는 백두대간의 서쪽, 대관령의 왼쪽과 통한다.

2) 3수

3수분화는 홀수 진행방식이고, 천지인 삼재三才사상이다. 3박계열은 카오스적 우주론이고 혼돈적이다. 여기에 창조력이 잠재해 있다. 삼태극三太極을 한자로 상형화한 것이 궁궁弓弓인데 도상적으로 그렇다. 균형이기보다 역동적이고 유목적이고 생성적이고 변화, 확산, 바뀌어감이다. 한강 이북쪽이고 백두대간의 동쪽이고, 무속권으로 한다면 강신무권이다.

3) 3재양지三才兩之(正易) : 셋(3才, 3極)을 중심으로 둘(음양)을 배합함

그러나 그것은 삼재양지三才兩之, 세 가지의 것, 곧 천지인 각각 속에 둘씩 음양으로 배치되어 있다는 것이다. 2수분화와 3수분화의 혼합으로서 5수분화, 또는 2분박과 3분박의 교차와 혼합이고, 장단으로서는 복합장단이다. 3박과 2박의 교차 묶음인 5박의 '엇머리' 장단과 5박과 5박의 묶음인 경기도당굿의 10박 장단인 '반설음' 장단이 그러하다. 그리고 2진법 분화, 3삼진법 분화의 혼합도 있고 겹2분박, 겹3분박의 혼합도 있다.

2. 사와 동사

또 한 가지로는 사事와 동사同事이다. 장파張法라는 중국의 미학자의 견해에 시인 김지하가 긍정적 비판으로 그 내용을 심화하였고,

그것을 조금더 연행이나 춤 쪽으로 끌어들여 보려고 하는 것이다.[34]

1) 사事

사事는 『예기禮記』에 나오는 말로 "백성이 우주를 모방한다(民之風雨)"는 것에서 나온 의미이다. 풍우상설風雨霜雪을 모방하고 섬기는 데에 예禮의 기원이 있다는 것이다. 그것은 한마디로 묘사해서 드러냄이니 묘출描出이다. 서양의 모방론과 비슷하지만 그러나 양식론으로서 사실주의와 같은 것이 아니다. 사군이충事君以忠이라는 말이 있어이 때 '사'는 '섬김'이고 수직적 구조이다. 그것은 우주운행의 법칙을 모방하고 임금이나 나라의 이데올로기를 드러내주는 것이어서 우주적 객관주의이고 형이상학적 군주원리가 반영된 것인데, 섬김의 궁중악, 궁중무, 양반춤을 연상하면 된다. 하늘의 질서를 땅에서 이루고자 하는 것, 범주로 치자면 '숭고'나 '우아'이다. 동작은 상체 중심, 머리중심이라 할 수 있다. 하늘지향적인 춤, 개념춤, 활개춤이다.

2)동사同事

거기에 비해 동사同事라는 말이 있다. '같이 일함'이고 동무同務이다. 중국어에서는 직장동료가 '동사'로 표현되기도 하는데 파트너쉽

34 장 파. 1999. 『동양, 서양 그리고 미학』. 유중하 외 옮김. 푸른숲.
김지하. 2002. 『김지하 전집 1,2,3』. 실천문학사.

(同役)이다. 서로 존경하며 나의 창조력으로 함께 일함이다. 수운 최제우선생의 글 『동경대전東經大典』 중 「논학문論學問」에서 동학의 13자 주문의 한자 한자를 설명하고 있는데 '주主'라는 단어에 대해 설명한 대목이 있다. '主'라고 하는 것은, '그를 드높여 불러 모셔 부모와 더불어 존경하면서 같이 일을 해나감(主者稱其尊而與父母同事)'으로 풀이하고 있다. 여기서 '동사'라는 말이 나온다. 존경하고 사랑하며 거룩함을 나누고, 섬김은 섬김이되 창조로서 생성적인 섬김이다. 우주 창조의 과정에 마냥 순응해 가는 것이 아니라 인간이 우주질서에 개입하고 거기에 내 몸을 던져서 같이 만들어 나간다는 것이 '동사'의 의미이다. 이렇게 같이 만들어나가는 과정에서 그대로 모방하고 따르는 것만이 아니라 비틀고 모양을 바꾸어내고 더 강하게 과장하기도 하고 풍자에 왜곡에다 폄출貶黜하기도 한다. 하늘의 질서라기보다는 땅의 질서와 연관되며, 비스듬히 가로지르기이다. 우아나 숭고보다는 '희극'이나 '희비극'이고, '추醜'에 가까운 미적 범주라 하겠다. 사와는 달리 하체와 생식중심이고 머리 중심이 아닌 하단전, 원단전(회음혈) 중심이다. 땅의 춤, 일춤, 말뚝이춤, 세상살이에 대해 가차없이 개입하고 발언하는 그런 춤이다. 병신춤, 탈춤, 보릿대춤, 도구떼춤이 그러하다. 발디딤으로서 '비정비팔非丁非八'이 또한 그러하다.

3) 두 가지 대립하고 있는 것의 '2중교호적 얽힘의 기우뚱한 균형'

그런데 이 두 가지의 것이 서로 대립되면서 또한 얽히고 있다는 것이 중국문화와는 또다른 한국문화의 특성이라는 것이다. 원래 동이족에서는 2수분화와 3수분화가 함께 있었다. 이것이 중국 한족漢族 문화에서는 2수분화의 것이 우위를 이루어 태극, 음양, 사상, 팔괘 등으로 체계를 잡아갔다면, 한국문화가 지니고 있는 속성의 핵심에는 삼재사상이 그 바탕을 이루고 있어 그러한 3수분화의 바탕 위에 이수분화가 얽혀져있다는 것이다. 이 둘은 서로 부딪치면서도 한편 얽혀가면서 한쪽으로 '기우뚱한 균형'을 이루고 있다는 것이다. 앞서 말한대로 '두 대립되는 것의 이중교호로서 얽힘 속의 기우뚱한 균형'이라는 말은 김지하의 논법이자 문화관이다. 하늘과 땅, 궁중과 민속, 양반과 서민, 원리와 현실, 이성과 감성, 상체와 하체, 절제와 분산, 닫힘과 열림, 맺음과 풂, 긴장과 이완 등 상호 대립의 것이 지양止揚을 통해 끊고 전혀 새로운 것으로 나아가는 변증적 관계가 아니라, 변증하고 있되 서로 얽혀서 엇물리며 동시진행하면서 한쪽으로 기우뚱하게 균형을 잡고 있는 것이다. 그런 의미에서 이는 화쟁和諍의 현대적 변용이라고 할 수 있다. '2수분화'의 것과 '3수분화'의 것, '사'의 것과 '동사'의 것이 얽혀있다는 것인데 그런 관점에서 승전무는 무엇과 무엇이 얽혀 어느 쪽으로 기우뚱한 균형을 이루고 있는가. '사'라면 궁중적 교방적인 쪽이겠고. 동사라면 향토의 것, 민중의 것에 가까운 것이다. 실제 춤사위, 춤의 진행방식, 춤의 단락이 던져주고 있는 대의가 '사'의 것으로 기우뚱한지, '동사'의 것으로 기우뚱한지, 그 2중교호로서 사유의 틀을 동원해 보는 것이다.

Ⅵ. 마무리

이렇게 하여 통영 승전무에 대한 여러 가지의 접근방식을 설정해 보았다. 민족춤학으로 또는 춤인류학으로 접근, 춤언어체계 및 동작언어학으로 접근, 교방춤으로서 비교춤학으로 접근, 그리고 현대춤의 정의에 따른 과제의 설정, 동양예술일반론에 따른 비교문화학으로 접근 등 여러 접근방법론과 문제성적 과제의 설정으로 승전무에 대한 여러가지 접근론의 의미와 향방을 살펴보았다.

이는 더 말할 것도 없이 본격적인 미학 논구를 위한 선행단계의 것이다. 여기서 나아가야 할 과제는 승전무의 미적 세계에 대한 현상학적 해석에 이르는 길로서 한국춤의 연구를 위한 포괄적인 미학 일반론으로의 접근이다. 한국 춤미학일반이란 한국춤의 여러 양상을 학문의 대상으로 삼아 어떤 것은 형태론적으로, 어떤 것은 해석학적으로 어떤 것은 감성적 인식으로, 의미부여를 해보려는 것이다.

승전무를 춤의 과학으로 접근할 수도 있고 춤의 미학으로 접근할 수 있다. 춤학(무용학)이나 춤과학의 상위개념은 예술학, 예술과학이다. 춤미학의 상위개념은 미학, 예술철학이다. 예술철학으로서의 춤미학은 사실의 것을 토대로 하되 본질론에 가까워서, 사실학에 준하는 춤학이나 예술과학과 대별되는 것이다. 그러나 아무리 그것이 본질로서 통찰의 것이라 하더라도 구체적인 사실 위에 서서 출발하고 있다는 점에서 예술과학의 토대를 존중할 수밖에 없을 것이다. 그래서 예술과학적 토대 위에서 새로운 통찰의 해석학으로 의미부여를 하는 것이다.

여기서는 한국 춤미학일반론의 관점에서 승전무를 논구할 때 대두되는 문제성적 과제를 제시함으로써 이 글을 마무리하고자 한다. 여기서 미학일반(aesthetics in general)이라는 것은 보편적인 의미의 미학 또는 '미학으로서의 보편성'이라고 할 수 있다. 한국춤을 대상으로 해서 미학의 원리나 견해를 도출시키는 그 총체적 일반성을 한국 춤미학일반이라고 할 수 있다. 이를 가지고 승전무에 대입하여서 살펴보자는 것이다. 어떤 것은 승전무와는 전혀 무관한 것일 수 있고 또한 어떤 것은 승전무만이 지닌 독특한 것일 수도 있다.

이는 형태적 특징이나 구조로서의 형식론과 미의식이나 미적 세계로서의 내용론으로 나뉜다.

먼저 몸의 움직임과 동작선을 중심으로 해서는, 세 번 나아가고 세 번 물러서는 3진 3퇴, 세 번 누웠다가 엎어졌다 하는 3전3복, 동서남북 4방에 제례를 올려 터닦고 판씻음하는 사방치기, 주변을 살펴보는 '근경近景, 자전하면서 공전하는 연풍대, 오므린 듯 벌린 발디딤의 비정비팔非丁非八, 땅을 딛고 몸을 수그렸다 제꼈다 하여 하늘의 빛을 받는 답지저앙踏地低昂, 손발이 잘 맞아 수족상응手足相応, 내고 달아 콱 맺고 푸는 덧배기춤가락, 태극선의 활갯짓 등이 그것이다.

또 구조와 형식원리로는, 시와 노래와 음악과 춤과 극이 한 몸뚱아리인 시가악무극일체詩歌樂舞劇一体, 현장상황에 따라 개성의 창의력이 발휘되는 유형적 즉흥성, 마당판에 공유된 원형적 시각, 원심적 구심력, 봉우리마다 혼자씩이나 보이지 않는 질서 속에서 하나의 맥을 이루고 있는 연산連山구조, 대칭과 엇대칭의 교호관계, 스스로 춤

출 장단과 음악을 청하는 불림, 음악과 춤에서 주제적 씨앗인 내드름 등이 그것이다.

한국전통춤에 반영된 한국인의 미의식과, 한국춤을 통해 추출해 볼 수 있는 미적 세계로는, '춘다'라기보다 '추어지다'라는 것이 좀더 핍진한 자연합일自然合一의 '한국적 자연주의, 부드럽게 휘어진 직선인 태극선의 선묘(太極 線描), 움직임이 없는 속에 우주적 정기精氣만을 집중시킨 정중동靜中動, 없음(無)으로 있음(有)의 무한한 가능성을 열어주는 노경老境, 죽임의 정체를 밝히는 현실인식 이후 현실쟁투, 현실해소의 살풀이과정 속 신명의 분출, 해학과 연합한 비장, 겉웃음 속울음, 그리고 화해, 옛스런 졸열한 고졸古拙, 한의 그늘 속 흰빛인 흰 그늘, 간소한 아름다움인 간박簡朴, 소박素朴, 작품과 나 사이의 생성적 감지인 선형상先形象의 형상, 웅혼한 개벽의지, 삼라만상 모두가 공생, 협동하는 생명에너지를 접하는 호연지기의 풍류風流, 우주적 화해, 거룩한 것과 속된 것이 다르지 않은 진속일여眞俗一如, 무애무적 경지, 예술가의 손에 완성되어지는 것이 아니라 향수자의 마음과 눈, 귀,그리고 세월의 풍상 속에서 완성된다는 미완성의 미학 등이 앞에 가로놓여 있다.

영남 전통예술의 하나로서 통영승전무에 관한 논의는 이로써 새로운 과제를 예비하고 있다.

참고문헌

Adrienne Kaeppler. 2008. "Anthropological Analysis of Dance Structure and Style". 민족미학연구소 학술발표회.

S. K. Langer. 1953. *Feeling & Form*. N .Y. Scribner's.

____________. 1957. *Problems of Art*. N. Y. Scribner's.

V. Aldrich. 1963. *Philosophy of Art*. Printice-Hall.

강인숙. 2001. 「진주 전통춤 전승 및 발전방향」. 『진주문화』 제 26호. 진주문화원.

김윤옥. 1995. 「영남북춤 춤사위연구」. 영남대 석사학위논문.

김지원. 2006. 『한국춤의 코드와 해석』. 한양대출판부.

김지하 · 채희완 대담. 2003. 「새로운 정치 · 경제의 비전을 향한 미학적 모험」. 『민족미학』 제 1집. 민족미학연구소.

______. 2003. 「유랑성과 정착성, 그 이중교호적 '얽힘'과 민족미학」. 『민족미학』 제 1집. 민족미학연구소.

김지하. 2002. 『김지하 전집 1,2,3』. 실천문학사.

김천흥 · 박헌봉 · 유기룡. 1966. 「무형문화재 조사보고서 제 18호 진주검무」. 문화재관리국.

김천흥. 1967. 「무형문화재보고서 제 36호 승전무(통영북춤)」. 문화재관리국.

민족미학연구소. 2010. 『한국탈춤의 몸짓말 갈래사전연구 Ⅰ, Ⅱ』. 도서출판 경당.

박금슬. 1982. 『춤동작』. 일지사.

박준홍. 1968. 「승전무」. 유인물. 충무무형문화재보존협회.

성계옥 · 차옥수. 2002. 『진주검무』. 화산문화.

송성아. 2011. 「한국전통춤의 미적 형식연구」. 부산대학교 박사학위논문.

엄옥자. 1973. 「영남검무의 춤사위연구」. 경희대석사학위논문.

_____. 2004. 『승전무』. 국립문화재연구소.

_____. 2008. 『승전무의 실상』. 한컴디자인.

우실하. 2004. 『전통음악의 구조와 원리』. 소나무.

이보형 · 정병호. 1985. 「무형문화재 조사보고서 제 169호 통영검무」. 문화재관리국.

이보형. 1985. 「한국전통음악 자료의 십진분류방법표」. 『월간문화재』 제 9호. 문화재보호재단.

이애주. 1995. 「승무의 구조와 춤사위 연구」. 『한국민속학』 제 27집.

이왕진. 1997. 「진주검무· 통영검무의 비교연구」. 중앙대 교육대학원 석사논문.

이혜구 · 채희완. 1980. 「한국춤의 정신은 무엇인가」. 『춤』. 1980년 11월호.

임수정. 2004. 「한국의 검무 음악연구」. 『음악과 민족』 제 23호. 민족음악학회.

_____. 2011. 『한국의 교방검무』. 민속원.

임학선. 1998. 「춤 표기법에 관한 연구 1 : 호흡 표기법을 중심으로」. 『대한무용학회지』 23권.

_____. 2002. 「호흡표기법을 이용한 한국춤 구조분석」. 『한국무용연구』. 한국무용연구회.

_____. 2003. 「한국춤의 호흡구조에 따른 호흡유형 및 특성 연구」. 『무용학회논문집』 35집.

장　파. 1999. 『동양, 서양 그리고 미학』. 유중하 외 옮김. 푸른숲.

장사훈. 1977. 『한국전통무용연구』. 일지사.

정말숙. 1987. 「진주 통영 해주검무의 비교연구」. 동아대 석사학위논문.

정수연. 2000. 「궁중검무와 각 지역 검무의 비교분석」. 중앙대 석사학위논문.

차옥수. 1998. 「진주검무의 표현기법과 춤사위분석」. 한국체육대 박사학위논문.

채희완 · 송성아. 2009. 「전통춤동작의 동작언어학적 접근」. 『민족미학』 8집. 민족미학연구소.

채희완. 1985. 「전통춤의 분류 체계」. 한국국악학회와 한국무용연구회 공동주최 학술대회 발표문.

_____. 1999. 『춤미학 강의록』. 민족미학연구소 춤미학 강좌.

_____. 2003. 「탈춤구조 속 말뚝이의 극적 성격」. 『'말뚝이는 누구인가' 제1회

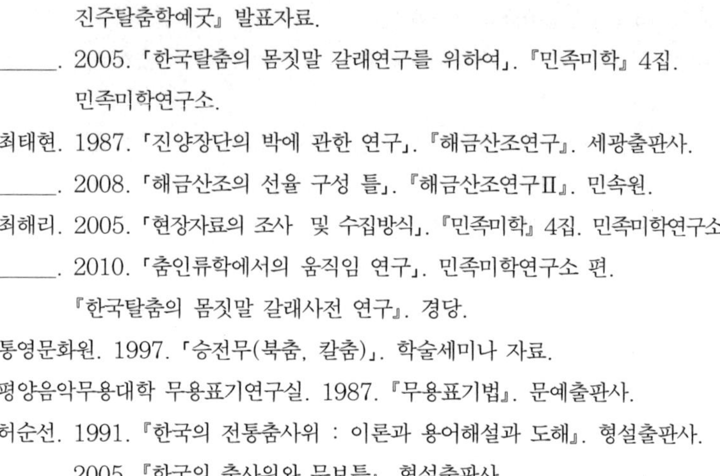
진주탈춤학예굿』 발표자료.

_____. 2005. 「한국탈춤의 몸짓말 갈래연구를 위하여」. 『민족미학』 4집. 민족미학연구소.

최태현. 1987. 「진양장단의 박에 관한 연구」. 『해금산조연구』. 세광출판사.

_____. 2008. 「해금산조의 선율 구성 틀」. 『해금산조연구II』. 민속원.

최해리. 2005. 「현장자료의 조사 및 수집방식」. 『민족미학』 4집. 민족미학연구소.

_____. 2010. 「춤인류학에서의 움직임 연구」. 민족미학연구소 편. 『한국탈춤의 몸짓말 갈래사전 연구』. 경당.

통영문화원. 1997. 「승전무(북춤, 칼춤)」. 학술세미나 자료.

평양음악무용대학 무용표기연구실. 1987. 『무용표기법』. 문예출판사.

허순선. 1991. 『한국의 전통춤사위 : 이론과 용어해설과 도해』. 형설출판사.

_____. 2005. 『한국의 춤사위와 무보틀』. 형설출판사.

영남의 음악과 무용의 전통을 찾아서

대구지역의 기생단체 연구
- 일제강점기를 중심으로 | 손태룡

대구지역의 기생단체 연구

—

일제강점기를 중심으로

—

손 태 룡

1. 머리말 : 대구지역의 기생단체 이해

임진왜란(1592-1598) 이후 대구지역에 감영 설치의 필요성이 대두되어 경주–상주로부터 이어져 온 감영이 옮겨오게 되었다. 곧 1601년(선조 34년)에 경상감영이 대구에 위치하게 되었다. 이때부터 대구는 경상도의 중심적 거점도시로 변모되면서 많은 국가적 지역적 행사가 많아졌다. 경상감영과 대구부大邱府에 소속된 관기官妓들의 공적公的인 음악활동이 활성화 되었던 것이다. 경상도와 관련되는 국가적 행사는 경상감영이 주관하여 이루어졌고, 대구와 관련되는 지역적 행사는 대구부 관아에 소속된 관기들이 도맡아 행사를 치루었다. 당시 경상감영과 대구부는 같은 위치에 자리하고 있었는데, 그곳이 바로 중구 포정동의 경상감영공원(옛 중앙공원) 일대이다.

1768년에 발간된 『대구읍지大丘邑誌』[01]에 의하면, 경상감영 교방敎坊

에는 41명의 예기藝妓가 있었고, 대구부에는 31명이 소속되어 있었다. 이전 영조 43년(1736년)에 작성된 『대구부읍지大邱府邑誌』에는 경상감영의 부속건물로 교방과 취고수방吹鼓手房이 있다고 밝히고 있다. 또한 1888년에 자인현감 오횡묵吳宖默이 적은 『자인총쇄록慈仁叢鎖錄』에 의하면, 경상감영 관하방觀下房에는 21명의 기생이 있으며, 대구부에는 17명의 기생이 영영교청嶺營敎廳에 소속되어 있음을 밝히고 있다. 당시 경상감영과 대구부 관아에 소속된 관기들은 모든 음악적 행사를 도맡아 치루었다. 이러한 조선시대 관기들의 구성이 일제에 의해 1909년 4월부터 실질적으로 관기제도가 폐지되자 경상감영과 대구부 관청에 소속되어 있던 교방의 관기들은 사회로 진출하지 않으면 안되었다. 이렇게 사회로 진출한 관기들이 중심이 된 모임이 바로 대구기생조합이다.

또한 1905년 경부선 철로가 개통된 이후 일본인들이 대구지역에 본격적으로 상업성을 가지고 자금을 투자하면서 1922년부터 대구권번이 업무를 시작하였다. 그리고 1927년 1월에는 한국인들의 주도로 관기 출신의 염롱산廉隴山(1860-1946)을 권번장으로 하여 달성권번이 설립되었다. 그런데 지금까지 일제강점기 대구지역의 기생단체에 관해 구체적으로 연구된 바 없다. 다만 본인에 의해 단편적으로만 연구되었을 뿐이다.[02] 일제강점기 대구지역에는 이와 같이 세 곳

---

* 이 글은 손태룡. 2012. 『한국학논집』 46. 계명대학교 한국학연구원. 49-83쪽에 수록된 내용을 재정리한 것임.

01 『大丘邑誌』. 34a8, 37a3-4. 필자는 金宅圭·朴大鉉 編譯. 1997. 『大丘邑誌』. 대구광역시. 87-98쪽 참조.

02 孫泰龍. 2002. 「大邱妓生의 音樂史的 考察」. 『향토문화』. 17. 대구향토문화연구소. 57-78쪽; 이 글은 2002. 『韓國音樂論筌』. 영남대학교출판부. 529-547쪽에 복간됨; 손태룡. 2005. 「달성권번의 음악사학적 조명」. 『향토문화』. 20. 대구향토문화연구소. 153-183쪽.

의 기생단체들이 존재했었다. 본고에서는 이들 세 곳의 기생단체 및 관련 기생들에 대하여 알아보고자 함이 연구목적이 되겠다. 한편 역사정보시스템의 자료검색으로 인하여 일제강점기 대구지역의 기생단체에 대하여 여러 가지 내용을 확인할 수 있으므로, 기존 밝혀진 내용03에다 수정 및 보충하여 논의할 것이다. 먼저 대구기생조합이 설립되기 이전 대구지역의 기생에 대해 살펴보는 것이 이해에 도움이 될 것이다.

2. 대구관기의 역사적 흐름

경상감영의 최고 총수인 경상도관찰사는 1601년부터 경상도의 행정·사법·군사 전부를 통괄했으므로 모든 권한을 가지고 있었다. 이러한 사실은 각 지역의 관아에까지 공적인 지역 장악원掌樂院이 편제되어 있음을 말한다. 상민 출신의 악생과 악생보, 천민 출신의 악공과 악공보를 군영에 편제하고 행정관청의 각종 행사를 도맡게 하였던 것이다. 이러한 전통은 조선말기까지 이어졌다. 각 지역의 모든 행정조직은 장악원을 군영에 편제시켜 일반 행사에까지 함께 하도록 했으므로, 당시 대구지역에서도 관기들이 많은 행사를 하였다. 특히

03 손태룡. 2011. 『한국전통음악가연구』. 보고사. 112-313쪽.

정재呈才와 가야금을 통한 활동이 매우 활발하였다.

한편 당시 대구지역 군영에는 취고수가 배정되어 있었는데, 이들은 군영의 신호체제와 행진은 물론 군영 내외의 의식을 맡았다. 1888년 자인현감이 경상도관찰사에게 배례拜禮하는 의식에서도 취고수가 동원되었다. 또한 취고수들은 경상감영의 정문인 관풍루觀風樓의 개폐를 알리기도 하였다. 대구에 경상감영이 현재 경상감영공원(옛 중앙공원) 자리에 설치되면서 경상도관찰사가 업무를 보는 선화당宣化堂의 정남쪽에 포정문을 세우고 그 위에 문루를 만들어 관풍루라 했다. 관풍루라는 명칭은 '감사가 누상에서 세속을 살핀다'〔觀風世俗〕라는 말에서 유래했으며, 당시에는 북·종·피리·나발 등의 풍악기구를 준비하고 매일 밤 10시 인정人定(통행금지)과 아침 5시 파루罷漏(통금해제)에 풍악을 울려 정문개폐를 알렸다.[04]

읍지邑誌는 조선시대 각 지역의 지지地誌인 동시에 지역사이며, 또한 정책자료로서 큰 뜻을 가지는 행정자료집이기도 하다. 세계의 유례가 드문 오랜 중앙집권의 역사 속에서 전통사회 대부분의 사서史書가 중앙정부 중심의 편년사이다. 따라서 그 내용도 중앙 권력중심의 정치·행정·군사·외교 등 유일사건 중심으로 엮어진 경향이었다. 1768년에 발간된 『대구읍지』에는 궁실, 곧 본부本府 교방에 31명과 영사營舍 교방에 41명이 존재하였다. 다시 말해, 대구부 교방에는 31명의 관기가 소속되어 있었고, 경상감영 교방에는 41명의 기생들이 있었다. 한편 조선시대 경상감영 교방의 위치는 현재 대구병무청 자리로, 서쪽에 영영교청이 있었고, 동쪽에 취고수청이 위치하였다. 또

---

04 장석하. 1996.「관풍루(觀風樓)」.『大邱藝術』1. 한국예총대구광역시지회. 3쪽.

한 대구부 교방의 위치는 경상감영의 선화당 서쪽에 자리하였다.

교방은 기생들을 중심으로 하여 노래와 춤을 관장하던 기관이다. 교방청教坊廳은 본래 중국 당나라 때 궁중 내에 설치되었던 부서部署로 관기들과 악공들에게 악가무樂歌舞를 가르쳤던 곳이다. 이러한 중국 교방의 전통은 우리나라의 경우 고려 문종조文宗朝(1046-1083)에 도입되어 조선조까지 이어졌던 것이다. 조선시대에는 장악원 소속의 좌방左坊과 우방右坊을 교방이라고 불렀다. 1458년(세조 4)에 전악서典樂署를 장악원으로 개편하고 좌방과 우방을 두었는데, 좌방은 아악을, 우방은 속악을 맡게 하였다. 한편 조선시대 대구지역의 경상감영과 대구부 교방의 자세한 위치는 〈그림 1〉에서 확인할 수 있다.

〈그림 1〉 경상감영과 대구부의 교방 위치도이다. 왼편 원 부분이 대구부의 교방이고, 오른편 아래 원 부분이 경상감영에 있었던 교방의 위치임. (『대구新택리지』)

구한말 자인현감의 직책을 맡은 오횡묵은 1888년 8월 2일부터 1889년 4월 17일까지 일기로 적은 『자인총쇄록慈仁叢鎖錄』을 남겼다. 정선군수를 지낸 오횡묵은 당시 경상감사 김명진金明鎭(1840년생)에게 자인현감으로서의 임명장을 전달받는 행차를 경상감영에 하였다. 그는 1888년 8월 2일 경상감영에 도착하기까지의 모든 내용을 상세하게 자신의 일기에 남겼던 것이다. 그 내용 중 경상감영과 대구부에 소속된 교방의 위치와 기생의 인원수를 상세히 밝히고 있다.[05] 1888년 당시 경상감영 관하방觀下房에는 21명의 기생들이 소속되어 있었고, 교방인 영영교청嶺營教廳에는 17명이 있음을 적고 있다. 이곳에서 기녀들이 악기·노래·춤 등 각종 기예를 익혀 각종 공적인 연회에서 활동하였던 것이다.

또한 1904년 봄부터 일제는 농민들에게 탈곡기를 일률적으로 배부하기 위해 쓰시소노(辻園)를 대구에 파견시켰다. 농상공부탈곡기배부사무국경상북도사변사라는 긴 한국 관명을 얻은 쓰시소노는 서문시장에서 무역과 백화점을 경영하던 하라타(原田)대구지점의 주임이다. 그해 5월 하라타대구지점의 개업식에 쓰시소노는 대구관찰사 이하 조선과 일본의 관리를 초대하였다. 여기에 대구관찰사 윤헌(재임기간 : 1904년 3월-8월)은 관기 20여명을 데리고 개업식에 참석하였다. 또한 뒤풀이 자리에는 대구관찰사 이하 약 20여명의 관리가 참가하여 관기와 악사들로 구성된 30-40명이 연회를 열어[06] 환대해

---

05 대구향토문화연구소. 1996. 『慶尙監司 : 到任巡歷行次의 復元假裝』. 대구광역시 중구청. 44-55쪽.

06 河井朝雄. 1931. 『大邱物語』. 朝鮮民報社. 90-93쪽. 번역내용은 1998. 『대구이야기』. 손필헌 역. 대구중구문화원. 66-67쪽.

주기도 하였다.

한편 대구기생 향선香仙을 비롯한, 남수藍水·죽선竹仙·화월花月 등이 1908년경에 미국빅타음반에 취입[07]했음이 확인된다. 향선[08]은 3명의 여성현악반주자와 함께 "평시조"와 "육자백이"를 녹음하였고, 함께 "담바구타령"과 "간다구타령"을 취입[09]하였던 것이다. 미국빅타음반은 미국빅타사(VICTOR TALKING CO.)에서 제작된 음반으로, 1908년부터 1910년 한일강제병합 사이에 발매된 것으로 추정되고 있다. 이 음반은 서울에서 원반을 녹음하여 미국빅타사에서 제작된 것이다. 두 차례 이상 녹음된 이들 미국빅타음반들은 모두 나팔통식 녹음으로 취입된 것인데, 처음에는 쪽판으로, 나중에는 양면판으로 제작되었다. 1928년 전기녹음 이후 일본빅타음반에서 제작된 음반과는 구별되므로 보통 미국빅타로 부른다. 대구기생 향선·남수·죽선·화월이 취입한 미국빅타음반 쪽판은 미국 뉴저지주(New Jersey) 캠덴(Camden)에서 출반한 것이다.

일제는 대구유곽지를 1907년 2월에 조성하기로 하였다. 대구이사청 히사미즈 사부로(久水三郎) 이사관은 1908년 10월 29일 대구

---

07 錄音文獻學會. 昭和11. 『レコド文化發達史』. 115-116쪽; 한국정신문화연구원 편. 1998. 『한국유성기음반총목록』. 민속원. 19쪽; 배연형. 2011. 『한국유성기음반 : 1907-1945』 5. 한걸음 더. 27-36쪽.

08 孫泰龍. 2002. 「洋琴 古樂譜에 關한 硏究」. 『韓國音樂論筌』. 54-55쪽.

09 당시 대구 및 경상도 기생이 미국빅타음반에 취입한 곡은 모두 네 곡으로 다음 내용과 같다. KOREAN FEMALE SONG WITH BAND. VICTOR RECORD 13500. 평시됴 平時調 Pyong-Sijo 한국대구韓國大邱 기싱향션妓生香仙. KOREAN FEMALE TRIO WITH BAND. VICTOR RECORD 13510. 륙즈빅이 六字歌 Yukja-P□ki, 한국대구韓國大邱 기싱향션 妓生香仙. KOREAN FEMALE SONG WITH BAND. VICTOR RECORD 13511. 담바구타령 煙草歌 Tampaka. 한국경샹도韓國慶尙道 향수남슈화월香仙藍水花月. VICTOR RECORD 13525. 간다구타령 歎う生歌. 한국경샹도韓國慶尙道 기싱다슷 妓生五名. KOREAN FEMALE SONG WITH CHORUS AND DRUM. RECORDED IN KOREA PRICE 60C in U.S.A. VICTOR TALKING MACHINE CO. Camden, N.J.

이사청령 제12호로 예기취체규칙藝妓取締規則을 공포하여 1909년 10월 1일부터 이를 시행할 것을 공고하였다. 당시 대구의 예기는 갑종과 을종으로 구분됐는데, 을종예기는 일정한 구역내에서 영업을 하도록 허가하였다. 따라서 을종예기는 1909년 10월 1일부터 유곽 지역내에 들어가 있지 않으면 안되게 되어 있었으나, 영업자는 이를 매우 귀찮게 생각하고 아무도 유곽지 영업을 신청하지 않았다.[10] 따라서 대구시내에는 갑종과 을종의 예기들이 섞여 생활했으므로 점차 그 분별이 어려웠다. 본고에서 논의하는 예기는 몸을 파는 을종 예기가 아니고, 전문적으로 노래와 악기 그리고 춤 등 여러 가지 기예로 생활하는 기생을 말한다.

3. 대구지역의 기생 단체

일제에 의해 관기제도가 폐지되자 관기들은 사회로의 진출을 하게 됨으로써 새로운 단체를 구성하게 되었다. 일제강점기 대구지역에는 세 곳의 기생단체가 조직되어 운영되었다. 대구기생조합·대구권번·달성권번이 이들 단체들이다. 대구기생조합은 1909년 일제에 의해 관기제도가 폐지되자 이들을 중심으로 1910년 5월에 결성됐으

10 河井朝雄. 1931. 『大邱物語』. 310-311쪽. 번역내용은 『대구이야기』. 손필헌 역. 227쪽.

며, 대구권번은 일본인들이 중심이 되어 1922년 6월에 주식회사로 설립되었다. 이후 1927년 1월에는 대구권번과 견줄 수 있는 한국인들 중심이 된 합자회사 달성권번이 설립되었다. 이렇게 구성된 기생단체의 설립과 내용에 관해서는 본 항목에서 살펴보려고 한다.

1) 대구기생조합

〈사진 1-1〉 1918년 대구기생조합에 소속된 32명 중 가장 나이가 많은 28세의 상남수(일명 雪梅)

〈사진 1-2〉 1918년 대구기생조합에 소속된 32명 중 가장 나이가 적은 13세의 최금란

조선시대 경상감영과 대구부 관아 소속의 관기들은 대구지역의 전통음악을 오늘날까지 이어오도록 한 주역들이다. 일제강점기 조선시대의 전통을 이어받은 대구기생들은 1910년 5월 대구기생조합소

大邱妓生組合所, 곧 대구조합・대구기생조합・대구조선예기생조합・대구예기조합이라는 명칭[11]으로 단체를 조직하여 명무名舞 김수희 조합장[12]이 유지하였다. 대구기생조합은 1910년 5월 김수희 조합장[13]을 중심으로 관기 출신의 예기들이 주도적으로 결성한 전문적인 기생들의 단체이다. 조선시대 관기들의 구성이 일제에 의해 1909년 4월 경시청의 창기조합조직 명령건[14]이 제정되자 경상감영과 대구부 관청에 소속되어 있던 교방의 관기들은 사회로 진출하여 단체를 구성하였다. 이렇게 구성된 단체가 곧 대구기생조합소이다.

일제강점기 기생의 바탕은 조선시대 여기女妓나 기녀妓女와 관련된 여악女樂에서 비롯된다.[15] 이러한 기생조합이 곧 권번인데, 권번은 한국 근대화과정에서 생긴 산물이다. 권번 소속의 예기들은 전통예술의 기예를 익힌 기생인데, 일제강점기 전통공연예술의 일부를 전승하는데 큰 몫을 담당하였다. 한편 일제는 1905년 궁내부 제도 개편의 일환으로 여악을 폐지시켰고, 1908년에는 태의원太醫院 등을 폐지시켰다. 이렇게 실질적 관기제도가 폐지되고, 창기조합조직 명령건이 시행되어 궁내부를 비롯한 전국 관청에 매었던 관기들의 사회 진출이

11 孫泰龍 編著. 2001.『每日申報音樂記事總索引 : 1910.5.30-1945.8.15』. 民俗苑. 60쪽의 각 항목.

12 鄭柳色(본명 小山, 1904-1978)은 1910년 6세 때 대구기생조합에서 명무 김수희 조합장에게 정재를 배웠다고 함.『조선일보』. 1972. 11. 16.

13 노동은. 1995.『한국근대음악사 1』. 한길사. 676쪽; 노동은 교수의 연구서에서는 대구기생 "정염"으로 밝히고 있으나, 이것은 잘못된 내용이다. 필자는 의문이 있어 2010년 4월 21일 노동은 교수에게 메일을 보내 다음날 확인한 바로는 '기생정염'이 아니고 '妓生情談'을 '妓生情炎'으로 잘못 한글로 옮겨 적은 것이라는 답신을 받은 바 있다. 따라서 대구기생조합은 정염이 주도적으로 조직한 단체가 아님.

14『隆熙二年 妓生及娼妓ニ關スル書類綴』. 警務甲種 記錄 第28號.「娼妓組合組織命令の件同」. 79쪽. 필자는 노동은. 1995.『한국근대음악사 1』. 한길사. 552쪽 참조.

15 노동은. 위의 책. 666-669쪽.

활발해졌다.

우리나라 기생조합은 1904년 10월 10일 일본공사관의 제3호 경성관령으로 비롯된 매춘녀인 창기娼妓와 창녀의 사회적 공식화부터 비롯된다.[16] 궁내부 제도 개편의 일환으로 시행된 1905년 여악의 폐지, 1908년 7월에 '향사이정조칙享祀釐正詔勅'으로 관기들이 소속된 태의원의 의녀醫女나 침선비針線婢 등이 해체되면서 관기제도가 폐지되고 그해 8월 24일에 장례원 장악과가 해체되었다.[17] 아울러 1908년 9월 15일 기생 및 창기 단속령과 1909년 4월 경시청의 창기조합조직 명령건 제정 등에 의해 우리나라에 적용한 일제의 공창화公娼化 정책에 의해 설립된 전국의 기생과 창기들의 동업조합이 곧 기생조합이다. 한편 기생조합소는 기업妓業을 주관하는 사업체 및 운영 사무실을 지칭하는 것인데, 초기에는 기생조합 또는 창기조합이라고 불렸다가 1917년경부터 일본식으로 권번券番이라 바뀌었다.

1918년에 발간된 『조선미인보감朝鮮美人寶鑑』[18]에 의하면, 대구기생조합에 32명의 기생이 소속되어 있다고 밝히고 있다. 이들 중 28명이 가야금을 다루고 있는데, 그중 22명이 가야금병창이고, 11명이 정재무呈才舞를 하였다. 성악의 경우 전통성악의 여러 갈래와 창가와 같은 유행가도 학습되었다. 기악의 경우 가야금·거문고·양금이 학습되었고, 춤의 경우 정재종목을 위시하여 여러 종류의 전통춤이 기생들에게 교육되었다. 이러한 여러 가지 악가무 중 대구기생조합에

16 송방송. 2003. 「京城放送局에 출연한 藝妓의 공연활동」. 『한국근대음악사연구』. 민속원. 270-293쪽; 「한국근대의 음악원형」(http://music.culturecontent.com) 참조.

17 노동은. 위의 책. 547-549쪽.

18 朝鮮研究會(青柳綱太郎). 大正7. 『朝鮮美人寶鑑』. 新舊書林. 필자는 『조선미인보감』. 민속원 1984. 2007. 영인본 참조.

서는 가야금 및 가야금병창과 정재를 주로 다루었다. 당시 가야금병창은 전남 무안 출신의 효산曉山 강태홍姜太弘(1893-1957) 선생의 영향이다. 강태홍은 1911년부터 대구기생들에게 가야금의 풍류와 산조 그리고 병창을 가르쳤던 인물[19]이다.

1910년 5월에 대구기생조합이 김수희 조합장을 중심으로 결성된 이후, 1918년에는 32명의 기생이 소속되어 있었음이 확인된 셈이다. 이들은 13세 1명, 14세 9명, 15세 3명, 16세 4명, 17세 2명, 18세 4세, 19세 1명, 20세 2명, 21세 3명, 22세 1명, 23세 1명, 28세 1명이다. 14세가 9명으로 가장 많으며, 15세에서 21세가 19명이나 된다. 따라서 10대 중반부터 20대 초반까지가 대부분 차지하고 있음을 알 수 있다. 한편 14-17세에 각 1명씩은 다른 도시에서 온 기생들이다. 14세와 15세 1명은 부산에서 왔으며, 16세 1명은 경성에서, 17세 1명은 평양에서 대구기생조합으로 왔음이 확인된다. 대구기생조합 소속의 기생 32명 중에서 4명이 타도시 출신이므로, 나머지 28명은 모두 대구출신이다. 따라서 이들은 어릴 적부터 대구기생조합에 소속되어 예기교육을 받으면서 요정料亭에 출연하여 기예를 뽐내면서 생활하였던 것이다.

당시 대구조합에 소속된 32명의 기생들은 17종목의 기예를 가졌다. 네 장르로 모두 160명에 해당되는 기예는 기악·성악·춤·서

19 강태홍은 광주신청光州神廳에 있다가 1911년에 대구로 와 대구기생들에게 가야금풍류와 산조 그리고 병창을 가르쳤다. 1923년에는 경주에서 나중에 달성권번의 사범이었던 최금란崔錦蘭에게 가야금병창을 가르쳤고, 1926년에는 이소향과 상경하여 공연하기도 하였다. 1929년에는 대구에서 박차경에게 풍류와 가야금산조를 가르쳤으며, 1936년에는 달성권번에서 몇 년동안 박귀희를 비롯한 여러 제자들에게 가야금산조와 병창을 가르친 바 있다. 구체적인 내용은 백혜숙. 1992. 「한국근현대사의 음악가 열전(V) : 曉山 姜太弘論」. 『韓國音樂史學報』 8. 한국음악사학회. 75-93쪽.

화로, 기악에 60명, 성악에 56명, 춤에 41명, 서화에 3명이 해당된다. 기악으로는 가야금, 거문고, 양금이며, 성악으로는 가곡, 시조, 잡가, 태평가이다. 춤에는 검무, 고무鼓舞, 남무男舞, 승무, 정재무이고, 서화에는 서화, 정正字, 초서이다. 한편 산조는 가야금산조를 말하고, 병창은 가야금병창을 나타낸 것이다. 이들은 특히 가야금병창을 많이 학습했는데, 가야금병창이 장기長技인 사람이 32명 중 22명이 해당된다는 사실이다. 이러한 현상은 대구지역에서는 가야금병창을 선호했으며, 더욱 가야금병창을 가르치는 전문적인 사범이 있었기 때문으로 보았다. 그리고 정재도 11명이나 학습했는데, 정재는 조선시대 경상감영과 대구부 소속 관기들의 전통을 이은 현상이다. 더욱 대구기생조합장 김수희는 명무로 알려진 인물이다.

참고로 1918년 당시 우리나라 권번 및 기생조합에는 모두 96명의 대구출신 기생들이 소속되어 있었다. 이러한 수치는 당시 우리나라의 권번 및 기생조합에 소속된 기생이 605명[20]임을 감안한다면, 대구지역 출신의 기생은 16%(96명) 정도에 해당된다. 또한 대정권번에 소속된 정류색鄭柳色(본명은 小山, 1904-1978)[21]은 『조선미인

20 이진원. 2007. 「『조선미인보감』 해제」. 『조선미인보감』. 민속원. 11쪽에서는 권도희. 2004. 『한국근대음악사회사』. 민속원. 237쪽에 발표된 통계 자료표를 제시하고 있는데, 경화권번과 대구조합의 기생수가 39명이라고 밝히고 있다. 이러한 내용은 경화권번에 40명, 대구조합에 32명을 잘못 나타낸 것이다. 그리고 12쪽에서는 송방송. 「京城放送局에 출연한 藝妓의 공연활동」. 『한국근대음악사연구』. 275-276쪽의 '권번 및 조합별 예기들의 나이에 따른 통계표' 내용을 인용하고 있는데, 한성권번·대정권번·경화권번의 통계가 틀리다. 이러한 현상은 연구자가 직접 『조선미인보감』의 내용을 확인하지 않고 기존연구자들의 잘못된 연구내용을 그대로 재인용한 결과이다. 결국 1918년 우리나라 권번 및 기생조합의 기생수가 총 605명인데도 불구하고, 588명이라는 기존에 잘못 연구된 결과를 이용한 것이므로 수정되어야 마땅하다.

21 정소산의 소산小山은 정류색鄭柳色의 본명이므로, 정소산으로 많이 알려져 있다. 또한 1918년에 발간된 『조선미인보감』에 기록된 당시의 원적과 현주소는 경성부 관철동으로 되어 있으나, 사실 원적 및 출생지는 대구시 중구 동성로 3가 12번지임. 김죽엽. 2011. 「대구 근대무

보감』에서 원적을 경성부 관철동으로 밝히고 있는데, 사실은 대구 출신이다. 따라서 대구출신은 모두 97명[22]이 된다. 아울러 서울을 제외한 각 지역 조합 소속의 기생들이 모두 20% 해당되므로, 대구 출신이 16%에 해당됨은 대구출신 기생들의 활동이 매우 활발했음을 짐작하게 한다. 이러한 현상은 당시 대구지역이 경제적으로 활성화되고 있음을 미루어 짐작할 수 있다.

1918년 대구기생조합 소속의 기생들은 모두 17곳에 거주하였다. 미확인 1명을 비롯하여, 종로에 5명, 남산동 1명, 남성로 2명, 남일동 2명, 덕산동 1명, 동성로 1명, 동일동 1명, 방정方町 1명, 북내동 2명, 상서동 4명, 서성로 1명, 장관동 2명, 수동 3명, 시장로 1명, 전동 2명, 화전동 1명, 하서동 1명이다. 이들 모든 동네는 현재 중구에 위치하고 있다. 따라서 당시 대구기생조합 소속 기생들의 활동지역이 모두 대구의 가장 중심적인 중구에 집중되고 있음을 알 수 있다. 이러한 사실은 출퇴근이 용이하고, 또한 밤늦게까지 활동하고 귀가할 수 있기 때문으로 보인다. 한편 일제강점기 대구의 방정은 현재 무슨 동인지 알 수 없는데, 잘못 표기된 것이 아닌가 생각된다.

초창기 대구지역 기생들 모임의 명칭은 대구기생조합을 비롯하

용사의 선구자 정소산의 정재가 대구무용사에 끼친 영향」. 『음악문헌학』 2. 한국음악문헌학회. 117-160쪽 참조.

22 한편 『조선미인보감』에 의하면, 한성권번 소속의 김소홍金小紅(1898년생, 20세)은 경북 칠곡군 출신으로 12세에 기생이 되었으며, 16세에 서울로 상경하여 박응완을 주인으로 3년간 지내다가 19세에 자유영업을 하고, 이듬해 1918년 한성권번에 입번하였다. 또한 한남권번 기생 김옥자金玉子(1897년생, 21세)와 박이화朴梨花(1896년생, 22세) 그리고 연기조합燕岐組合 기생 김초운金初雲(1901년생, 17세)은 모두 경북 달성군 출신이다. 따라서 이들 네 명은 모두 대구에서 기생수업을 받았을 것으로 짐작된다. 칠곡군과 달성군은 대구와 바로 인접해 있는 도시이며, 명창 박귀희朴貴姬(1921-1993)가 칠곡 출신이며, 현계옥玄桂玉(1897년생)이 달성군 출신으로 어릴 적 대구에서 기생수업을 받은 바 있다. 사실이 그러하다면, 당시 기생단체에 소속된 대구 출신의 기생은 모두 101명이 될 것으로 추정된다.

여, 대구조합 · 대구조선기생조합 · 대구조선예기생조합 · 대구기생조합소 등으로 불렸다. 1910년 5월에 설립된 대구기생조합 기생들은 김명계金明啓를 초청하여 일본어 교육을 받았으며, 토요일마다 토론회를 개최했음이 『대한매일신보大韓每日申報』 · 『대한민보大韓民報』 · 『황성신보皇城新聞』의 1910년 5월 31일자 기사에서 각각 확인된다. 더욱 대구기생조합소의 기생들은 대구 기생들이 국가 발전을 위해 "한국을 융성케 하자면 교육을 발달시키고 군대를 조직해야 한다."라고 하여 국권회복에도 관심을 가졌는데, 그 구체적인 내용은 다음의 〈사료 1〉과 〈사료 2〉에서 확인할 수 있다.

<사료 1> 기ᄉᆡᆼ언론

대구군에셔ᄂᆞᆫ 기ᄉᆡᆼ등이 조합소를 셜립ᄒᆞ고 김명계씨를 연빙ᄒᆞ여 일어를 ᄇᆡ호며 토요일마다 토론회를ᄒᆞᄂᆞᆫᄃᆡ 본월이십팔일에ᄂᆞᆫ 한국을 륭셩케ᄒᆞ쟈면 학업을 발흥케 ᄒᆞᆷ과 군ᄉᆞ를 양셩ᄒᆞᆷ에 아ᄂᆞ것을 몬져ᄒᆞᆷ고ᄒᆞᄂᆞᆫ 문뎨로 토론회를ᄒᆞᆫ다ᄂᆞᆫ 말이 경찰셔에 입문되여 그 경찰셔에셔 즉시 ᄒᆡ산식일ᄎᆞ로 기ᄉᆡᆼ일동을 경찰셔로 불너다가 엄히 훈계ᄒᆞ기를 녀ᄌᆞ가 정치를 언론ᄒᆞᄂᆞᆫ것은 부녀의 덕을 문란케ᄒᆞᆷ이라고 효유ᄒᆞ여 보ᄂᆡ엿다더라[23]

---

23 노동은. 위의 책. 676쪽에는 다음과 같이 적고 있다. "기생정염 : 대구군에셔 기생 등이 조합소를 설립하고 김명계 씨를 연빙하여 일어를 연구하며 매 토요일에 토론회를 개開하난대 거去 28일은 한국을 융성케 하자면 흥학興學과 양병養兵에 하자何者를 선先할고 하난 문제를 성盛히 교음嬌音을 발하야 토론을 시試하난 사事가 당국에 입문入聞되매 경찰서에서 즉시 차此를 해산키 위하야 기생 일동을 해諧 서署에 인치하야 엄히 계근戒筋하되 부녀자가 치치致治를 언론하난 것은 부절婦節을 문란케 함이라고 ○○해송解送하였다더라." 『大韓每日申報』. 1910. 5. 31. 위에서 밝혔듯이, '기생정염'이 아니고 '기생정담'이며, 아울러 끝부분에 '치치致治'는 '정치政治'를

<사료 2> 妓中討論禁止

妓中討論禁止 慶南大邱妓生組合所에셔 妓生等을 召集ᄒᆞ고 金明啓氏를 雇聘ᄒᆞ야 晝夜로 日語를 敎授ᄒᆞ고 又妓生의 辯舌을 巧妙케ᄒᆞ기 爲ᄒᆞ야 每土曜日에 討論會를 開ᄒᆞᄂᆞᆫᄃᆡ 日前에ᄂᆞᆫ 韓國의 急務ᄂᆞᆫ 養兵興學中何가 可ᄒᆞ냐ᄂᆞᆫ 問題로 討論ᄒᆞ랴ᄒᆯ 際에 同地警察署에셔 聞知ᄒᆞ고 一同을 招致ᄒᆞ야 討論會를 禁止ᄒᆞ얏다더라[24]

위 〈사료 1〉과 〈사료 2〉의 1910년 5월 31일자 일간지에서 확인되듯이, 대구기생조합소 곧 대구기생조합은 1910년 5월에 설립된 것이 분명하다. 대구기생들이 조합소를 설립하여 일본어를 배우면서 매주 토요일 토론회를 가졌음이 확인되며, 더욱 국권회복이 민족현실의 당면과제였음도 알 수 있다. 한편 대구예기조합 소속 기생들은 1921년 3월 갈돕회[25]를 돕기 위해 서울로 올라가 공연을 하기도 하였다. '갈돕회'라는 이름은 '갈한(추수한) 것을 서로 돕는다'는 말에서 따온 용어이다. 경성의 고학생들은 1919년 3·1독립운동을 계기로 급격하게 늘어나, 1921년에는 고학생이 760여명이나 되었다. 당시 판소리 명창 이화중선李花中仙(1898-1943)과 대구예기조합 기생들은 경성 우미관에서 '고생하는 갈돕회 청년들을 만분의 일이라도 돕자'[26]며 5일

잘못 적은 것임을 알 수 있다.

24 『皇城新聞』. 1910. 5. 31. 「妓生日語學. 慶尙北道에셔ᄂᆞᆫ 妓生組合을 設ᄒᆞ고 日語를 敎授ᄒᆞᆫ데 每土曜日에ᄂᆞᆫ 討論會를 開ᄒᆞ야 問題를 韓國急務ᄂᆞᆫ 興學과 養兵이라 ᄒᆞ얏디니 該地警察署에셔 禁止하야 討論會ᄂᆞᆫ 廢止ᄒᆞ얏다더라」. 『大韓民報』. 1910. 5. 31.

25 갈돕회는 1920년 6월 21일 경성 중앙예배당에서 고학생 50여명이 「서로 도와 아무쪼록 공부를 계속하도록 하자」는 취지로 만든 상조단체였다. 『東亞日報』. 1920. 6. 13, 6. 21, 6. 23; 『朝鮮日報』. 1920. 12. 12.

간 공연을 하였다. 또한 1920년 11월 대구좌, 1923년 9월 전국특산품진연대회, 1924년 11월에 각각 연주회를 개최한 바 있다.[27]

그리고 대구기생조합 소속의 기생들은 1924년 2월부터 3개월간 화대를 지불받지 못하자, 대구기생조합을 신임하지 못한다는 불신임안을 조합역원에 제출한 바 있다.[28] 또한 1926년 9월 30일자 『매일신보』에 의하면, 대구기생조합의 임산공신회 주최의 연주회를 알리는 내용이 있다. 이렇듯, 대구기생조합은 1910년 5월부터 1926년까지 활동하고 있음이 확인된다. 이후 1928년도부터 『매일신보』에는 대구기생조합이라는 명칭은 발견되지 않고 달성권번으로 표현되고 있다. 『매일신보』 1928년 2월 15일자에는 달성권번이 김록주장례집행을 대구공동묘지[29]에서 할 것임을 분명히 나타내고 있다. 한편 김해 김록주金錄珠(1898-1928)는 1925년에 이미 중구 남성로 13번지(현재 서성네거리 동편 삼성생명빌딩 자리)에서 개인적으로 영업을 하고 있었고.[30] 1928년 1월 10일 대구에서 사망하였다.[31] 따라서 1927년 1월 달성권번이 설립되기 전까지 대구기생조합이라는 명칭을 계속

26 『朝鮮日報』. 1921. 3. 18.

27 『每日申報』. 1920. 11. 27; 1923. 9. 28; 1924. 11. 11; 1926. 9. 30; 1932. 3. 15, 3. 27; 孫泰龍. 2007. 『每日申報音樂記事總索引』. 영남대학교출판부. 62쪽 각 항목.

28 「대구시내 기생 60여명, 요리점에서 2월 이래로 화대를 지불하지 않은 사실을 조합에서 알고도 해결하려고 노력하지 않는다는 이유로 대구기생조합역원에 대하여 불신임안을 제출」. 『每日申報』. 1924. 5. 4.

29 김해 김록주는 1928년 1월 10일 사망 당시 달성권번에 소리사범으로 있었으므로, 그해 2월 10일 달성권번장으로 대구공동묘지에서 장례를 치루게 되었던 것임.

30 「경관과 학생, 작당 폭행, 기생집 있는 걸 함부로 구타해, 문란한 대구 風紀. (대구) 지난 이십사일 오전두시경에 대구부남성정십삼번지 김록주金綠珠라는 기생집에서는 …(중략)… 순사와 학생이 협력하야 기생집에 돌아다니며 구타하는 등 또는 발길로 대문을 차서 바수는등 난포한 행동이 비길대업서 일반민중은 관리와 학생의 풍귀가 문란함을 비난한다고 한다」. 『時代日報』. 1925. 6. 28.

31 『中外日報』. 1928. 1. 14; 『東亞日報』. 1928. 1. 14; 『每日申報』. 1928. 2. 15.

쓰고 있음이 확인된 셈이다.

구체적인 대구기생조합에 관한 내용을 밝히면, 1925년 1월 7-8일 만경관에서 대구예기조합의 연주회가 있다고 『시대일보時代日報』는 보도하고 있다.[32] 또한 『동아일보』 1926년 5월 21일자에는 대구경찰당국으로부터 기생조합을 해체하고 권번으로 변경하라는 내명內命이 있어, 대구기생조합은 주식회사로 권번을 조직하고자 한다고 알리고 있다. 『시대일보』 1926년 5월 28일자에는 대구기생조합 1등 명기 수십명이 사교무도를 한다고 소개하고 있다.[33] 또한 1926년 7월 4일 동촌유원지에서는 대구기생조합의 기생 40여명과 악사 10여명이 총출연하여 공연한다고 각각 보도하고 있다.[34] 이렇듯, 대구기생조합 소속 기생들은 1926년까지 꾸준히 활동하였던 것이다.

한편 일제치하에서 빼앗긴 나라를 다시 되찾으려면 일제에 진 빚부터 갚아야 한다는 생각이 일반인에게 퍼지면서 여성들도 가정 울타리 밖으로 관심을 돌려 서상돈徐相敦(1849-1913)이 1907년 1월

---

32 「藝妓組合연주, 오는 칠일 만경관에서. (大邱) 大邱藝妓組合에서는 오는七日頃부터 年中行事인 演奏會를 萬鏡館에서 開催한다는데 約 二日間 豫定이라고 한다는바 때가 藥令市임으로 大盛況을 일음 모양이라한다」. 『時代日報』. 1925. 1. 5, 「동서남북. 대구예기조합(大邱藝妓組合)에서는 지난 칠일부터 만경관(萬鏡館)에서 연주회를 열엇다. …(후략)… 」. 『時代日報』. 1925. 1. 14.

33 「大邱支局 讀者慰待改正, 終來弊害를 막고자. (大邱) 本報大邱支局에서는 昨巨六月以後로 每月當地 萬鏡館活動寫眞으로써 讀者優待를 繼續 施行한다 함은 數報한바어니와 恒常優待券濫發로 도리혀 廢*와 不平이 **發生하여 優待*日은 人山人海로 困難이 만엇슴으로 今後로는 以下와가티 改定하고 지난二十七日로 讀者優待日 *定하야 今間부터 實施하얏다는데 今般優待日에는 餘興으로 大邱妓生組合 一等名妓數十名의 社交舞蹈가 出演되엇다고. …(후략)…」. 『時代日報』. 1926. 5. 28.

34 「大邱本報讀者 園遊會 대구에, 처음으로 열릴 대원유 四十餘名妓生, 樂士도. (大邱) 본보대구지국에서는 오는칠월사일에 당지동촌 아양교 상류에 원유회를 개최할 예정이라는데 …(중략)… 당일은 입방회원호수로 현상추첨을 행하야 일등에는 소 한필과 시계등의 현상이 잇다하며 오전십이시부터 오후오시까지는 대구기생조합기생 사십여명과 악사십여명이 총출동하야 무대를 설치하고 기생연주회가 열릴터이며 …(후략)…」. 『時代日報』. 1926. 6. 23.

에 발의한 국채보상운동[35]을 실천했다. 1907년 대구 북후정北後亭(현 대구시민회관 자리)에서 국채보상운동 창립총회가 열렸는데, 대구기생들도 국채보상운동에 동참했다. 조선시대 교방의 관기 출신이었던 앵무鸚鵡, 곧 후에 달성권번장이 된 염롱산이 의연금을 출연한 이후 대구기생 14명이 적게는 50전에서 많게는 10원까지 집단적으로 모금에 참여하는 정성을 보였다. 1907년 직후 대구지역에서는 서향파를 비롯하여, 채옥彩玉·쾌연快蓮·춘옥春玉·향란香蘭·향선香仙·남수藍水·죽선竹仙·화월花月 등이 활동한 바 있다.

여성혁명가 정칠성丁七星(1897-1958)은 대구에서 태어났다. 7살에 기생이 되기 위해 대구에서 훈련과정을 거치면서 시조·판소리·가야금 등 각종 기예를 익혔다. 이 시기 기생들이 대략 12-13살에 수양딸로 팔려 권번에 들어갔음을 생각할 때, 정칠성은 꽤 이른 나이에 기생이 되고자 하였다. 그만큼 딸을 키우기가 힘든 빈민가정 출신이었음을 말해준다. 이후 18살 때 경성으로 상경해 대정권번에 금죽琴竹이란 예명으로 들어간 바 있다.[36] 때문에 1915년 18세의 나이로 대정권번에 입적했으므로 1910년 5월 당시 대구기생조합이 조직되어 있었기 때문에 여기에 소속되어 활동했음을 미루어 짐작할 수 있다. 그리고 달성출신이며 일제강점기 독립운동을 한 사상기생思想妓生 현계옥玄桂玉 (18

---

35 국채보상운동國債報償運動은 1907년(융희 1) 2월에 대구에서 시작된 국권회복운동으로 전국민이 합심하여 일본에 대한 국채(1,300만원)를 갚아 경제적으로 독립하자는 운동이다. 발기인은 서상돈을 비롯하여 김광제金光濟·박해령朴海齡 등 16명으로, 이들은 국채보상 모금을 위한 국민대회를 열고, 국채지원금수합사무소國債志願金收合事務所를 설치하여 활동을 시작했다. 이 운동에는 여성들도 적극 참여했는데, 대구에서는 남일패물폐지부인회南一佩物廢止婦人會·국채보상탈환회國債報償奪還會가 결성되어 패물을 보상운동에 의연했다. 당시 사회계층 가운데 최하류층에 속했던 기생들도 국채보상운동에 적극적으로 나섰던 것이다.

36 朝鮮硏究會(靑柳綱太郎). 『朝鮮美人寶鑑』. 大正券番 47a; 최미화. 1998. 「대구·경북 발굴 여성운동 1백년」. 『매일신문』. 1998. 6. 17.

97년생)도 1914년(17세)에 대구기생조합에 들어가 기생이 되었는데, 당시 가곡·정재무·승무를 비롯하여 소리와 가야금산조가 주특기였다. 2년 후 1916년(19세)에 남도출신 기생들이 모여 있던 서울 한남권번에서[37] 활동하였다.

이렇듯, 상남수尙南秀(일명 尙雪梅) 등 수십 명이 소속되어 활동한[38] 대구기생조합은 1910년 5월에 김수희를 조합장으로 대구기생들이 모여 결성된 전문적인 대구 최초의 기생단체이다. 더욱 대구기생조합 소속의 기생들은 매주 토요일마다 일본어 교육을 받았으며, 국가 발전을 위해 국권회복에 관심을 고조시킴으로써 일제의 제재를 받기도 하였다. 대구기생조합은 1927년 1월에 달성권번으로 재조직되므로 이전까지는 대구기생조합으로 활동하였던 것이다. 앞에서도 잠시 밝혔지만, 더욱 대구기생조합의 활동이 1926년까지 계속되었음을 일간지에서 확인이 되었다. 밝히 말해서, 1910년 5월에 결성된 대구기생조합은 1927년 1월부터 합자회사 달성권번으로 확대되어 새롭게 활동을 시작한 것이다. 이렇게 기생조합을 권번으로 재조직된 것은 1926년 5월 대구경찰서의 내명內命에 의한 결과[39]임을 강조한다.

---

37 『朝鮮美人寶鑑』. 「大正券番」 항목 3ba; 신현규. 2011. 「항일독립운동의 꽃 사상기생, 현계옥」. 『삶과꿈』 8월호. 도서출판삶과꿈. 32-37쪽.

38 「대구경찰서인사상담소에서 기생 45명을 호출. 대구예기조합시절 달성권번 기생 상설매尙雪梅(尙南秀, 1890년생) 외 17명이 336원을 빌려쓰고, 또한 달성권번 기생 주명희朱明姬 외 26명 달성권번 돈 190원 빌려썼음으로 설유원說諭願, 상대방을 설득하여 돈을 달라고 관계 관청에 제출하던 청원請願을 제출. 따라서 주명희 등 기생 45명 (달성)권번을 미워함」. 『中外日報』. 1927. 8. 25. 한편 1918년에 발간된 『조선미인보감』의 대구기생조합 명단에 상설매가 포함되어 있음.

39 「組合을 券番으로. 大邱警察當局으로부터 妓生組合의 組合은 解散하고 券番으로 하라는 內命이 잇서 目下妓生組合側에서는 株式會社의 券番을 組織하고저 紛忙中이라더라(大邱)」. 『동아일보』. 1926. 5. 21.

2) 대구권번

〈사진 2〉 1922년 『조선사정사진첩』에 수록된 25명의 대구권번에 소속된 기생들이다. 중앙에 걸려있는 명렬표에는 이들의 서 있는 위치 및 이름을 밝히고 있으나 누구인지는 확인이 어려운 상태임.

대구권번은 1922년 6월 10일 중구 향촌동 13번지에서 속반원삼평粟飯原三平을 대표로 일본인들이 주축이 되어 중구 향촌동村上町 13번지에서 주식회사로 설립되었다.[40] 25명으로 설립된 대구권번의 기생들은 대구시내 요정에 출연하여 기예를 뽐내었다. 당시 요정은 대구를 찾아오는 인사人事들의 접대나 지역유지들의 모임장소로 고급음식점이 필요해서 새롭게 생성된 산물産物이다. 당시 대구권번의 구체적인 장소는 다음 〈지도 1〉에서 확인된다. 설립 당시에는 20명의 주주가 주식수 1,000주로 시작하였다. 대지주로 해야무남海野武男이 133

40 中村資良. 1923. 『朝鮮銀行會社要錄』. 東亞經濟時報社.

주, 아천하나阿川ハナ 120주, 군목다삼랑椙木多三郎 91주, 대표 속반원삼평이 88주, 감사 죽중정부가 83주, 천야테츠淺野テツ가 80주, 시야길랑矢野吉郎이 80주[41]를 각각 보유하였다. 대구권번은 계속적으로 대표 및 사장을 비롯하여, 주주수 · 임원 · 배당률 · 대주주 등이 바뀌면서 운영하게 된다.

<지도 1> 대구권번의 위치도

〈지도 1〉은 1943년에 종로초교를 졸업한 유지영이 작성한 『大邱府本町小學校區之圖』의 일부분이다. 중구 향촌동 13번지에 券番[儉番]이 있다고 밝히고 있는데, 이곳이 바로 대구권번이 설립된 장소임.

한편 1937-1938년의 『조선총독부관보』에 의하면,[42] 대구권번은

41 中村資良. 1923. 『朝鮮銀行會社要錄』의 1925-1942년판에 의하면, 대주주가 각각 변화됨을 확인 할 수 있음.

42 『朝鮮總督府官報』, 1937. 10. 7. 6-11면; 1938. 3. 3, 3. 16, 3. 30. 12-15면, 8. 25. 7-11면, 9. 2. 8면.

예기권번의 경영, 예기포주업자에게 자금의 대부 등, 전항에 부대하는 일체의 업무를 목적으로 25명의 기생들로 구성되어 자본금 30,000원으로 상업적 설립 및 운영된 기생단체이다. 앞에서 밝혔듯이, 처음 사장 및 대표는 속반원삼평이 맡았으며, 중역으로는 전무이사에 천정송길淺井松吉, 이사에 시야길랑과 군목다삼랑, 감사에 산전영길山田榮吉과 죽중정부竹中定夫가 맡았다. 이후 야뢰력장野瀨力藏, 전중문오畑中文伍, 죽전인태랑竹田仁太郎, 가무의작加茂儀作 등의 일본인들이 이사직을 맡아 운영하였다.

이렇게, 1922년 6월 10일에 설립된 대구권번은 일제가 1941년 12월 8일 하와이 진주만을 기습하는 계기로 이듬해(1942년)에 권번을 폐지할 때까지 활동을 하였다.[43] 당시 대구권번의 사진이 수록되어 있는 『조선사정사진첩朝鮮事情寫眞帖』[44]은 경성의 조선공론사에서 발행된 사진첩인데, 여기에 수록된 대구권번의 사진에서 당시 25명의 기생이 소속되어 있음이 확인된다. 따라서 주식회사 대구권번은 1922년 6월 10일 중구 향촌동 13번지에서 일본인들이 주축이 되어 25명의 예기들로 구성하여 상업적으로 설립된 기생단체임을 알 수 있다. 한편 대구권번은 1926년 6월 10일 순종純宗(1874-1926. 재위기간 : 1907-1910)의 인산일因山日[45]에 기생 15명과 간부 5명이 참여한 바 있다.[46]

---

43 『조선중앙』. 1934. 10. 20; 『동아일보』. 1936. 5. 27; 조선총독부. 「商業及法人登記」. 『官報』. 1937. 10. 7; 1938. 3. 3, 3. 30, 8. 25, 9. 2. 또한 1942. 「大邱券番(株)」. 『朝鮮銀行會社組合要錄』. 東亞經濟時報社.

44 朝鮮公論社. 1922. 『朝鮮事情寫眞帖』.

45 1926년 4월 25일(음력 3월 14일) 대한제국 마지막 황제 순종은 창덕궁 대조전에서 53세로 숨을 거둠으로써, 그해 6월 10일 장례식을 마치고 이튿날 6월 11일 경기도 남양주시에 위치한 유릉裕陵에 순명효황후純明孝皇后(1872-1904)와 합장되었다.

대구권번 소속의 기생활동에 관해서는 잘 드러나지 않는데, 1932년 3월에 조선예기협회예찬회 주최로 전국명창대회를 개최했는데 여기에 대구권번 기생들이 출연한 바 있다.[47] 또한 1934년 10월 28일 제2회 '대구의 밤'에 달성권번과 함께 DK방송국[48](경성방송국)에서 연주한 바 있다.[49] 그리고 1936년 5월 결핵박멸운동에 달성권번의 기생과 함께 선전행렬에 참가한 바 있다.[50] 한편 1937년 6월부터 1938년 6월까지 1년간 대구권번과 달성권번 기생들의 화대가 당시 경제가 극도로 어려운 가운데서도 약 32만5천원이나 된다고 보도되고[51] 있어, 1930년대 대구권번은 달성권번과 아울러 활발히 예기활동을 하고 있음을 알 수 있다.

---

46 『동아일보』. 1926. 6. 10.
47 『每日申報』. 1932. 3. 15. 3. 27; 孫泰龍. 『每日申報音樂記事總索引』. 62쪽 「大邱券番」 항목.
48 DK방송국은 JODK방송국을 말하며 경성방송국을 지칭한 것이다. 경성방송국은 1935년 9월 15일부터 경성중앙방송국으로 명칭이 변경되었음. 『조선중앙일보』. 1935. 8. 31. 2면.
49 『朝鮮中央』. 1934. 10. 20.
50 『東亞日報』. 1936. 5. 27.
51 『東亞日報』. 1938. 7. 22.

3) 달성권번

〈사진3〉 염롱산(1860-1946)의
1937년도 모습.

달성권번은 1927년 1월 6일 염롱산이 대표자로 한국인들에 의해 중구 상서동 20번지(현 만경관 뒤 춘앵각 포함)[52]에서 합자회사

52 거리문화시민연대. 2007.『대구新택리지』. 174쪽의「종로 전체지도」일부분에 표시된 곳이 달성권번의 위치이다. 달성권번은 현재 만경관 뒤편 중구 상서동 20번지이다. 한편 2001.

로 기생의 화대 징수 및 지불, 금융을 목적으로 설립되었다.[53] 관기 출신의 염롱산을 비롯하여, 배영훈裵永勳, 최윤동崔胤東, 배병렬裵炳列(星岡炳列), 엄주상嚴柱祥(中原聖祐), 엄성문嚴成文, 배남구裵南九, 청전영덕青田永德[54]이 간부로 달성권번을 관리 운영하였다. 1937년 6월 14일자 『관보』(제3122호, 11면)에 의하면, 합자회사 달성권번의 간부들은 배영훈, 최윤동, 배병렬, 염롱산, 엄주상이다. 또한 1940년 1월 23일자 『관보』(제3899호, 7-11면)에는 청전영덕이 없는데, 1941년 9월 24일자 『관보』(제4402호, 9-12면)에는 포함되어 있다. 더욱 1943년 11년 27일자 『관보』(제5046호, 4-6면)에는 배병렬이 기록되어 있다.

그리고 『조선은행회사조합요록』에 의하면,[55] 달성권번은 처음 자본금 6,000원으로 시작했으며, 1933년에는 대표 염롱산(8850무)을 비롯하여, 사원으로 청전영덕(3600무)·엄주상(600무)·배병렬(1500무)·유한 3명(3450)이 있다고 밝히고 있다. 또한 1937년도 자료에는 자본금이 9,000원, 1939년도에는 12,000원, 1942년도에는 18,000원으로 계속 자본금이 불어나고 있음이 확인된다. 이렇듯 달성권번은 1930년대 후반으로 갈수록 더욱 확대되고 있음을 알

『건들바위』. 대구중구문화원. 제3집에서는 종로 1가 20번지라고 밝히고 있는데, 이곳이 바로 상서동 20번지임.

53 中村資良. 1929. 『朝鮮銀行會社組合要錄』. 東亞經濟時報社.

54 『朝鮮總督府官報』(商業及法人登記). 1937. 6. 14. 11면; 1940. 1. 23, 7-11면; 1941. 9. 24. 9-12면; 1943. 11. 27. 4-6면.

55 『中外日報』. 1927. 5. 17. 염롱산권번장으로 한국인들이 합자회사로 설립. 달성권번은 1927년 1월 6일 염롱산廉隴山(平田隴山, 鸚鵡)이 대표자로 한국인들에 의해 합자회사로 중구 상서동 20번지에서 기생의 화대 징수 및 지불, 금융을 목적으로 설립되었음. 관기(官妓) 출신의 염롱산을 비롯하여, 배영훈裵永勳, 최윤동崔胤東, 배병렬裵炳列(星岡炳列), 엄주상嚴柱祥(中原聖祐), 엄성문嚴成文, 배남구裵南九, 청전영덕青田永德이 설립 및 운영한 간부들임을 알 수 있음.

수 있다. 한편 달성권번의 위치는 다음 〈지도 2〉에서 확인된다.

<지도 2> 달성권번의 위치도

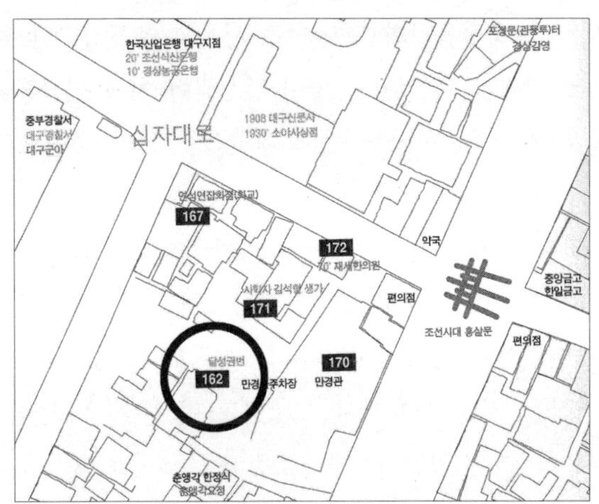

〈지도 2〉는 『대구新택리지』에 소개된 달성권번의 위치도이다. 중구 상서동 20번지로 중구 만경관 뒤편에 위치한 춘앵각 자리를 포함한 곳임.

달성권번이 1927년 1월 6일자로 조직되자 봉사연주회를 개최하게 된다. 그것은 그해 5월에 있은 대구노동공제회야학부大邱勞動共濟會夜學部를 비롯한, 맹인수용소심안공제원盲人收容所心眼共濟院, 불량소년구호소不良少年救護所를 위한 자선연주회[56]가 그것이다. 이후 1929년 4월 만경관에서 있은 경북조해구제자선연주대회에 달성권번의 기생들이 출

56 "慈善演奏金分配. 大邱에잇는 合資會社達成券番에서 大邱勞動共濟會夜學部와 盲人收容所心眼共濟院과 不良少年救護所를 爲하야 慈善演奏會연주회를 行하얏는데 演奏金을 지난十二日에 分配한바 夜學部에百圓, 心眼共濟院에二百圓, 救護所에百圓式 送達하얏다더라(大邱)." 『中外日報』. 1927. 5. 17.

연한[57] 바 있다. 주명희 등 달성권번 소속의 수십 명[58] 기생들은 대구지역에서의 활발한 활동과 아울러 경북지역에서도 전문적 활동을 꾀하였다. 이러한 내용은 1931년 3월 경북 예천에서 개최된 '예천대발전 신축낙성식 축하음악회' 전단지로 서울의 조선정악단 일행이 출연한다는 팜플렛에서 확인된다. 당시 달성권번 기생 신금홍을 비롯하여, 정류색[59]·황금주·이난향 등과 예천 기생들의 조연으로 소리와 춤을 공연하였던 것이다.

한편 신금홍은 1931년 9월 서울 조선극장에서 있은 팔도명창대회에 출연한[60] 바 있다. 또한 달성권번은 1934년 8월 8일에 수해구제음악회를 만경관에서 개최하였다.[61] 그리고 1937년과 1938년에는 달성권번장을 지낸 염롱산이 교남학교(현 대륜중고등학교 전신)을 도운 내용이 전국 일간지, 곧 『조선민보』(〈사료 3〉 참조)와 『동아일보』[62]에 각각 보도되기도 하였다. 염롱산은 이미 전재산의 반이 되는 2만원을 내겠다고 1938년에 또다시 약정한 바 있다.[63] 구체적인 내용은 다음의 〈사료 3〉에서 확인된다.

---

57 『每日申報』. 1929. 4. 9, 4. 15.

58 『中外日報』. 1927. 8. 25.

59 정류색, 곧 정소산에 관한 구체적인 내용은, 김죽엽. 2010. 「정소산의 작품 활동을 통한 무용사적 고찰 : 대구활동을 중심으로」. 『영남의 악가무 재조명』. 한국국악학회.

60 『每日申報』. 1931. 9. 21.

61 『東亞日報』. 1934. 8. 8.

62 『東亞日報』. 1938. 5. 24.

63 『東亞日報』. 1938. 1. 26.

<사료 3> 배경의 교남교에 2만원을 출자하다. 택지건물기부를 신고하다. 세상의 귀감! 염농산여사의 미담

"대구유일의 민간학교로서 개교 이래 16년간 다수의 인재를 사회에 내보냈던, 사립 교남교는 근년 경영난에 처해 이를 이겨내기 위해 학교당국은 물론 동창회와 후원회에서는 필사의 노력을 다해왔지만, 분발에 찬 인사가 부족하여 이제는 풍전등화같이 폐교의 비운에 당면하게 된 절박한 때에 화전동 염농산여사가 근일간 학교에 싯가 2만원의 택지와 건물을 기부하겠다고 신고해서 사회에 근래 희박해진 감격을 주고 있습니다. 여사는 젊은 시절에 남편을 여의고 그 이후 뼈를 깎는 양돈에 힘써서 지금 5, 6만원의 사재를 모아 행복하게 여생을 보내고 있는 78세 노파이지만, 교남학교의 비운을 들을 당시 여자의 몸이지만 강하게 분발을 다해 재산의 대다수를 내어 동 학교의 회생에 일조를 했습니다. 여사는 천성적으로 자질이 고매하여 깊은 애정을 가지고 사회와 공공에 대한 이해와 정성, 미담은 김천고보 설립자 최송설당, 대구복명교 설립자 김울산 여러 여사와 서로 함께 영원히 칭송되도록 사회 일반의 숭상의 대상이 되어 일반의 깊은 감명을 불러일으키고 있습니다.(사진은 염농산여사)."[64]

---

64 「悲境の嶠南校に二萬圓を投出す 宅地建物寄附を申出る 世の鑑! 廉朧山女吏の美擧. 大邱唯一の 民間學校として 創校以來 十六年間 數多の 人才を 社に 送り 出した, 私立 嶠南學校は 近年 經營難に 陷りこれを 仞り 抜けるべく 學校當局は 勿論 同窓 , 後援では 必死の 努力を つくして 來たが, 義憤に 燃ゆる 人士が 乏く 今や 風前の 燈の如く 廢校の 悲運に 當

달성권번은 지금의 중구 상서동 20번지(현 만경관 뒷 춘앵각 자리 포함)에서 농산籠山이 초대 권번장으로 시작되었다.[65] 월선月仙과 함께 시작된 달성권번은 농산(또는 弄山)이 대표적 인물이다. 농산弄山과 롱산籠山은 염롱산廉隴山(藝妓名 鸚鵡)을 지칭하는 같은 이름이다. 한편 석재石齋 서병오徐丙五(1862-1935)는 글・그림・시・바둑・의학에도 일가견이 있어 사람들은 그를 팔능거사八能居士라고 불렀다. 서병오는 당시 시회詩會를 이종면과 정하산鄭夏山의 집, 또는 용두방천龍頭防川(상동교 주위 제방)의 우세정又洗亭과 수성들의 모구정慕邱亭 등에서 주로 열었다. 시회 때 돈을 마련키 위해 작품을 많이 제작했는데, 이때 특별히 큰 현판이나 대작을 받으려면 염롱산 등 이름난 일류기생을 불러 술판을 벌여 흥을 돋워줘야만 했다고 한다.

1927년 1월 6일에 합자회사로 설립된 달성권번은 1910년 5월에 결성된 대구기생조합의 후신이 분명하다. 1927년부터 달성권번이 설립된 이후 1930년대 중반까지 기생들의 화대 문제로 일간지에 대두되는 내용에서 확인이 가능하다. 달성권번이 설립될 당시 운영한 간부들 명단은 권번장을 맡은 관기 출신의 염롱산을 비롯하여, 배영훈, 최윤동, 배병렬, 엄주상, 엄성문, 배남구, 청전영덕[66]이다.

面してゐる 折柄, 府內 田町 廉朧山女史が 廿一日 同校へ 時價 二萬圓の 宅地及建物の 寄附方を 申し出て 社會へ 近來稀なる 感激を 與へてゐる. 女史は 青春時節に 夫を 喪ひ 爾來刻苦 豕第して 今日五, 六萬圓の 家財を 蓄へ 行じて 餘生を 送る 七十八歲의 老境であるが, 嶠南學校の 悲運を 耳にした 時, 女の 身でありながら 强き 義憤に 堪へず 私財の 大半を 傾けて 同校 誕生の 一助に 喜捨のである. 女史は 天資高邁にして 愛情深く 社と 公共に 對する 理解と 赤誠, 美談は 金泉高普 設立者 崔松雪堂, 大邱復明校 設立者 金蔚山 諸女史と 相並んで 永遠に 誦へらりべく 社會 一般の 崇仰*の 的となり となつて 一般の 深き 感銘を 呼び起こしてゐる °(寫眞은 廉朧山女史).」 일본어판의 기사를 현대 한글로 옮겨 적은 것임. 『朝鮮民報』. 1937. 4. 24.

65 이충희. 1992. 「대구이야기 65 : 권번券番 Ⅰ」. 『週刊每日』. 1992. 12. 20.

66 『中外日報』. 1927. 1. 6, 5. 17.

이들 중 엄주상의 행적이 다음의 내용에서 짐작하게 한다. 엄주상이 대구기생조합과 달성권번에 대표사원으로 있으면서 모든 실권을 갖고 있다는 것이다. 구체적인 내용은 다음 〈사료 4〉와 〈사료 5〉에서 확인이 가능하다.

<사료 4> 花柳村이 動搖, 대구기생이 어쩐다고
"대구달성권번達成券番의 기생 삼백여명의 사이에는 얼마 전부터 동권번의 대표사원으로 십여년래에 전권번의 실권을 잡고잇는 엄嚴모의 배척으로 매우 말성을 삼고 잇다는데 그 말성을 삼는리면에는 여러 가지로 복잡한 사정이 숨어잇스며 이십일일에는 권번의 총회를 열고 문데의 해결을 결뎡하리라는바 이날 만일 기생들측의 요구하는바대로 되지안는일이 잇다면 단연히 동맹파업을 하려는 긔세를 보인다더라(대구)."[67]

<사료 5> 關係者들 召喚取調, 大邱券番事件
"(大邱) 대구기생들이 동맹휴업한 결과 대구서에서는 달성권번達成券番에 출장하야 조합組合시대부터 현금까지 나려온 장부를 압수하야와서 감사하든중 부정사실不正事實이 폭노되엿다함은 당시보도 하엿거니와 이와가티 부정사실을 발견한 대구서에서는 조합시대부터 지금까지 관계가 있는 엄주상嚴柱祥외 한명을 검거하고 그외 권번

67 『東亞日報』. 1927. 6. 22. 중명조체 및 밑줄을 필자가 하였다.

관계자를 일일이 소환 취조하는중임으로 …(중략)… 화류계에 문제는 일단락 지우게되자 五일간이나 소언하든 대구화류계와 료리집은 다시 활긔를 디우게되엇다 고한다."[68]

위 〈사료 4〉에 의하면, 달성권번의 대표사원으로 10여년동안 권한을 갖고 있던 엄嚴씨를 지칭하고 있다. 그런데 〈사료 5〉에 의하면, 이 엄씨가 바로 대구기생조합 당시 간부사원이었던 엄주상임을 알 수 있다. 대구기생조합부터 달성권번까지 관계하고 있는 엄주상의 이름이 분명히 나타나고 있는 것이다. 더욱 한자이름도 대구기생조합 당시 간부사원의 이름과 똑같다. 따라서 여기에서 두 가지 사실을 알 수 있다. 하나는 대구기생조합이 달성권번으로 바뀌었다는 것과 다른 하나는 엄주상을 비롯한 간부들이 대구조합시기부터 달성권번시기까지 계속적으로 이어서 운영되고 있다는 사실이다. 더욱 이러한 사실은 앞에서도 밝혔듯이 대구경찰서의 내명에 의해 조합이 권번으로 조직화된 결과로 보인다. 결과적으로 대구기생조합과 달성권번은 뿌리를 같이 하는 기생단체이다.

한편 달성권번이 설립된 이듬해 1928년 5월 17일 달성권번에서의 비리가 포착되어 조사하는 과정에서 최씨를 서기로 지칭하고 있다. 여기에서 최씨는 아마도 최윤동일 것으로 짐작되는데, 달성권번의 간부 중 최씨로서는 최윤동 혼자뿐이기 때문이다. 이로서 당시 달성권번 간부들의 역할을 일부분이나마 대략적으로 파악할 수 있는

68 『中央日報』. 1932. 1. 24. 중명조체 및 밑줄을 필자가 하였다.

데, 다음 〈사료 6〉-〈사료 13〉이 그 내용이다.

> <사료 6> 達成券番에서 무슨 不正事件? 경찰은 문부* 검사, 간부들은 매일회의
>
> "대구大邱에는 유명한 토목의혹사건土木疑惑事件을 비롯하야 …(중략)… 화류계花柳界에서도 그런사건에 빠저서는 안될모양이던지 지난십칠일에 합자회사달성권번合資會社達成券番에도 무슨 비밀사건으로 대구서에서 모든 문부를 압수하여다가 조사를 하얏다는바 중역重役들은 매일 권번사무실에 모히어 비밀회의로 세월을 보낸다는바 듯는바에 의하면 엇던사람이 권번안에서 부정한 일을 하얏다고 그전 서기書記로 잇던 최모崔某가 경찰서에서 엇던죄로 취됴를 밧든중에 엇더한 사실을 말하얏슴으로 경찰의 손이 권번에 밋치게된 사건이라는데 사건이 어떠케진뎐 될는지 일반은 주목중이라더라."[69]

또한 1928년 10월 달성권번 소속 기생들은 권번측과 놀음채〔花代〕 관계로 분쟁이 있었다. 이러한 분쟁은 1932년 1월에도 일어나고 있으므로, 화대 관계는 계속적으로 지속되고 있음을 미루어 짐작할 수 있다. 이러한 구체적인 내용은 다음 〈사료 7〉-〈사료 13〉에서 확인된다.

---

69 『中外日報』. 1928. 5. 23. 중명조체 및 밑줄을 필자가 하였다.

<사료 7> 妓生이 怠業, 놀음채안준다고, 達成券番頭痛

"대구달성권번기생(達成券番)들은 권번에서 놀음채(花代)를 잘 주지안는다하야 동맹파업을 하려고 협의중이라는데 …(중략)… 대구서에서는 비밀리에 놀음에 가지안는 기생을 하나식 불러다가 권번으로부터 바들 놀음채가 얼마나 되느냐고 놀음채를 아니주면 언제든지 놀음에 나아가지 아니할 생각이냐고 여러 가지로 조사중이라더라(대구)."[70]

<사료 8> 상서정 達成券番妓生, 券番側과 抗爭

"(大邱) 긔보=대구달성권반(達成券番)기생 百여명이 권번에서 화대를 경찰서에서 **한규측이상케하고 현금을 지불한다하야 이에 분개하야 권반에 항의를 **하기로 하엿다함은 당시 보도하엿거니와 그후 그들의 대표십여명은 시내모처에모혀 금*은 일치단결하야 철저히 목적을 달하는 동시에 권반의 규칙을 개선하기로 심의하고 지난 十七일 오후시네반부터 부내 상서정上西町동권번*에서 총회를 개최하고 경찰당국에서 제정한 규측대로 하지아니하면 금일부터 「노름」을 가지아니하기로 결의한후에 교섭하엿스나 권반에셔는 그들의 결의를 무시함으로 하는 수업시 기생일동은 동맹휴업同盟休業을 하기로 결정한 후에 회하엿다는데 이에대하야 권번에

70 『東亞日報』. 1928. 10. 14.

서는 말하기를 현재에 *인대로 하지아니하면 도저이 권반을 유지할 수 업다고한다."[71]

<사료 9> "1월 17일 달성권번達城券番 대 기생사이의 노름재(花代)할인분규 교섭이 결렬되자 생활보장을 목적으로 124명의 기생 동맹파업. 22일 수입액 중 3부만을 감減하고, 일단 복업후 경찰서에서 장부를 실사하여 이익이 있으면 2부를 더 감하여(요리집 1할 5부와 권번 1할로 하도록)주고, 계산이 충분하면 권번이 8부만 받도록 하겠다는 조건을 경찰서가 보증하자 파업 철회."[72]

<사료 10> 券番と妓生の抗爭 遂に不業同盟に入る
"料亭からは抗議を申込まれ 板挾みの達成券番. …(이하 생략)…."[73]

<사료 11> 大邱妓生 休業繼續, 장부에 흑막, 不正事實?
"(大邱) 긔보대구기생 *二十여명은 화대花代******달성권번達成券番에 …(이하생략)…."[74]

---

71 『中央日報』. 1932. 1. 19.
72 『朝鮮日報』. 1932. 1. 19, 1. 21.
73 『釜山日報』. 1932. 1. 20.
74 『中央日報』. 1932. 1. 23.

<사료 12> 券番を妓生の自治へいよいよ具體化す
"達城卷番に脫退宣言か警察では成行靜視.
…(이하생략)….[75]

<사료 13> 新券番 設立陳情, 大邱의妓生 七十名連署
"(大邱) 대구 달성권번기생達成券番妓生들은 전일에 화대花代 문제로서 일주일간이나 계속하야 동맹휴업同盟休業을 감행함으로 …(중략)… 경찰당국의 태도를 매우 주목하고 잇는 모양이라 한다."[76]

이렇듯, 1910년 5월 경상감영과 대구부 소속의 관기들을 주축으로 김수희가 조합장으로 대구기생조합이 조직되었다. 대구기생조합은 초창기 대구지역에서의 최초 기생단체이다. 이후 1922년 6월 10일 일본인이 중심이 되어 설립된 주식회사 대구권번이 확인되었다. 그리고 달성권번은 1927년 1월 6일부터 대구기생조합이 관기 출신 염롱산을 대표로 한국인 중심으로 합자회사 체재를 갖추어 재조직된 기생단체이다. 이들 권번들은 1942년 일제에 의해 권번제도가 폐지됨으로써 공식적으로 사라지게 되었다.

한편 해방 이후 나주에서 온 살풀이의 대가 박지홍朴枝洪(1884-1958)[77]에 의해 중구 교동(교동상가백화점 자리)에서 사설 대동권

---

75 『大邱日報』. 1932. 2. 19.
76 『中央日報』. 1932. 2. 21.
77 박지홍의 일반적 생몰년대를 박황. 1974. 『판소리소사』. 신구문화사. 『한국민족문화대백과』. 『한국역대인물종합정보』. 『네이버 백과사전』에서는 모두 1889(고종 26)-1961년으로 밝히고 있다. 그러나 이러한 생몰년대는 사실이 아니다. 금오공대 김석배 교수가 확인한 바에 의하

번[78](이후 남산동에 경북국악원 개설)이 생겨 대구지역에 전통음악 교육의 맥을 이어나갔다. 아울러 달성공원 주위와 서문시장 등 사람들이 밀집한 곳에 사설 기생교육단체가 여러 곳 생겨 대구지역 전통음악을 유지하게 되었던 것이다. 오늘날 활동하고 있는 대구지역 전통음악예술의 원천은 일제강점기 대구기생조합을 비롯한 대구권번과 달성권번에 소속된 기생들에서 찾아져야 할 것이다. 지금까지 살펴본 대구기생의 내용을 시기별로 간추려서 알기 쉽게 나타내면 다음 〈표〉의 내용과 같다.

면, 박지홍 선생을 1949년부터 달구벌 입춤, 검무, 승무, 살풀이, 장구춤 등을 사사한 바 있는 권명화權明花(1934년생, 대구시 무형문화재 제9호 '살풀이춤' 예능보유자) 선생이 '박지홍선생은 잔나비(원숭이)띠' 라고 밝혔다 한다. 따라서 박지홍은 당시 원숭이띠에 해당되는 1884년생이며, 또한 1961년에 사망한 것이 아니라 1958년 대구에서 사망하였다. 박지홍은 1958년 8월 13일부터 18일까지 6일간 육군체육관에서 열린 제1회 전국민속예술경연대회에서 하회별신굿(명무 최희선(1929년생) 참가)으로 대통령상을 수상하였다. 이후 수상기념공연을 대구에서 하기 위해 마루에서 대나무를 잡고 춤을 추다 고혈압으로 쓰러져 사망하였음. 『매일신문』. 1958. 8. 10; 『동아일보』. 8. 13; 『매일신문』. 8. 29, 9. 1.

78 「대동권번大同券番 기생들의 시험 실시(응모 84명, 합격 60여명). 대구 大同券番, 기생들의 시험을 실시 : 검진거부로 한때 부내 각 요정의 문까지 닫히게 한 대동권번 기생아씨들의 그후 동태는 누보한 바와 같이 연조가 오래된 기생들은 거개가 폐업하여 방향을 바꾸었고, 요즈음 신인 기생들은 질이 저하될 우려가 많이 있으므로 해방후 두 번째의 기생시험을 실시하였는데, 20일 동 권번에서 시행한 시험장소에서 응모자 84명 중 엄격 전형한 결과 약 60여명이 합격되었다 한다. …(후략)….」·『大邱市報』. 1948. 9. 23.

<표> 대구지역의 시기별 기생단체 내용표

연월일	기생	소속	명칭	자료 출처	내용
1768년	41명	경상감영	教坊	『大丘邑誌』	예기의 인원수
	31명	대구부			
1871년	35명	경상감영		『嶺南邑誌』	아세아문화사, 1983
	31명	대구부			
1888년	21명	경상감영	嶺營教廳	『慈仁叢鎖錄』	吳宖默 일기
	17명	대구부	觀下房		
1904년	20여명	경상감영	官妓	『大邱物語』	하라타대구지점개업 (대구관찰사 윤헌 참석)
1908년	香仙, 藍水, 竹仙, 花月	대구(경상도) 기생	기생	미국빅타음반 (13500, 13510, 13511, 13525)	"평시조"·"육자백이"·"담바구타령"·"간다구타령" 취입
1909년	무용			『大邱物語』	純宗 대구방문
1909년 4월	관기 및 악사	경상감영과 대구부	예기	藝妓取締規則(대구이사청령 제12호. 1908년 10월 29일자)	일제경시청에 의해 실질적 관기제도 폐지

연월일	기생	소속	명칭	자료 출처	내용
1910년 5월	김수희 조합장	대구기생조합	기생	『大韓每日申報』, 『大韓民報』, 『皇城新聞』의 5월 31일자	· 대구기생들에 의해 조직 · 金明啓의 일어교육 · 『조선일보』, 1972년 11월 16일자(7)(鄭小山)
1918년	32명			『朝鮮美人寶鑑』	· 1927년 1월 6일 달성권번으로 재조직
1922년 6월 10일	25명	대구권번		『大邱事情寫眞帖』	· 중구 향촌동 13번지 · 栗飯原三平 대표
1926년 5월	대구조합 ⇩ 달성권번	조합 ⇩ 권번		『동아일보』, 5월 21일자(4)	대구경찰서의 내명(內命)으로 조합이 권번으로 조직
1927년 1월 6일	염롱산	달성권번	기생, 예기	『每日申報』	· 중구 상서동 20번지 · 대구기생조합을 재조직
6월	300여명			『東亞日報』	1927년 6월 22일자(5)
1932년 1월	124명			『中央日報』 『每日新聞』	1932년 1월 19일자(2) 2010년 6월 28일자
1934년 11월	120명		기생	『東亞申報』	1934년 11월 14일자(2)
1935년	105명			『朝鮮中央』	1935년 2월 1일자(3)
1942년		권번제도 폐지	기생, 창기	일제경시청 문서철	권번 해체

4. 맺는말 : 일제강점기 대구기생 단체

지금까지 살펴본 결과, 일제강점기 대구지역에는 세 곳의 기생단체들이 조직되어 활동하였다. 대구기생조합을 비롯하여 대구권번과 달성권번이 그 단체들인데, 이들 단체에 소속된 기생들의 활동으로 대구지역 전통음악의 명맥을 유지하게 되었던 것이다. 1910년 5월 명무 김수희를 조합장으로 대구기생들에 의해 대구기생조합이 결성되었고, 1922년 6월 10일 속반원삼평栗飯原三平을 대표로 일본인들이 주축이 되어 상업성을 갖고 주식회사로 구성된 대구권번은 20명의 주주가 1,000주로 25명 기생으로 시작되었다. 그리고 1927년 1월 6일부터 대구기생조합을 관기출신의 염롱산이 권번장으로 한국인들이 모여 달성권번으로 재조직하여 운영되었다. 이들 대구기생들은 대구시내 요정에 출입하여 노래・춤・악기 등 기예를 뽐내면서 활동하였던 것이다.

한편 1922년 6월 대구권번이 생겼으나 일간지에 몇 가지 사실만 알 수 있고, 대구기생조합은 1926년도까지 활동하고 있음이 확인되었다. 예컨대, 1925년 1월 7-8일 만경관에서의 연주회를 대구기생조합이 한다는 내용, 『동아일보』 1926년 5월 21일자에 의하면 기생조합을 해체하고 권번으로 조직하라는 대구경찰청의 기사, 또한 『시대일보』 그해 5월 28일자에는 대구기생조합 명기名技 수십 명이 사교춤에 출연한다는 내용, 그해 7월 4일 동촌유원지에서 대구기생조합의 기생과 악사가 총출연하여 연주한다는 기사 등이 바로 그것이다. 대구기생조합이나 대구예기조합의 명칭은 실질적으로는 같은 뿌리를 가진 기생단체이다. 곧 대구기생조합은 1927년 1월부터 달성권번으로 재조직되어 본격적으로 일제의 관리속에서 활동을 이어나갔던 것이다.

하여튼, 초창기 이들 기생단체에 소속된 기생들은 모두 조선시대 경상감영과 대구부에 소속된 관기들에 의한 결과이다. 일제강점기 대구기생조합·대구권번·달성권번은 기존 기생들이 여자아이들을 교육시켜 수수료를 받고 요정으로 보내주는 중개업자 역할을 하였다. 이들은 이곳에서 노래·춤·악기·서예 등 전통음악과 관련된 기예를 학습받았던 것이다. 당시 매우 어려운 가정에서는 부모가 어린 여자아이를 돈받고 수양딸로 보내기도 하였고, 권번에 들어가 기예를 학습하며 생활을 할 수 있었기 때문에 어린 여자아이를 기생으로 입적시키기도 하였다. 이들은 대부분 요정과 관련되는 삶을 살았고, 어떤 기생은 부자富者의 첩妾이 되어 생활하기도 하였다. 이후 일제는 1941년 12월 8일 태평양전쟁으로 2차대전의 총력전 방침을 내걸고 이듬해 1942년에 권번을 폐지시킴으로써 일제강점기 대구지역의 권번은 공식적으로 사라지게 되었다.

참고문헌

거리문화시민연대. 2007. 『대구新택리지』.

권도희. 2004. 『한국근대음악사회사』. 민속원.

김죽엽. 2010. 「정소산의 작품 활동을 통한 무용사적 고찰 : 대구활동을 중심으로」. 『영남의 악가무 재조명』. 한국국악학회.

_____. 2011. 「대구 근대무용사의 선구자 정소산의 정재가 대구무용사에 끼친 영향」. 『음악문헌학』 제2집. 한국음악문헌학회.

노동은. 1995. 『한국근대음악사 1』. 한길사.

대구광역시. 1997. 『大丘邑誌』. 金宅圭・朴大鉉 編譯.

대구광역시 중구청. 1996. 『慶尙監司 : 到任巡歷行次의 復元假裝』.

대구중구문화원. 2001. 『건들바위』 제3집.

대구향토문화연구소. 1996. 『慶尙監司 : 到任巡歷行次의 復元假裝』. 대구광역시 중구청.

민속원. 2007. 『朝鮮美人寶鑑』.

박황. 1974. 『판소리소사』. 신구문화사.

배연형. 2011. 『한국유성기음반 : 1907-1945』 권5. 한걸음 더.

백혜숙. 1992. 「한국근현대사의 음악가 열전(V) : 曉山 姜太弘論」. 『韓國音樂史學報』 8. 한국음악사학회. 75-93.

손태룡. 2001. 『每日申報音樂記事總索引 : 1910.5.30-1945.8.15』. 民俗苑.

_____. 2002. 「大邱妓生의 音樂史的 考察」. 『향토문화』 17. 대구향토문화연구소.

_____. 2002. 『韓國音樂論筌』. 영남대학교출판부.

_____. 2005. 「달성권번의 음악사학적 조명」. 『향토문화』 20. 대구향토문화연구소.

_____. 2007. 『每日申報音樂記事總索引』. 영남대학교출판부.

_____. 2011. 『한국전통음악가연구』. 보고사.

손필헌 역. 1998. 『대구이야기』. 대구중구문화원.

송방송. 2003. 「京城放送局에 출연한 藝妓의 공연활동」. 『한국근대음악사연구』. 민속원.

_____. 2009. 『한국근대음악인사전』. 보고사.

신현규. 2011. 「항일독립운동의 꽃 사상기생, 현계옥」. 『삶과꿈』. 도서출판 삶과꿈. 8 : 32-37.

이진원. 2007. 「『조선미인보감』 해제」. 『조선미인보감』. 민속원.

이충희. 1992. 「대구이야기 65 : 권번券番 I」. 『週刊每日』. 12. 20.

장석하. 1996. 「관풍루(觀風樓)」. 『大邱藝術』 통권58호. 한국예총대구광역시지회.

朝鮮公論社. 1922. 『朝鮮事情寫眞帖』.

朝鮮硏究會(青柳綱太郎). 大正7. 『朝鮮美人寶鑑』. 新舊書林.

朝鮮硏究會. 1984. 『朝鮮美人寶鑑』. 민속원. 영인본.

中村資良. 1923. 『朝鮮銀行會社要錄』. 東亞經濟時報社.

_______. 1929. 『朝鮮銀行會社組合要錄』. 東亞經濟時報社.

_______. 1942. 『朝鮮銀行會社組合要錄』. 東亞經濟時報社.

최미화. 1998. 「대구·경북 발굴 여성운동 1백년」. 『매일신문』. 매일신문사. 1998. 6. 17.

河井朝雄. 1931. 『大邱物語』. 朝鮮民報社.

한국근대의 음악원형(http://music.culturecontent.com).

한국정신문화연구원 편. 1998. 『한국유성기음반총목록』. 민속원.

VICTOR-13510(향선의 륙ᄌ빅이六字歌, 13511 담바구타령 煙草歌.

『大邱市報』. 1948. 9. 23.

『大丘邑誌』. 34a8. 37a3-4.

『大邱日報』. 1932. 2. 19.

『大韓民報』. 1910. 5. 31.

『東亞日報』. 1920. 6. 13, 6. 21, 6. 23. 1926. 5. 21, 6. 10. 1927. 6. 22. 1928. 10. 14. 1934. 8. 8. 1936. 5. 27, 5. 27. 1938. 1.

26, 5. 24, 7. 22. 1958. 8. 13.

『매일신문』. 1958. 8. 10, 8. 29, 9. 1.

『每日申報』. 1924. 5. 4. 1928. 2. 15. 1929. 4. 9, 4. 15. 1931. 9. 21. 1932. 3. 15, 3. 27.

『釜山日報』. 1932. 1. 20.

『時代日報』. 1925. 1. 5, 1. 14, 6. 28. 1926. 5. 28, 6. 23.

『朝鮮民報』. 1937. 4. 24.

『朝鮮日報』. 1920. 12. 12. 1921. 3. 18. 1932. 1. 19, 1. 21. 1972. 11. 16.

『朝鮮中央』. 1934. 10. 20.

『朝鮮總督府官報』. 조선총독부. 1937. 6. 14, 10. 7. 1938. 3. 3, 3. 30, 8. 25, 9. 2. 1940. 1. 2. 1941. 9. 24.; 1943. 11. 27.

『中外日報』. 1927. 1. 6, 5. 17, 8. 25. 1928. 1. 14, 5. 23. 1932. 1. 19, 1. 23, 1. 24, 2. 21.

영남의 음악과 무용의 전통을 찾아서

이말량의 가무악歌舞樂 계보系譜 연구 | 김성혜

이말량의 가무악歌舞樂 계보系譜 연구

—

김 성 혜

Ⅰ. 머리말

문정汶汀 이말량李末良(1908~2001) 선생은 1908년에 경주에서 태어나 일제시대와 해방공간 및 한국전쟁 등을 두루 겪은 근·현대 음악인이다. 아동기에 함흥으로 가서 10대에 전통 가무악歌舞樂의 교육을 받았고, 20대와 30대까지 그곳에서 활동하고 생활하였다. 그러다 40대 초반에 다시 고향으로 돌아와서 1984년 은퇴기념공연을 하기까지 경주에서 활동한 예인藝人이었다. 그리고 2001년 4월에 작고하여 현 2011년은 그의 서거 10주년이 되는 해이다.

그러나 이말량은 한국음악학계에 널리 알려지지 않았다.[01] 그 이유는 서울 경기 지역에서 활동하지 않았고, 주로 함흥과 경주 등 지방에서 활동했으며, 자신을 위한 연주회는 1984년 은퇴기념공연이 유

※ 이 글은 계명대학교 한국학연구원에서 개최한 2011 전통예술관련 기획학술대회 '영남의 지역예술연구 I' 에서 발표한 것이다. 일시 : 2011년 11월 18일 장소 : 계명대학교 성서캠퍼스 의양관 207호.

01 최근에 송방송이 편찬한 『한국근대음악인사전』과 『한국현대음악인사전』을 보면, 이말량의 항목이 보이지 않는다. 송방송. 2009. 『한국근대음악인사전』. 보고사; 송방송. 2011. 『한국현대음악인사전』. 보고사.

일할 정도로 개최하지 않았기 때문이다. 필자가 같은 지역인 경주에서 살았고, 한 번 찾아뵌 적도 있었지만, 당시 어떤 분인지 자세히 알지 못하였다.02

그림 1 문정 이말량 선생

음악학계에서 이말량을 처음 주목한 이는 이보형이었다. 당시 이보형은 문화재관리국문화재연구소에 재직했는데 각 지역의 음악 문화재를 탐방하였다. 1984년부터 1990년까지 네 차례에 걸쳐 이말량을 방문하였고 이말량과 나눈 면담 내용을 4종의 무형문화재 조사보고서에 게재하였다. 4종은 '향제풍류'03 '산조'04 '승무 · 살풀이춤'05 그리고 '판소리 유파'06이다. 이말량에 관한 내용이 이렇듯 4종의 문화재 보고서에 게재된 것은 그가 지닌 재능이 그만큼 다양했음을 시사한다.

한편, 이보형은 1984년 5월 이말량의 은퇴기념 공연 때 이말량이

02 1986년 대학을 졸업한 어느 날 친구 정주련(경북대학교 예술대학 국악학과 가야금전공으로 졸업)의 스승이 이말량이었기 때문에 필자가 어떤 분인지 궁금해서 함께 자택으로 찾아간 적이 있었다. 당시 경주시 성건동 보우아파트에 혼자 살고 계셨는데, 체구가 작고 허리가 구부정한 할머니였다. 이말량 선생님과 필자와의 인연은 이것이 처음이자 마지막이었다.

03 문화재관리국 문화재연구소. 1985. 『무형문화재(음악)조사보고서(6) : 향제풍류』. 49~54쪽.

04 문화재관리국 문화재연구소. 1987. 『무형문화재 조사보고서(7) : 산조』. 113~115쪽.

05 문화재관리국 문화재연구소. 1989. 『무형문화재 조사보고서(12) : 승무 · 살풀이춤(경상남 · 북도)』 중 '6. 경주지방의 승무 · 살풀이춤'.

06 문화재관리국 문화재연구소. 1992. 『무형문화재 조사보고서(16):판소리 流派』. 164~167쪽.

염불과 타령을 가야금으로 연주한 음원을 1999년에 복원하여 『향제 줄풍류』란 제목으로 출시하였다.[07] 이보형의 이 같은 노력이 없었다면, 근현대 경주 지역의 한 예인에 관한 역사가 사라질 수도 있었다.

그리고 이말량은 가야금풍류와 산조를 비롯하여 가야금병창과 민요·시조·춤반주 음악 등 평소 직접 녹음한 테이프 64개를 남겼다.[08] 이말량의 제자 이지영은 이 가운데 가야금풍류의 전바탕인 다스름부터 우조가락도드리까지와 양금풍류 세영산부터 우조가락도드리까지의 음원을 국립부산국악원에 제공하여 그곳에서 악보와 함께 음반을 출반하였다.[09]

지금까지 이말량에 대한 연구는 주로 그녀가 연주한 음악을 중심으로 이루어졌다. 이지영은 가야금 줄풍류의 군악을 중심으로 경제와 향제의 음고[音高]를 비교하였다.[10] 그리고 최문진은 국립국악원 영산회상과 이말량의 가야금 풍류를 비교하여 그 차이점을 밝힌 바 있다.[11] 또한 권희진은 이말량이 연주한 풍류의 염불과 타령을 중심으로 군산과 정읍의 향제 줄풍류의 가야금선율과 비교 분석하였다.[12] 이들은 모두 이말량의 가야금 풍류음악을 중심으로 연구한 점이 공

---

07 한국고음반연구회. 1999. 「부록 : 한국고음반연구회 음향자료(5)−이보형 채록 <향제 줄풍류>(1CD)」. 『한국음반학』 제9호. 320쪽. 이보형 채록 <향제 줄풍류> 음반 해설 : 이 자료는 1984년 은퇴공연 때 이말량과 경주 풍류인들이 함께 연주한 염불과 타령을 녹음한 음반자료이다.

08 이지영. 2000. 「문정 이말량 소장 카셋트 테잎 자료」. 『韓國音盤學』 제10호. 서울 : 한국고음반연구회. 639~662쪽.

09 국립부산국악원. 2010. 『영남공연예술자료집1 이말량전 영남줄풍류』.

10 이지영. 2002. 「경제와 향제 가야금 풍류의 음고 비교 : 군악을 중심으로」. 『仙華金靜子敎授華甲紀念 音樂學論文集』. 仙華金靜子敎授華甲紀念 論文集刊行委員會. 495~509쪽.

11 최문진. 2005. 「국립국악원 영산회상과 경주 이말량 가야금 풍류의 비교 연구」. 『국립민속국악원 논문집』 제5집. 국립민속국악원. 87~123쪽.

12 權希眞. 2010. 「향제 줄풍류의 가야금 선율 비교 분석 : 군산, 경주, 정읍 풍류를 중심으로」. 숙명여대대학원 석사학위논문.

통점이다. 한편, 장정미는 이말량이 연주한 정남희제 가야금산조와 김윤덕류 가야금산조의 선율을 비교하여 그 차이점을 드러내기도 하였다.[13]

이와 같이 지금까지 이말량에 대한 연구는 그녀가 연주한 줄풍류 가야금 음악과 가야금산조 등 음악 자체에 관한 연구가 대부분이었다. 그래서 이말량이 연주한 음악이 누구를 통해서 계승된 음악인지, 그리고 이말량의 실력이 당대에 어느 정도였는지에 대한 것 등은 알려진 바가 없다.

그래서 이말량에게 가야금풍류와 가야금산조를 전승시킨 사람이 누구인지를 밝혀낸다면 이러한 궁금증이 풀리게 될 것이고, 이말량 음악의 유파와 계보를 알게 되는 것은 물론이고 타 유파의 음악과 비교 연구하는데 상당한 도움이 될 것이다.

따라서 본고의 연구 목적은 이말량의 스승들에 대해서 알아보고, 당시 스승들의 음악적인 배경과 지명도 또는 능력을 파악하여 이말량 음악의 계통을 밝히고 그녀가 남긴 음원의 가치를 가늠하는데 있다.

---

13 張貞美. 「김윤덕 산조와 이말량 산조의 선율 비교 : 진양 중모리 중중모리에 基하여」. 출판정보 미상. 장정미는 이 논문을 발표할 당시 문화재연구소 예능민속연구실 소속이었다. 그러나 현재 근무하지 않아 연락처를 알 수 없어 출판정보를 아는 데 한계가 있다.

II. 이말량의 스승들

이말량이 누구에게 무엇을 배웠는지에 대한 실마리는 4종의 『무형문화재 조사보고서』 내용으로 풀 수 있다. 조사보고서에 의하면 이말량의 스승으로는 조금화・박경원・정용운・정남희・김계선과 한성준 그리고 최창로 등 7명이 거론되었다.

지금부터 이말량과 스승들의 관계 및 전수받은 가・무・악에 대해 살펴보겠다.

1. 조금화

조금화(추정 1888~1921)는 경주 사람으로 이말량보다 20년 연상의 여인이다. 무용을 잘 했는데, 특히 승무와 검무・화관무(포구락)[14]를 잘 추었다고 한다.[15] 이말량이 1908년생이기 때문에 이보다 20년 연상이면, 조금화의 출생연도는 대략 1888년생이 된다. 대

14 여기서 이보형이 '화관무(포구락)'으로 표기한 것은 1954년에 김백봉이 궁중무용을 새롭게 안무하여 무대에 올린 현대창작무용(일명 신무용)이기 때문에 이와 의상이 비슷한 포구락으로 추정하여 이와 같이 표기한 듯하다.

15 문화재관리국 문화재연구소. 1992. 『무형문화재 조사보고서(16) : 판소리 流派』. 164~167쪽.

부분 14~15세 때부터 기예 수업을 받는다고 볼 때,[16] 1902년 전후부터 악무를 익혔던 대한제국시대의 경주 예인이다.

조금화는 이말량이 예인이 되도록 결정적인 역할을 한 첫 스승이었다. 이말량이 예인이 된 동기에 대해 항간에는 집이 가난해서 기녀妓女로 팔려갔다는 소문도 있고, 스스로 원해서 기녀가 됐다는 설이 있다. 이 문제와 관련하여 이말량이 남긴 녹음자료에 담소 내용이 있어 살펴보겠다. 녹음 내용은 73세 때인 1980년 집안의 결혼식을 마친 후 이말량의 집에서 가족들이 오랜만에 만나서 나눈 담소의 일부분이다. 녹음 내용을 정리하면 다음과 같다.

> <인용 1> 이말량의 녹음자료 8-1[17]
>
> 이말량 : 시내 안에서 풍물치고 나오면 온 천지 따라 댕기거덩. 내내 춤추고 돌아다니니까 날 데리고 간 사람이 묻기를 "니 나이 몇 살이고?", "아무살입니다.", "니 이름 뭐꼬?", "아무갭니다.", "니 집 어디고?", "교촌 있니더." 까불락거리고 찾아 왔어요. "재를 예술가로 만듭시다." 자기가 경주사람이니까 날 따라 보내라. 그러면 온전한 예술인으로 맨들어 주꾸마꼬. 우리 엄마는 요 택도 없고. 그래 우리 큰 형님한테 그라이까네 마린

---

16 1918년 전국 16개 권번에 소속된 예기들의 연령을 조사한 결과 약 절반인 7개 권번에 소속된 기녀의 최소 연령이 14~15세였다. 이진원. 2007. 「『조선미인보감』 해제」. 『조선미인보감』. 민속원. 12쪽.

17 녹음자료 64개에 일련번호를 매겼는데, '8-1'의 '8'은 바로 일련번호를 뜻한다. 녹음 테이프는 앞면과 뒷면이 있기 때문에 앞면의 경우 '8-1'로, 뒷면일 경우 '8-2'로 구분하였다. 필자가 이말량에 대한 연구를 하기 위해 64개의 녹음자료를 이지영에게 요청했는데, 기꺼이 제공해 준데 감사를 드린다.

날(날 좋은날) 기별해가 어머니 잡고 보내자 빼돌렸죠. "니는 가라" 카이(하니) 좋다캤죠. 이 집에서 자면 내가 밤새도록 운다. 무슨 방정이고? 울면 아버지가 맥아지(목가지)잡고 끄집어내서 호랑이가 물어가도 좋다 이카고 있었는데. 그래도 자꾸자꾸 울거든. 이래노니 형님하고 짜고 마 갔다. 집 생각도 안 나고 희안하제? 희안해요. 우리 엄마는 아버지한테 그만큼 맞았어요. 니가 중놈 따라다니더니마는 중놈 줬제 이기라. 절에 우리 엄마는 내(늘) 아들 낳아 달라고 내(늘) 기도 댕기고 했제.

여자1 : 맞다, 참.

여자2 : 딸만 낳아가 얼마나 그랬겠노.

이말량 : 그래가 우리 큰형님 그렇잖습니더. 그래가 큰형님하고 정이 기중(가장) 있었거든. 다른 형님이라고 정이 없었겠나마는 너거(너희) 엄마하고 최고 정이 많다 말이야.

이 내용을 보면, 당시 풍물패가 경주읍내에서 놀고, 이말량이 살고 있는 교동校洞을 돌 때 어린 이말량은 그들을 따라다니면서 내내 춤추고 놀았다. 여기서 '내내 춤추고 놀았다'는 것은 며칠 동안 계속 놀았다는 의미이다. 이 부분은 필자가 1986년에 이말량 선생님을 찾아갔을 때 말씀하신 내용과 일치한다. 그때 "몇날 며칠을 밥도 안 먹고 따라다녔다"고 하셨기 때문이다.

이처럼 풍물패를 따라다닌 이말량의 노는 폼새가 남달랐기 때문에 조금화의 눈에 띄었던 것이다. 위 인용에서 나이와 이름과 집 위치를 물은 사람이 바로 '날 데리고 간 사람' 즉 조금화이다.

조금화는 이말량의 모친을 찾아가서, 아이를 예술가로 만들자고 설득했던 것이다. 당시 여자가 '예술가'가 되는 것은 기녀가 되는 것을 의미했기 때문에 부모 입장에서는 당연히 반대하였다. 그런데 문제는 모친이 허락하지 않자 어린 이말량이 며칠 밤낮 동안 울음을 그치지 않았던 것이다. 결국 큰언니가 모친을 설득하였고, 모친의 허락을 받아 어린 이말량은 마침내 조금화를 따라갔다. 그런데 나중에 알고 봤더니 모친과 언니가 부친 몰래 자신을 보내주었고, 부친은 모친이 승려에게 팔아넘긴 줄 오해하여 모친을 구타하기까지 했다는 내용이다.

이말량의 이와 같은 담소 내용은 그녀가 조금화를 만나면서 예인의 길로 접어들게 된 동기를 밝혀주는 데 의미가 있다. 예인이 된 동기는 예능에 재능이 있음을 간파한 조금화의 권유와 설득이 있었고, 무엇보다 며칠 동안 울며불며 떼를 쓰며 운명적으로 예인의 길을 이말량 스스로 희망했음을 알 수 있다.

이것을 인연으로 조금화는 이말량을 양녀로 삼았고, 그를 훌륭한 예술가로 키우기 위해 함흥으로 데려갔으며, 그곳의 권번에 입학을 시켰다.[18] 그뿐 아니라 함흥에서 큰 선생이 이말량에게 춤을 가르치면, 양모가 스승의 조교가 되어 춤 연습과 보충 지도를 담당하였다. 이렇듯 조금화는 이말량을 발탁한 인물이고, 함흥까지 동행하여 이

18 문화재관리국 문화재연구소. 1989.『무형문화재 조사보고서(12) : 승무 · 살풀이춤(경상남 · 북도)』중 '6. 경주지방의 승무 · 살풀이춤'.

말량의 보호자 겸 조기교육을 도왔던 분이다.

언제인지는 확실치 않으나 "그 뒤에 경주로 내려와 이내 작고하였다"[19]고 하므로 이말량이 스승에게 배운 내용을 혼자 습득할 즈음에 내려왔으니, 어쩌면 건강이 악화되어 귀향했을 가능성도 있다. 조금화가 이말량을 만난 시기가 이말량이 10세 정도라고 하니 1917년이 되고, 1920년에 박경원이 이말량에게 검무를 가르치면 조금화가 조교 역할을 했다고 하므로 1920년 이후에 경주로 돌아간 듯하다. 따라서 작고한 시기는 약 1921년쯤이 될 것으로 짐작된다.

결국 조금화는 어린 이말량을 예인의 길로 안내한 후 자신은 30대 꽃다운 나이에 생을 마감한 경주의 예인이었다. 그녀가 이 세상에 머물다간 시기를 추정하면 대략 1888년부터 1921년까지 약 33년간이다.

2. 박경원

박경원(추정 1846 혹은 1856~?)은 이말량이 함흥에 간 1917년 경 만난 첫 스승이다. '향제풍류'와 '산조'의 조사보고서에는 당시 70세가 넘었다고 하고, '판소리유파' 조사보고서에는 60세가 넘었다

19 문화재관리국 문화재연구소. 1992.『무형문화재 조사보고서(16) : 판소리 流派』. 165쪽.

고 하므로 대략 1846년생 혹은 1856년생으로 추정할 수 있다.[20] 따라서 그의 출생년도는 1846년생 혹은 1856년생이 된다. 본디 충청도 태생이며, 아악부 출신으로 대금·양금·해금·거문고 풍류에 능하였고, 산조는 하지 않았으며 승무와 검무 등 각종의 무용을 잘했다고 한다. 박경원은 이말량에게 '양금풍류 전바탕'을 지도하였고, 이말량이 13세 때인 1920년에 검무도 전수하였다고 전한다.[21] 특히 양금풍류의 경우 본중령부터 굿거리까지 배웠다고 한다.[22]

여기서 주목되는 것은 박경원이 연세가 많은 사람이지만 관악기와 현악기 등 여러 가지 악기 연주에도 뛰어난 사람이며, 승무와 검무 등 춤도 겸비한 예인이었던 점이다. 거기다 출신이 아악부雅樂部인 점은 궁중음악과 관련된 기관의 악사였기에 당시 최고의 자격을 갖춘 사범이라 할 수 있다. 이렇듯 이말량의 첫 스승 박경원은 당시 악무를 겸비한 최고의 실력자였음을 알 수 있다.

훗날 이말량이 경주로 귀향하여 학원을 운영했는데, 오늘날 그 제자들이 한결같이 하는 말이 "이말량 선생님은 정말 재주가 많으신 분이었다. 관·현·타악기 등 못 다루는 악기가 없었다"고 말한다.[23] 이말량이 악기에 재주가 많았던 것이 바로 스승 박경원의 영향이 컸을 것으로 짐작된다.

---

20 참고로 해금의 명인으로 알려진 지용구池龍九 선생이 1856년생이다. 지용구는 수원 출신이며, 조선정악원에서 풍류를 연주하였고, 삼현육각·향제풍류를 잘 했으며, 특히 해금시나위에 뛰어났다고 한다. 송방송, 2001. 「거문고명인 백낙준과 가야금명인 정남희의 공연양상」. 『한국음반학』 제11호. 한국고음반연구회. 52쪽.

21 문화재관리국 문화재연구소. 1992. 『무형문화재 조사보고서(16) : 판소리 流派』. 165쪽.

22 문화재관리국 문화재연구소. 1985. 『무형문화재(음악)조사보고서(6) : 향제풍류』. 51쪽.

23 이러한 구술은 주로 이말량에게 8~10년간 배운 이명실·이수형·김애란·이경미·최은경 등 제자들의 전언이다.

여기서 함흥의 '발용권번'을 잠시 짚고 넘어가고자 한다. 이보형의 조사에 의하면 "이말량은 양모를 따라 함흥에 가서 발용권번에서 박경원에게 양금풍류 전바탕을 배웠다"[24]고 한다. 이보형이 기록한 발용권번이 당시 함흥에 실존했는지 의문을 가질 수 있다. 이에 대한 해답은 1차로 『경성방송국 국악방송곡 목록』에서 찾을 수 있다.[25] 1934년 4월 23일 저녁 9시 방송에 함흥의 반룡권번盤龍券番 기생 김금란金錦蘭·이연옥李蓮玉·오영심吳英心이 〈아리랑합창〉을 방송한다는 기사가 『동아일보』에 소개되었기 때문이다. 다음 2차로는 1942년 동아경제시보사東亞經濟時報社에서 발간한 『조선은행회사조합요록朝鮮銀行會社組合要錄』에 전국의 예기조합과 권번이 일목요연하게 정리되었는데, 반룡권번이 소화 4년(1929) 1월 14일에 함흥부 주길정 41번지에서 설립되었다고 한다.[26] 반면 함흥권번은 소화 10년(1935) 2월 6일에 함흥부 조일정 176번지에서 설립된 것으로 나온다. 이 기록에 의하면 함흥에 반룡과 함흥 두 권번이 실존하였고, 함흥권번보다 반룡권번의 역사가 더 오래된 것임을 시사한다. 그러나 반룡권번의 설립시기는 이말량의 진술과 차이가 있기 때문에 별도의 논의가 필요하다. 어쨌건 문화재관리국 조사보고서에 기록된 함흥의 '발용권번'은 '반룡권번'임을 알 수 있고, 당시 실존했음이 분명하다.

이와 같이 이말량은 함흥의 반룡권번에서 1917년 10세 때 박경원에게 양금풍류를 배우고, 13세인 1920년에 검무를 배웠다고 하므

---

24 문화재관리국 문화재연구소. 1992. 『무형문화재 조사보고서(16) : 판소리 流派』. 165쪽.
25 한국정신문화연구원 편. 2000. 『경성방송국 국악방송곡 목록』. 민속원. 188쪽.
26 황미연. 2010. 「전라북도 권번의 운영과 기생의 활동을 통한 식민지 근대성 연구」. 전북대학교대학원 박사학위논문. 94쪽 재인용.

로 적어도 박경원은 4~5년간 함흥의 반룡권번의 사범으로 있었다. 그리고 이때 이말량은 그의 문하생으로 악무樂舞를 배웠다. 한편, 박경원에게 검무 수업을 받을 때 조교 역할을 한 사람이 조금화였기 때문에 조금화는 1920년까지 함흥에 함께 있었을 가능성이 크다. 아울러 박경원이 아악부 출신인 점은 그가 이말량에게 지도한 '양금풍류'가 향제이기보다 경제풍임을 시사한다.

요컨대, 박경원은 대략 1846년생 혹은 1856년생이며, 아악부 출신으로 대금·양금·해금·거문고풍류에 능한 연주자이면서 승무와 검무 등에 능한 예인이었다. 1917년 전후부터 함흥 발룡권번에서 사범을 하였고, 어린 이말량에게 양금풍류 전바탕을 지도했으며, 검무도 전수하였다. 더욱이 열성적인 양모 조금화가 이말량의 옆에 붙어있음으로 인해서 이말량이 양금과 검무뿐만 아니라 다른 악기와 춤에 대한 식견을 넓히는데 더욱 박차를 가했을 것으로 짐작된다. 그러나 박경원은 노년에 함흥에서 활동하였고, 거기서 작고했기 때문에 한국음악학계에 알려지지 못하였다.[27]

27 송방송의 『한국근대음악인사전』 등에 등장하지 않는다.

3. 정용운

정용운(추정 1872 혹은 1882~?)도 박경원처럼 음악학계에 알려진 인물이 아니다. 그러나 정용운은 '이소향의 가야금병창 스승' 항목에서 후술하겠지만, 이소향과 이말량을 함께 키워낸 가야금의 사범이기 때문에 이에 관한 이말량의 구술 내용을 직접 살펴보겠다.

> <인용 2> 李末良은 15세 때 咸興에서 정용운에게 ① 가야금풍류를 本中靈에서 軍樂까지 배우고 ②가야금併唱도 배웠다 한다. 16세 때에는 정용운에게 1년간 ③가야금散調를 진양에서 휘모리까지 배웠으나 지금은 기억이 없다고 한다. 정용운은 전라도 사람으로 당시 50여세쯤 되었는데 가야금풍류, 가야금산조, 가야금병창에 능하였다 한다. 그의 바디는 丁南希와 다르며 정남희보다 가야금을 잘 하였다고 한다. 스승은 누구인지 알 수 없으나 그의 바디는 오히려 姜太弘에 가까웠다 한다. 정용운은 함흥에서 죽었다고 한다. ④그의 소리제로 공명가, 적벽 새타령이 남았는데 申快童 거문고병창 적벽 새타령이 정용운제라고 말하고 있다.[28]

28 문화재관리국 문화재연구소. 1992.『무형문화재 조사보고서(16) : 판소리 流派』. 165쪽.

정용운은 이말량 15세 때(1922) 50세였으므로 그의 출생은 대략 1872년생이 된다. 한편, 『무형문화재 조사보고서(6) : 향제풍류』에는 당시 40세로 나오고, 『무형문화재 조사보고서(7) : 산조』에는 또 '50'세로 나오기 때문에 10년의 차이가 있다.[29] 하여 그의 출생년대는 약 1872년생 혹은 1882년생이 된다. 그는 한성준(1874~1941)과 비슷한 시기에 태어난 예인이다.

그는 전라도 사람이며, 1922년 전후에 함흥의 반룡권번 사범으로 있었다. 그때 이말량을 지도한 스승이다. 정용운의 전공은 가야금인데, 가야금풍류·가야금산조·가야금병창까지 가야금에 관한 모든 장르에 뛰어난 명인이었다. 비록 세대차가 있지만 같은 전라도 출신의 정남희丁南希(1905~1984)보다 가야금을 잘 했다는 평가가 그의 실력을 반증한다.

〈인용 2〉에서 이말량이 정용운에게 배운 내용을 요약하면, 가야금풍류·가야금병창·가야금산조 이상 3가지다.

첫째는 가야금풍류를 '본중영本中靈에서 군악'까지 배웠다고 한다. 본중영本中靈은 본영산(상영산)과 중영산을 뜻하기 때문에 결국 가야금풍류 전바탕을 다 배웠다는 소리다. 따라서 이말량이 남긴 가야금풍류[30] 음원에는 정용운제가 흐르고 있음을 시사한다. 한편, '뒷풍류'는 안 배웠다고 하므로[31] 계면가락도드리와 양청도드리, 우조가락도드리는 정용운제가 아님을 시사한다.

---

29 문화재관리국 문화재연구소. 1985. 『무형문화재 조사보고서(6) : 향제풍류』. 51쪽; 『무형문화재 조사보고서(7) : 산조』. 114쪽.

30 국립부산국악원. 2010. 『영남공연예술자료집1 이말량전 영남줄풍류』.

31 문화재관리국 문화재연구소. 1985. 『무형문화재 조사보고서(6) : 향제풍류』. 51쪽; 『무형문화재 조사보고서(7) : 산조』. 114쪽.

둘째는 가야금병창이다. 가야금병창에는 여러 종류의 레퍼토리가 있는데, 정용운에게 배워서 이말량에게 남아 있는 소리가 〈인용 2〉의 ④부분인 '공명가와 적벽 새타령'이라고 한다. 그리고 덧붙여서 신쾌동申快童(1909~1978)이 거문고병창으로 부른 적벽가 중 〈새타령〉이 바로 '정용운제'라고 밝혀 말했다. 이렇게 말할 수 있는 것은 이말량 자신이 이 곡을 정용운에게 배웠기 때문에 가능한 것이다. 실제로 그가 남긴 64개의 녹음자료 중에 적벽가 중 〈새타령〉이 가야금병창으로 남아 있다.[32] 그리고 제자 최은경은 스승 이말량에게 이 소리를 배웠다고 하며, 지금도 약간 부른다고 하였다.[33] 따라서 적벽가 중 새타령의 가야금병창은 정용운 → 이말량 → 최은경 외 제자들의 계보로 정리할 수 있다. 한편, 오늘날 전해지고 있는 신쾌동의 거문고병창 적벽가 중 〈새타령〉 대목이 정용운제임을 이말량의 구술로 새롭게 밝혀진 사실이다.

셋째는 가야금산조이다. 가야금산조는 정용운에게 진양에서 휘모리까지 다 배웠으나, 지금은 기억에 없다고 했으므로 이보형이 면담했던 1980년대에 이미 정용운제 가락이 유실되었음을 알 수 있다.

요약하면, 정용운은 대략 1872년생 혹은 1882년생이며, 한성준과 비슷한 시기의 가야금 명인이었다. 1922년 전후부터 약 몇 년 동안 함흥의 반룡권번에서 가야금 사범으로 활동하였고, 그곳에서 작고하였다. 이말량에게 가야금풍류 전바탕과 가야금산조 그리고 가

32 이말량의 녹음자료 1-1 ②

33 이말량의 제자들은 "최은경은 어렸을 때부터 소리를 잘 했기 때문에 선생님이 은경이에게 병창을 많이 가르쳐 주셨다"고 구술하였다. 이말량의 제자 김애란(현 포항여자중학교 무용교사)·이경미(현 서울 성보중학교 음악교사)의 구술에 의거하였다.

야금병창까지 가야금에 관한 모든 장르를 전수한 스승이다. 따라서 이말량의 녹음자료에 있는 가야금 풍류 관련 음원은 정용운제일 가능성을 배제할 수 없다.

4. 김계선과 한성준

김계선(추정 1898~?)은 함흥의 반룡권번에서 춤을 지도한 사범이었다.[34] 이말량보다 10년 연상이며,[35] 고향은 어디인지 알 수 없으나 경기도 말투였다고 한다. 근대의 유명한 무용가 한성준韓成俊(1874~1941)의 제자였는데 여자이며, 한성준에게 승무 등 여러 춤을 배웠던 분이다.[36]

1908년생인 이말량보다 10년 연상이므로 대략 1898년생이다. 이말량이 13세 때인 1920년에 함흥으로 와서 한성준류 승무를 이말량에게 지도한 춤 스승이다.

---

34 문화재관리국 문화재연구소. 1989. 『무형문화재 조사보고서(12) : 승무 · 살풀이춤(경상남 · 북도)』 중 '6. 경주지방의 승무 · 살풀이춤' 2쪽.

35 이말량은 13세 때(1920년) 김계선에게 승무를 배웠는데, 『무형문화재 조사보고서(7) : 산조』에는 '당시 40세 여자'로 기록되었고, 『무형문화재 조사보고서(12) : 승무 · 살풀이춤(경상남 · 북도)』에는 '30대의 김계선씨'로 기록되었다. 본고에서는 『무형문화재 조사보고서(16) : 판소리 流派』에 기록된 '이말량보다 10년 연상'이 이말량과 직접 관련된 구술이므로 이에 의거했음을 밝힌다.

36 문화재관리국 문화재연구소. 1992. 『무형문화재 조사보고서(16) : 판소리 流派』. 165쪽.

김계선과 관련하여 송방송의 『한국근대음악인사전』에 두 명의 김계선이 등장한다. 한 사람은 남자이며 젓대 명인이다. 또 한 사람은 여자이며 한성권번 기생이다.[37] 여자 김계선金桂仙의 내용을 보면, 김계선은 1918년에 18세였으니, 1901년생이 된다. 따라서 이말량보다 7년 연상이므로 나이로 볼 때 가능성이 있다. 그리고 1918년 당시 주소가 경성부 서대문정 1정목 218번지였고, 기예는 우조와 남중잡가南中雜歌였다.[38] 대체로 기녀들이 19세가 되면 머리를 올리거나 졸업하여 떠나기도 하는데, 1918년에 18세였던 김계선이 1920년 20세 때 한성권번을 떠나 함흥으로 이주했을 가능성도 있다. 그리고 이말량의 스승 김계선도 경기도 말투를 사용했고, 한성준에게 서울에서 교육을 받았다고 하기 때문에 동일인물일 가능성이 높다. 그러나 한성권번의 김계선이 한성준에게 승무를 배웠다는 좀더 확실한 자료가 있거나, 한성준이 한성권번에 사범으로 있었는지 여부의 확인이 있어야 이말량의 스승과 동일 인물로 간주할 수 있다. 그리고 과연 권번 출신 기녀가 다른 권번으로 가서 사범이 될 수 있는지도 의문이기 때문에 한성권번의 김계선과 이말량의 승무 스승 김계선과의 관계는 과제로 남긴다.

한편, 『무형문화재(음악)조사보고서(6) : 향제풍류』에 이말량은 "19세 때 10여 일간 한성준에게 승무를 배웠다"고 한다.[39] 이말량이 19세 때는 1926년인데, 이때 한성준이 함흥 반룡권번에 왔음을 시사

---

37 송방송. 2009. 『한국근대음악인사전』. 보고사. 66~67쪽 및 송방송. 2010. 『조선음악인열전』. 보고사. 62쪽.

38 송방송. 2009. 위의 책. 67쪽.

39 문화재관리국 문화재연구소. 1985. 『무형문화재(음악)조사보고서(6) : 향제풍류』. 52쪽.

한다. 그리고 제자 김계선이 이미 지도한 것을 스승 한성준이 10일 동안 전반적인 것을 점검했을 가능성이 크다. 따라서 이말량은 김계선에게 1차로 한성준류 승무를 익힌 다음 2차로 한성준에게 직접 사사한 기회를 1926년에 가졌던 것이다.

이말량의 제자 이명실은 12세 때(1961년)부터 고등학교 졸업할 때(1968)까지 이말량의 문하에서 가·무·악을 두루 익혔고, 무용 전공으로 대학을 진학한 이말량의 초기 제자이다. 이명실은 대학 입학 이전에 이말량에게 승무를 배웠고, 입학 후에 한성준의 손녀 한영숙에게도 승무를 배웠는데, 두 분의 승무가 매우 비슷했다고 구술하였다. 이것은 이말량의 승무 계통이 한성준 → 김계선 → 이말량 → 이명실 외 제자들로 전승되고 있음을 시사한다.

5. 정남희

정남희丁南希(1905~1984)는 월북한 음악가였기 때문에 1988년 해금解禁되기 이전까지 남한에서 거론할 수 없는 인물이었다. 그래서 1992년에 처음으로 그의 가야금산조 고음반이 소개되었고,[40] 복각된 음반도 출시되었다.[41] 이렇듯 정남희는 음악학계에 가야금산조와

40 황병기. 1992. 「정남희 가야금산조의 고음반」 『한국음반학』 제2호. 한국고음반연구회. 25~28쪽.

가야금병창에 뛰어난 명인으로 알려진 인물이다. 그런데 송방송은 정남희가 판소리에도 능통한 명창이었음을 새롭게 밝혔다.[42] 특히 황병기는 정남희를 '가야금산조의 전설적인 명인'으로 평가하였다.[43] 황병기가 정리한 정남희의 약력을 참고하면 다음과 같다.

정남희는 음악 가문의 출신으로 8세(1912년) 때 한덕만韓德萬(1867~1934)에게 가야금을 배우기 시작하였고, 16세(1920년)에 벌써 전북 협률사에서 활동하였다. 그리고 1934년에 함흥의 권번 선생으로 있을 때 일본 콜럼비아 축음기 주식회사에서 첫 가야금산조 SP음반을 냈다고 한다.[44]

여기서 주목되는 것은 1934년에 정남희가 '함흥 권번'의 선생으로 있었다는 사실이다. 이때 이말량도 함흥에 있었기 때문이다. 이말량은 18세인 1925년에 정남희로부터 가야금산조와 가야금병창을 배웠다. 산조는 진양·중모리·중중모리·자진모리·단모리까지 전 바탕을 익혔고, 가야금병창은 〈어화청춘〉 등 여러 대목을 배운 것으로 전한다.[45]

그렇다면 정남희는 1925년(21세)부터 1934년까지 함흥에서 사범으로 활동하였을 가능성이 크다. 그리고 이 기간 동안에 이말량은 정남희에게 가야금산조와 가야금병창을 상당 부분 배웠을 수 있다.

---

41 신나라레코드. 1994. 『가야금산조 명인들』. (주)킹레코드; 서울음반. 1996. 『명창 정남희 가야금 산조·병창』.

42 송방송. 2003. 「거문고 명인 白樂俊과 가야금 명인 丁南希 : 일제강점기의 방송·음반·신문 자료를 중심으로」. 『한국근대음악사연구』. 민속원. 676~684쪽.

43 황병기. 1998. 『정남희제 황병기류 가야금산조』. 이화여자대학교출판부. 10쪽.

44 가야금산조는 진양·중모리·중중모리·잔모리였다. 황병기. 1998. 위의책. 10쪽.

45 문화재관리국 문화재연구소. 1992. 『무형문화재(음악)조사보고서(6) : 향제풍류』. 51~52쪽; 『무형문화재 조사보고서(7) : 산조』. 113~115쪽; 『무형문화재 조사보고서(16) : 판소리 流派』. 165쪽.

특히 앞서 살펴봤던 정용운제를 잊은 이유가 정남희제 산조를 익혔기 때문일 수도 있다.

정남희가 1934년에 음반을 취입하자, 당시 음반 해설지에 "함흥에서 숨은 대가 정남희씨는 신비와 묘기로 12현을 탄주하여 도취경을 좌우합니다"고 극찬하였다.[46] 이 내용은 이말량이 정남희에게 배울 때 이미 정남희는 젊은 연주자였지만, 명인의 반열에 올랐음을 알게 한다. 그러니 권번의 사범으로 있었던 것이다.

이렇게 1934년에 음반을 취입한 이후 정남희는 서울로 이주하여 1934년부터 1939년까지 송만갑·이동백 등 당대 명창들과 함께 조선성악연구회朝鮮聲樂硏究會의 영업부이사·회계이사·흥행부이사 등으로 왕성한 활동을 전개하였다.[47]

1935년에 "여창이 본 남류男流 명창"에 당대 5명창으로 손꼽히는 송만갑·김창룡·정정렬·김창환 등과 나란히 정남희를 거론하였다. "이 분은 아직 표표한 젊은이로 남도명창으로 이름을 날리고 있는 분입니다. 이분은 가야금병창도 잘 하는 이로 춘향전 중 세상을 개탄하는 극적인 장면은 듣는 이들의 가슴을 저리게 (하고), 근기 있고 아름다운 청으로 뽑아내는 곳에 가서는 참으로 기맥히게 합니다"라고 찬사를 아끼지 않았다.[48]

아울러 1930년대 그의 사진 속(그림 2)의 족자 내용을 보면, "악단에 이 이름난 신예가 있어/ 홀로 가야금 안고 동정곡洞庭曲을 연

---

46 황병기. 1998. 위의 책. 10쪽.

47 김성혜. 1990. 「조선성악연구회의 음악사적 연구」. 영남대대학원 석사학위논문. 31~43쪽.

48 吳翡翠. 1935. 「女唱이 본 男流名唱」. 『三千里』 7권 10호(1935. 11); 김수현 · 이수정. 2008. 『한국근대 음악기사 자료집』. 민속원. 잡지편 권5(1935). 421쪽.

주하네/ 아황 여영은 소상강에서 끝내 돌아오지 못하고/ 흰 구름 다 날아가니 초산만이 푸르구나. 정남희 악단, 벽소 이영민이 쓰다"[49]라고 하였다.

그림 2 정남희 1930년대

일제시대 때 병창과 창극으로 그가 남긴 음반은 오늘날에 전하고 있다.[50]

그러자 6.25 한국전쟁 때 정남희는 안기옥安基玉(1896~1978)처럼 월북하였다. 그가 월북 음악가였기 때문에 그에 대한 연구는 1988년까지 남한에서 금지되었던 것이다. 이말량의 경우 그의 가야금산조의 스승이 정남희였지만, 스승이 월북음악가였기 때문에 세상에 떳떳하게 드러내지 못했을 것이다.

오늘날 정남희제 가야금산조는 황병기가 보유하고 있다. 그 과정을 살펴보면, 1947년에 서울 조양여관에서 정남희는 김윤덕金允德(1918~1978)·김연수金鍊守(본명은 鐘守, 1911년 경남 마산 출생)·김소희·박귀희·방금선方錦善에게 지도하였다. 이 가운데 김연수는 1960년대 초반까지는 가락을 기억했으나, 1960년대 중반 이후 가락을 잊었다고 한다. 그리고 김윤덕은 1950년 이후 부산 피난시절에 강태홍으

49 樂壇有此一名星 獨抱伽倻奏洞庭 帝子瀟湘終不返 白雲飛盡楚山青 丁南希 樂壇 碧笑 李榮珉
50 그가 비록 월북하여 작고했지만, 그의 소리와 가야금 연주 음원은 콜럼비아·빅타·폴리돌·오케 등의 음반에 상당수 전하고 있다. 송방송. 2009.『한국근대음악인사전』. 473~475쪽.

로 부터 가야금산조를 배웠고, 1960년대 후반에 두 산조의 가락을 바탕으로 자신의 독자적인 '김윤덕류 가야금산조'를 형성하게 되었다.[51] 한편, 김윤덕은 1952년에 황병기에게 정남희제 가야금산조를 가르쳤다. 그래서 황병기가 『정남희제 황병기류 가야금산조』란 책을 출판할 수 있었던 것이다.

그런데 1987년 문화재관리국 문화재연구소 조사단에서 경상북도 지역의 산조를 조사하기 위해 이말량과 면담했을 때 그녀는 "정남희 바디는 김윤덕 유와 비슷하다"고 말한 적이 있다. 즉 이말량은 김윤덕의 가야금산조 가락에서 정남희의 가락을 정확히 간파했던 것이다. 이 면담은 월북 음악가의 작품을 해금하기 이전에 이루어졌기 때문에 정남희의 음반이 일반에게 알려지기 이전에 이루어졌다. 따라서 당시 이 같은 이말량의 기억력과 청력은 60년 전의 가락을 기억할 만큼 생생하고 탁월하였다. 결국 김윤덕의 산조 가락에 정남희에게 배운 가락이 일정부분을 차지하는 점을 이말량의 구술로 알 수 있다.

정리하면 오늘날 정남희제 가야금산조의 계보는 정남희 → 김윤덕(1947년 사사) → 황병기(1952년 사사)로 이루어져 있다.

그런 반면, 이말량은 정남희로부터 1925년에 배운 점이 다르다. 김윤덕보다 약 20년 앞서 배웠기 때문에 김윤덕의 선배가 된다. 그리고 이말량은 정남희에게 배운 가야금산조와 〈어화청춘〉 등 여러 곡의 가야금병창 곡을 대부분의 제자들에게 전수하였다. 특히 제자 이지영(현, 서울대 국악과 교수)은 스승 이말량의 서거 10주년을 추

51 1968년 중요무형문화재 제23호 가야금산조의 기능 보유자로 지정되었다. 황병기. 1992. 위의 책. 11쪽.

모하여 2011년 12월 27일에 스승에게 배운 가·무·악을 국립국악원 우면당에서 펼쳤다.[52]

이때 기악 분야에는 가야금산조(진양조·중모리·중중모리·자진모리·단모리)를 성악 분야에는 가야금병창 〈어화청춘〉을 소리하였으니 모두 정남희제이다. 특히 이지영이 가야금산조를 연주할 때, 스승 이말량이 유품으로 남긴 가야금으로 연주하여 관중의 주목을 끌었다. 1925년 정남희가 이말량에게 가르친 소리를 85년의 세월을 넘어 이말량의 제자 이지영이 계승하여 선보인 데 의미가 있다. 따라서 가야금산조와 가야금병창 〈어화청춘〉의 계보는 한덕만 → 정남희 → 이말량 → '이지영 외 이말량의 제자'로 형성되어 있다.

그림 3 이지영 악가무 연주회 포스터

52 "문정 이말량 서거 10주년 추모 이지영 樂歌舞 연주회". 일시 : 2011년 12월 27일(화) 오후 7시 30분, 장소 : 국립국악원 우면당, 후원:서울대학교 음악대학 국악과.

6. 최창로

그림 4 최창로

이보형이 조사한 내용을 보면, "최창로는 경주 사람으로 1880년에 태어났고, 1966년에 작고했다. 누구에게 배웠는지 모르나 대금풍류·거문고풍류·피리풍류를 매우 잘 하였으나 산조는 타지 않았다 한다. 이말량 등 여러 율객들을 길러 냈고, 경주풍류를 지도했다 한다"[53] 그리고 "이말량은 40세 때 경주로 내려와 살았는데 이때 최창로에게 5개월간 거문고풍류를 배웠고 또 단소풍류도 배웠다"[54]고 한다.

최창로崔昌老(1880~1966)는 경주 태생의 율객으로 대금의 명수였다. 그 외 거문고와 단소로도 풍류에 능숙하였으며, 영제시조嶺制時調에도 명창이었다. 그래서 '경주 율방律房'의 수호신으로 알려졌다.[55]

그는 1930년대 경주 교동 최부자집 11대 만석꾼 최현식崔鉉軾(1854~1928)의 차남 최윤崔潤(1886~1969)과 경주 율방에서 풍류 활동을 함께 하였고, 해방 이후 1955년 동도국악원東都國樂院을 개

---

53 문화재관리국 문화재연구소. 1985.『무형문화재(음악)조사보고서(6) : 향제풍류』. 49쪽.

54 문화재관리국 문화재연구소. 1992.『무형문화재(음악)조사보고서(16) : 판소리유파』. 167쪽 및 국립부산국악원.『이말량 傳 영제줄풍류』. 6~7쪽.

55 김기수. 1983.『국악입문』. 세광출판사. 314쪽.

원했을 때 국악원 사범으로 활동하였다.[56] 그리고 1960년대 초까지 경주 풍류인들과 함께 활동한 사진이 남아 있다.

그림 5 1960년대 최창로와 경주 풍류인들(석굴암에서)

최창로는 이말량보다 약 30년 연상이다. 이말량이 최창로를 만난 시기는 정확하지 않지만, 1947년 경주로 귀향한 이후이므로 최창로는 이미 환갑을 훌쩍 넘긴 칠순의 원로 때였다.

이말량이 최창로를 만나 거문고와 단소로 풍류를 배웠다는 것은 경주 풍류인들과 함께 풍류 활동을 전개했음을 의미한다. 왜냐하면

56 김성혜. 2011.「경주의 유난곡과 동도국악원의 활동」.『한국음악연구』49집. (사)한국국악학회. 24~29쪽.

풍류는 음악의 성격상 독주곡이 아니라 기악 합주곡이기 때문이다. 그리고 당시 최창로는 경주 풍류방의 사범이자 원로였기 때문에 이말량이 경주 풍류인들 및 경주권번 출신의 예인들과 교류하는 데도 교량 역할을 하였을 것이다. 이는 향제풍류 조사보고서에 "이말량은 해방 직후부터 20여 년간 경주 율객律客들과 율회律會를 가졌다"[57]는 기록에서 확인할 수 있다. 따라서 이말량은 경주에서 약 20년 간 경주풍류인들과 함께 활동했기 때문에 그녀가 남긴 음원 속에는 경주 향제 풍류의 요소도 일정 부분 포함되어 있다.

이상으로 이말량의 스승에 대해 고찰한 결과 1917년부터 1926년까지 약 10년간 이말량이 함흥의 반룡권번에서 기예를 익힐 때 가르침을 주신 스승은 여섯 분이었다. 조금화・박경원・정용운・정남희・한성준・김계선이다. 그리고 1947년 귀향 이후의 스승은 최창로가 유일하다.

이말량의 10대 때 스승은 아악부 출신의 박경원, 당대 뛰어난 산조의 정용운, 가야금산조와 병창으로 유명한 정남희, 한성준과 그의 제자 김계선 등 당대 유명했던 스승 혹은 그러한 스승의 제자로부터 가・무・악의 교육을 받았다. 그리고 40대에는 경주로 귀향하여 경주풍류방의 원로이자 사범이었던 최창로에게 거문고풍류와 단소풍류를 전수받았다.

이말량이 스승들로부터 배운 내용을 장르별로 정리하면 〈표 1〉과 같다.

57 문화재관리국 문화재연구소. 1985.『무형문화재(음악)조사보고서(6) : 향제풍류』. 54쪽.

〈표 1〉 이말량의 스승과 전수 내용

구분	스 승		이말량의 전수 내용
풍류	박경원(아악부 출신)	→	양금풍류 전바탕
	정용운	→	가야금풍류 전바탕
	최창로(경주 풍류 원로)	→	거문고풍류와 단소풍류
산조	정용운제 정남희제	→ →	가야금산조
가야금병창	정용운	→	적벽가 중 새타령 등
	정남희	→	어화청춘 등
춤	박경원(조금화)	→	검무
	한성준과 김계선	→	승무
	조금화	→	그 외 기타

Ⅲ. 이말량과 이소향

이말량의 실력이 어느 정도인지에 대해 지금까지 알려진 사례가 없었다. 그리고 이말량과 이소향이 1920년대에 같은 권번에서 동문수학한 관계를 아는 사람도 그다지 많지 않다. 또한 이소향은 1930년대 가야금병창으로 손꼽혔던 여류 명창이었는데, 그의 병창 스승이 누구였는지 알려진 사례가 그동안 없었다. 본 항에서는 이상의 문제에 대해 살펴보도록 하겠다.

1. 이말량과 이소향의 동문수학

함흥의 반룡권번에서 여러 스승들로부터 배운 이말량의 실력이 과연 어느 정도였을지 궁금증이 생길 법하다. 이에 대한 궁금증은 이말량과 동문수학한 이소향李素香(1905~1989)을 통해 실마리를 풀 수 있다. 이소향에 대한 정보는 이말량의 구술로 남아 전한다. 이보형이 조사한 이말량의 구술 내용을 직접 보겠다.

> <인용 3> 여러 동급생이 있었으나 그 가운데 李素香이 있었다 한다. 李素香은 경상도 사람인데 경주쯤이 고향인 것 같으며 姜太弘 제자로 뒤에 가야금병창으로 이름을 떨치었는데 그때는 李末良과 같이 졸업하여 기예의 자웅을 겨루었다 한다. 졸업 시험에 李素香과 李末良이 동점이었는데 李素香이 나이가 좀 많다고 조경화가 李素香에게 1등을 주어 李末良이 울고 졸업을 거절한다고 야단을 피운 적이 있었다 한다. 李素香은 咸

興에서 정용운에게 몽중가 비몽사몽간에를 배웠고 뒤 에 서울에서 많이 활동했다 한다.[58]

이소향李素香의 고향이 '경상도 경주 쯤'이라는 것은 그 부근이라는 뜻이다. 이말량보다 나이는 많은데 졸업을 같이 한 동기생이었다. 그리고 졸업 때 두 사람의 성적이 같았다. 이말량이 언급한 이소향은 강태홍姜太弘(1893~1957)의 제자였고, 나중에 서울에서 많이 활동하였으며, 가야금병창으로 이름을 떨친 인물이다.

그렇다면 '이소향'의 실력과 대중들의 평가는 곧 이말량의 실력 및 평가와 같다고 볼 수 있다. 졸업 때 그들의 실력이 자웅을 다툴 정도로 대등했기 때문이다.

그림 6 이소향

이소향에 대해 살펴보면, 그녀는 우리나라 여성 최고의 가야금병창 명인으로 꼽혔던 인물이다.[59] 그리고 '가야금병창'하면 대부분 박귀희朴貴姬를 떠올리지만, 그녀에 앞서 이소향이란 빼어난 명창이 있었다는 사실을 아는 사람은 그리 많지 않다. 그러나 1930년대 우리나라 소리판에서 남자로서는 오태석吳太石(1895~1941)을, 여자로서는 이소

58 문화재관리국 문화재연구소. 1992. 『무형문화재 조사보고서(16) : 판소리 流派』. 166쪽.

59 朴相炫. 1994. 「영남의 명창들」. 『국제신문』. 1994년 3월 31일자; 손태룡. 2011. 『한국전통음악가연구』. 보고사. 682쪽 재인용.

향을 꼽았다.[60] 이렇듯 이소향이 가야금병창의 명인이 된 배경에 대해 좀더 살펴보도록 하자.

이소향은 1905년 포항에서 동해안 큰무당 이하중李河仲의 둘째 딸로 태어났다. 동해안 별신굿으로 유명한 김석출金石出이 이하중의 외손자라고 하니,[61] 김석출은 이소향의 조카뻘이 된다. 이렇듯 그의 집안이 동해안 무가巫家였으므로 어릴 때부터 가·무·악의 교육을 체계적으로 받았을 가능성이 크다. 따라서 이소향이 명창이 된 데는 집안이 무가였기 때문에 대대로 기예가 전승된 집안의 배경이 자리 잡고 있었다.

그리고 이소향은 가야금과 소리 기초를 경주에서 강태홍에게 배웠고, 그후 서울로 진출하여 1927년부터 1939년까지 단소·가야금·거문고·장구에 뛰어났고, 조선권번에 소속되어 김세준·정원섭·지용구·한성준 등과 함께 활동하였다.[62] 음반 취입과 공연 활동 등으로 명성을 얻어 대중의 인기를 누린 것으로 알려졌다.

이소향의 서울 활동은 1927년부터 1939년까지 약 12년 동안 전성기를 이루었고, 1940년에 결혼과 함께 소리판을 떠났기 때문에 많은 제자를 배출하지 못했다. 그러나 10년 동안 음반 취입을 활발히 하여 지금도 많은 SP음반이 전한다.[63] 그의 가야금병창 소리제는 박귀희에게 전승되어 오늘에 이른다.[64] 이렇듯 오늘날 중요무형문화

---

60 손태룡. 2011. 앞의 책. 682쪽.
61 손태룡. 2011. 앞의 책. 682쪽.
62 송방송. 2011. 앞의 책. 395~396쪽.
63 송방송. 2008. 『한국유성기음반총목록색인』. 민속원; 일본콜럼비아축음기주식회사음반은 188쪽, 일본빅타축음기주식회사음반은 315~316쪽, 오케축음기상회음반은 516쪽.
64 손태룡. 2011. 앞의 책. 682쪽.

제 가야금병창을 있게 한 스승이 바로 이소향이다.

이러한 이소향과 이말량은 같은 스승 아래 동문수학했음은 물론 이거니와 이소향과 3년 연하의 이말량이 막상막하의 실력을 다투던 관계였으니 당시 이말량의 기예 실력이 어느 정도였는지 짐작할 수 있겠다. 특히 졸업 시험에서 두 사람이 동점이었는데, 나이가 많은 이소향에게 1등을 수여했을 때 이말량이 '울고 졸업을 거절한다고 야단을 피운' 사례는 자신의 재능과 실력에 그만큼 자긍심이 강했음을 반증한다.

2. 이소향의 가야금병창 스승

이소향이 1930년대 가야금병창의 명인이 되도록 지도한 스승은 과연 누구였을까? 손태룡은 이소향에 대해 정리하면서 다음과 같은 의문을 남겼다.

> <인용 4> 판소리제 가야금병창을 했던 이소향이 누구로부터 소리를 배웠는지는 알려진 바가 없다. 전라도와 서울 등지에서 소리 수업을 받았다는 이야기는 있으나, 명확하게 누구의 소리제를 이어받았는지는 분명하지 않다.[65]

이처럼 이소향의 스승에 대한 정보는 지금까지 베일에 가려져 있었다. 그런데 이에 대한 의문은 이말량의 구술인 앞의 〈인용 3〉으로 풀어낼 수 있다.

이소향은 경주에서 강태홍에게 가야금을 배운 후 1927년 서울에서 활동하기 전에 함흥으로 갔던 것이다. 이소향이 경주에서 언제 떠났는지는 알 수 없다. 그러나 이소향이 서울에서 활동하기 시작한 1927년 이전에 함흥에서 이말량과 함께 있었던 것은 분명하다. 한편 이말량은 1925년(18세)에 정남희에게 가야금산조를 배웠고, 19세인 1926년에 법조인이었던 한창달씨와 결혼을 하였다.[66] 그렇다면 이말량의 졸업은 1926년이 되는 셈이다. 따라서 이소향도 1926년에 이말량과 함께 함흥 반룡권번을 졸업하였다. 결국 이소향은 경주에서 가야금을 배운 후 함흥으로 갔고, 그곳에서 정용운에게 가야금병창을 수학한 후 1927년에 서울로 가서 본격적인 활동을 전개했던 것이다. 그러므로 이소향의 가야금병창 스승은 바로 '정용운'이다.

그런데 이말량의 전언에 의하면, "정용운 바디는 강태홍류와 비슷하다"[67]고 한다. 정용운과 강태홍 그리고 이소향, 이렇게 세 사람이 연결되는데, 어쩌면 강태홍의 스승이 정용운일 가능성이 있다. 그리고 강태홍이 경주에서 이소향을 가르치면서 재능이 있음을 알고 당시 함흥에 있던 정용운을 찾아가라고 추천했을 가능서도 있다. 이처럼 강태홍 역시 정용운에게 배운 적이 있기 때문에 두 사람의 가락

---

65 손태룡. 2011. 앞의 책. 685쪽.

66 1996년 김윤근이 이말량과 대담한 내용을 정리한 글이다. 이말량의 가족 사항이 비교적 다른 자료보다 상세한 점이 특징이다. 김윤근. 1996. 『신라문화』. 신라문화원. 통권 8호. 12~14쪽.

67 문화재관리국 문화재연구소. 1987. 『무형문화재 조사보고서(7) : 산조』. 115쪽.

이 비슷했을 수 있다. 만약 이런 추정이 가능하다면 정용운은 이소향의 스승임과 동시에 강태홍의 스승일 수 있다.

이말량은 이소향을 '경상도 사람인데 경주쯤이 고향인 것 같으며, 강태홍 제자로'라고 말한 것은 이소향이 경주에서 강태홍에게 가야금을 배워서 갔기 때문에 그렇게 말했던 것이다. 그리고 두 사람의 졸업 시기는 대략 1926년으로 추정한다. 이렇듯 이말량의 구술은 정확한 편이다.

따라서 지금까지 알려지지 않았던 이소향의 가야금병창 스승은 바로 함흥의 반룡권번 사범 정용운임을 새롭게 밝힌다. 더욱이 이소향이 남긴 오케 음반의 '가야금병창 몽중가(상 · 하) 장고/박녹주'는 〈인용 3〉에 의거할 때 정용운일 가능성이 크다.

Ⅳ. 맺음말 : 이말량에 대한 새로운 이해

이말량은 1947년부터 1996년까지 50년 동안 경주에서 살았지만, 그의 가·무·악의 습득은 1917년부터 1926년까지 함흥의 반룡권번에서 대부분 이루어졌다. 가·무·악을 습득한 이후 20년 동안 함흥에서 활동하고 생활했기 때문에 이 부분을 간과할 수 없다.

이말량의 스승에 대해 살펴본 결과, 함흥에서 여섯 분에게 지도를 받았고, 경주에서는 한 분에게 가르침을 받았다.

양금풍류 전바탕은 아악부 출신의 박경원에게 배웠고, 가야금풍류 전바탕은 가야금의 명인 정용운에게 배웠다. 양금 풍류의 경우 경제일 가능성이 크고, 가야금 풍류의 경우는 경제와 향제로 구분하기 어렵다. 그러나 정용운이 전라도 사람이기 때문에 함경도 향제이거나 전라도 향제일 가능성은 희박하다. 향제는 주로 각 지역의 붙박이 예인에서 비롯되는데 정용운은 붙박이 예인으로 간주하기 어렵기 때문이다.

그런 반면 거문고풍류와 단소풍류를 경주에서 최창로에게 배웠는데, 이것은 경주향제일 가능성이 크다. 왜냐하면 최창로는 일제시대 때부터 경주 율방에서 최윤과 함께 활동하였고, 1950년대 후반에 동도국악원의 사범을 하였으며, 1966년 작고할 때까지 오직 경주에서 활동한 붙박이 예인이기 때문이다. 결국, 풍류음악에 있어서 이말량은 함흥에서 익힌 아악부 계통의 경제와 경주 풍류의 사범에게 익힌 경주향제를 모두 보유했다고 볼 수 있다.

가야금산조는 정용운과 정남희에게 배웠는데, 정용운제는 이미 1980년대에 가락을 잊었다고 하므로 이말량의 가야금산조는 정남희제일 가능성이 크다.

가야금병창도 정용운과 정남희에게 배웠는데, 분명한 것은 적벽가 중 〈새타령〉은 정용운제이며, 〈어화청춘〉은 정남희제이다.

이상은 이말량의 가악歌樂에 대한 계보의 내용이다. 가야금병창과 가야금산조의 경우 대체로 계보가 선명하지만, 풍류의 계보는 함흥에서도 배웠고, 경주에서도 배웠기 때문에 선명하지 않다. 뚜렷하게 구분하는 것은 앞으로 음원을 중심으로 해결해야 할 과제이다.

춤 분야의 경우, 검무는 박경원에게 배웠다. 박경원은 아악부 출신의 사범이었기 때문에 궁중에서 연행한 검무였을 가능성이 크다. 그리고 승무는 김계선과 한성준에게 배웠는데, 김계선이 한성준의 제자였으므로 이말량의 승무는 한성준 → 김계선 → 이말량의 계보가 형성된다. 마지막으로 조금화는 이말량의 양모養母이면서 보조 스승이었다. 이말량은 조금화가 지도한 교육 내용을 뚜렷하게 거론하지 않았지만, 그녀가 승무·검무·화관무(포구락) 등에 능했기 때문에 이를 포함한 춤의 기본기를 전승했을 가능성이 크다. 이렇듯 그의 춤 실력은 온전히 함흥에서 박경원과 김계선에 의해 이루어졌다.

이와 같이 함흥에서 여섯 분에게 풍류와 산조·병창·춤 등을 사사받은 이말량의 실력은 3년 연상의 이소향과 대등하였다. 이소향은 집안이 무가巫家였기 때문에 어려서부터 조기 예능교육을 체계적으로 받은 사람이다. 그리고 3년이나 연상이다. 젊은 시절 3년 연상은 고등학생과 대학생의 차이와 같고, 오늘날 경연대회 출전에 비유하면 학생부와 일반부의 차이라 할 수 있다. 이말량의 배경은 예인 집안도 아니었고, 연령도 일반부가 아닌 학생부였지만, 일반부의 이소향과 견주어 대등했던 실력을 지녔던 사람이다. 이것은 이말량의 타고난 재능과 뼈를 깎는 수련의 결과였을 것이다.

본론에서 고찰한 이말량의 가·무·악 계보를 이해하기 쉽게 표로 정리하면 아래와 같다.

〈이말량의 가 · 무 · 악 계보〉

박경원	정용운	한성준·김계선	정남희 (1905~1984)	최창로 (1880~1966)
양금풍류 (경제)	가야금풍류 가야금산조	승무 등	가야금산조	거문고·단소풍류
검무·승무 등	가야금병창		가야금병창	경주풍류

문정 이말량 (1908~2001)		
가	가야금병창	정용운제 정남희제
무	검무·승무 승무	박경원제 한성준제
악	양금풍류 가야금풍류	박경원제(경제) 정용운제
	거문고풍류 단소풍류	최창로 경주풍류제
	가야금산조	정용운제 정남희제

지금까지 이말량의 가·무·악 계보를 파악하기 위해 그의 스승에 대해 살펴보았고, 그의 실력도 함께 알아보았다. 그의 스승에 대한 내용은 이말량이 남긴 음원의 성격을 파악하는데 단서가 될 것으로 기대하며, 그의 실력에 대한 내용은 그녀가 남긴 음원의 가치를 가늠하는데 도움이 될 것으로 기대한다. 아울러 본 연구 과정에서 1930년대 여류 가야금병창으로 손꼽힌 이소향의 스승이 누구인지 그동안 베일에 가렸었는데, 정용운이라는 사실을 밝힐 수 있었던 것은 또 다른 성과의 하나이다.

참고문헌

국립부산국악원. 2010.『영남공연예술자료집1 이말량전 영남줄풍류』.

權希眞. 2010.「향제 줄풍류의 가야금 선율 비교 분석 : 군산, 경주, 정읍 풍류를 중심으로」. 숙명여대대학원 석사학위논문.

김기수. 1983.『국악입문』. 세광출판사.

김성혜. 1990.「조선성악연구회의 음악사적 연구」. 영남대대학원 석사학위논문.

_____. 2011.「경주의 유난곡과 동도국악원의 활동」.『한국음악연구』. (사)한국국악학회. 49집.

김수현·이수정. 2008.『한국근대 음악기사 자료집』. 민속원. 잡지편 권5.

김윤근. 1996.『신라문화』. 신라문화원. 통권 8호.

문화재관리국 문화재연구소. 1985.『무형문화재(음악)조사보고서(6) : 향제풍류』.

_____. 1987.『무형문화재 조사보고서(7) : 산조』.

_____. 1989.『무형문화재 조사보고서(12) : 승무·살풀이춤(경상남·북도)』 중 '6. 경주지방의 승무·살풀이춤.'

_____. 1992.『무형문재 조사보고서(16) : 판소리 流派』.

서울음반. 1996.『명창 정남희 가야금산조·병창』. 서울음반.

손태룡. 2011.『한국전통음악가연구』. 보고사.

송방송. 2001.「거문고명인 백낙준과 가야금명인 정남희의 공연양상」.『한국음반학』 제11호. 한국고음반연구회.

_____. 2003.「거문고 명인 白樂俊과 가야금 명인 丁南希 : 일제강점기의 방송 · 음반 · 신문자료를 중심으로」.『한국근대음악사연구』. 민속원.

_____. 2008.『한국유성기음반총목록색인』. 민속원.

_____. 2009.『한국근대음악인사전』. 보고사.

_____. 2010.『조선음악인열전』. 보고사.

_____. 2011.『한국현대음악인사전』. 보고사.

신나라레코드. 1994. 『가야금산조 명인들』. (주)킹레코드.
吳翡翠. 1935. 「女唱이 본 男流名唱」. 『三千里』 7권 10호.
이말량의 녹음자료 64개.
이보형 채록 〈향제 줄풍류〉 음반 해설.
_____. 1999. 『부록 : 한국고음반연구회 음향자료(5)-이보형 채록 〈향제 줄풍류〉(1CD)』. 『한국음반학』 제9호. 한국고음반연구회.
이지영. 2000. 「문정 이말량 소장 카셋트 테잎 자료」. 『韓國音盤學』 제10호. 한국고음반연구회.
_____. 2002. 「경제와 향제 가야금 풍류의 음고 비교 : 군악을 중심으로」. 『仙華金靜子敎授華甲紀念 音樂學論文集』. 仙華金靜子敎授華甲紀念 論文集刊行委員會.
이진원. 2007. 「『조선미인보감』 해제」. 『조선미인보감』. 민속원.
張貞美. 「김윤덕 산조와 이말량 산조의 선율 비교 : 진양 중모리 중중모리에 基하여」. 출판정보 미상.
최문진. 2005. 「국립국악원 영산회상과 경주 이말량 가야금 풍류의 비교 연구」. 『국립민속국악원 논문집』 제5집. 국립민속국악원.
한국정신문화연구원 편. 2000. 『경성방송국 국악방송곡 목록』. 민속원.
황미연. 2010. 「전라북도 권번의 운영과 기생의 활동을 통한 식민지 근대성 연구」. 전북대학교대학원 박사학위논문.
황병기. 1992. 「정남희 가야금산조의 고음반」. 『한국음반학』 제2호. 한국고음반연구회.
_____. 1998. 『정남희제 황병기류 가야금산조』. 이화여자대학교출판부.

영남의 음악과 무용의 전통을 찾아서

영제시조창의 지역성 연구
- 영남 메나리토리와의 비교를 중심으로 | 정서은

영제시조창의 지역성 연구

—

영남 메나리토리와의 비교를 중심으로

—

정서은

Ⅰ. 서 론

시조時調는 사실상 두 부분으로 나누어 살펴볼 수 있다. 문학으로서의 시조시時調詩와 음악으로서의 시조창時調唱이 바로 그것이다. '시조창'은 말 그대로 시조시를 사설로 삼아 노래하며, 그 연원淵源은 영조英祖(1724-1776) 때의 가객歌客 이세춘李世春으로부터 비롯된다.[01] 전통음악에서 시조시를 사설로 삼아 노래하는 악곡은 시조창과 더불어 가곡歌曲[02]이 있으며, 역사적으로는 가곡이 성행한 이후에 시조창이 등장한 것으로 알려져 있다.

시조창의 옛 모습을 보여주는 가장 오래된 고악보 『유예지遊藝志』[03]

01 申光洙. 『石北集』 卷之十 中 "關西樂府" 其十五. "初唱聞皆說太眞 至今如恨馬嵬塵 一般時調排長短 來自長安李世春." ; 이러한 기록으로 보아 조선 영조 당시 시조는 장안 長安, 즉 서울·경기지역에서부터 시작되었음을 짐작할 수 있다.

02 가곡은 시조창과 달리 5장 형식으로 이루어져 있으며, 대여음과 중여음 등의 반주음악을 수반하는 악곡이다. 시조가 일반인들에 의해 불리는 비교적 쉬운 악곡인 반면, 가곡은 전문가들의 음악이다.

03 조선 순조 때 서유구徐有榘가 펴낸 악보로 원래 『유예지』는 자신이 저술한 『임원경제지』 권91

와 『구라철사금자보歐邏鐵絲琴字譜』[04]에 의하면, 시조창의 원형은 현재의 경제京制 평시조平時調에 해당함을 확인할 수 있다.[05] 따라서 문헌기록과 고악보의 해독을 통해 시조의 발생은 서울·경기지역을 중심으로 시작되었음을 알 수 있다. 그러나 이후 서울과 경기 지역을 중심으로 발생·유행하던 시조가 다른 지역으로 전파되어 지역별로 서로 다른 시조 창제唱制이 생겨나게 되는데, 대표적인 것이 바로 충청도지역의 내포제內浦制, 전라도지역의 완제完製, 영남지역의 영제嶺制이다.[06] 경기지역의 시조가 아닌 다른 지역의 시조들을 향제鄕制 또는 지방제地方制 시조라 하며, 이러한 지방제 시조들은 각각 그 지역의 다양한 지형·문화·역사적 요소 등을 반영하는 음악적 특징들을 내포하고 있다.

그 중에서도 경상도를 중심으로 생성되고 유행한 영제시조창嶺制時調唱은 영남인의 힘찬 기질이 잘 표현되어 다른 지역의 제制에 비해 씩씩하고 웅장·장중하며 점잖은 기풍이 서려 있다고 알려져 있다. 이것은 경상도의 대표적인 토착음악인 향토민요에서도 드러나는 고유한 음악적 특징으로 영제시조창의 지역성을 나타내는 대목이다.

19세기 후반에 형성된 것으로 보이는 영제시조창은 한말 고종高宗(1863-1907) 무렵에는 삼대명창三大名唱이 있었다[07]고 하는 것으로 보아 영남지역에 널리 불리었던 것으로 짐작된다. 그러나 일제강점기를 거치면서 거의 전승되지 않다가 영제시조의 명맥 유지에 열정

부터 권98까지의 부분으로 선비들의 독서법 등을 비롯한 각종 기예를 풀이한 부분이나, 음악 분야에서는 특별히 『유예지』 권6에 수록되어 있는 악보를 가리킨다.

04 조선 말기 이규경李圭景이 엮은 『양금보洋琴譜』.

05 장사훈. 1986. 『시조음악론』. 서울대학교 출판부. 19쪽.

06 장사훈. 1986. 위의 책. 158쪽 참조.

07 삼대명창으로 경북 군위의 고영태, 경북 경주의 이명서, 경남 의령의 손덕겸을 손꼽았다고 한다. 大邱市史編纂委員會. 1995. 『大邱市史』 제5권. 대구광역시. 597쪽.

을 가진 고故 이기릉李基綾이 1968년 2월 서울에서 대구로 내려와 대구시 남구 대명동에 영남정악원嶺南正樂院을 설립하여 영제시조 보급을 시작함에 따라 영제시조창의 명맥이 유지되게 되었다. 이후 이기릉은 1968년 10월 김영도와 함께 시조보를 편찬하고 보다 체계적인 시조창을 전수하기에 이른다. 이렇게 영제시조는 이기릉에게 시조창을 전수받은 제자들에 의해 그 명맥을 유지하다가 현재는 대구 지역에 국한되어 불리고 있는 실정이다.[08] 따라서 경제시조창을 바탕으로 경상도의 지역적 특성을 잘 반영해 만들어졌을 것으로 짐작되는 영제시조창의 연구는 이것이 대구라는 한 지역을 넘어 영남 전역으로 다시금 뻗어 나갈 수 있게 하는 중요한 과제라 생각된다.

지금까지 영제시조창과 관련된 연구는 사실상 김향교의 석사학위논문과 문현의 박사학위논문 두 편에 불과했다. 김향교의 석사학위논문 "영제시조창에 관한 연구"[09]에서는 먼저 영제시조창을 부른 창자 네 명[10]의 평시조 음원을 정간보로 채보하고, 장단·선법·시김새·배자법을 비교분석하였다. 그리고 더불어 영제시조창의 특징을 경제시조창과 비교하기 위해 영제시조창 창자인 이기릉과 경제시조창 창자인 이주환의 평시조를 한 곡씩 비교분석하였다. 김향교의 연구는 실제 음원을 채보하고 악곡을 비교분석하여 음악적인 특징을 다양하게 살펴보았다는 점에서 의미가 있으나 분석대상이 되는 악곡

---

08 현재 영제시조창의 명맥은 영제시조창 무형문화재로 지정된 박선애朴善愛과 전수조교 김향교金香嬌의 활동을 중심으로 그 제자들에 의해 이어지고 있다. 영제시조의 전수 장소는 대구광역시 남구 대명 9동 534-4번지 영제시조회관嶺制時調會館이며, 영조시조회관은 1991년 10월 영제시조 보급에 뜻이 있는 후원인 서현원으로부터 건물을 기증받았다.

09 김향교. 2000. 「영제시조창에 관한 연구-평시조를 중심으로-」. 경북대학교 석사학위논문.

10 고영태, 이계석, 채숙자, 이기릉.

의 수가 적고, 비교되는 내용의 원인파악이 제대로 이루어지지 않았다는 점에서 미흡한 면을 드러냈다.

문현의 박사학위논문「평시조의 창제별 음악적 특징 연구」[11]에서는 선비판 경제와 기판 경제시조, 영제시조, 내포제시조, 완제시조 등 지역별 평시조의 선율, 시김새, 배자분석과 더불어 인물제人物制를 볼 수 있는 정경태와 최일원의 창제도 함께 분석하고 있어 다양한 창제를 살펴볼 수 있었다. 그리고 음악분석의 자료도 방대한 양의 음원과 악보자료를 제시하고 있어서 그 다양성과 공통점을 이끌어내는데 모자람이 없었다. 그러나 위의 연구와 마찬가지로 각 창제간의 공통점과 차이점이 어디에서 비롯되었는지 상세히 밝혀지지 않아서, 드러나는 현상파악에만 집중하고 있다는 점이 아쉬웠다.

이처럼 영제시조창과 관련된 연구물 두 편에서는 인물별 혹은 지방별 시조의 음악적 특징만을 밝혀냈을 뿐, 이러한 특징들이 왜 나타나게 되었는지 그 원인에 대한 연구가 부족했다. 단지 개인의 음악적 차이 혹은 지역적인 차이라고 하기에는 근본적인 원인에 대한 접근이 전혀 이루어지지 않은 점이 연구의 과제로 남은 셈이다.

특히 지방제 시조창의 경우에는 경제 평시조로부터 시작된 시조음악이 어떠한 과정을 거쳐 각기 다른 창제로 변화되고 정착되었는지에 관한 체계적이고 심도 깊은 연구가 필요하다. 그러한 연구를 위해서는 각 지방의 음악에는 어떠한 특징이 있는지, 민요를 비롯한 토착음악의 특징과는 어떠한 상관성이 있는지 등과 같은 연구가 병행되어야 할 것이다. 그러나 지금까지의 연구에서는 이러한 문제제

---

11 문현. 2004. 「평시조의 창제별 음악적 특징 연구」. 한국학중앙연구원 박사학위논문.

기가 이루어지지 않았던 것이 사실이다.

따라서 본고에서는 영제시조창의 음악적 특징을 경제시조창과의 비교를 통해 드러내고, 그러한 특성이 어디에서 비롯되었는지 밝혀보도록 할 것이다. 영제시조창의 지역적 특성을 밝히기 위해서는 영남지역 음악의 가장 근본이 되는 민요를 함께 살펴보는 것이 적절할 것으로 판단된다.

연구의 범위는 경제시조창과 영제시조창의 평시조에 한정될 것이며, 자료는 기존 연구성과물에서 다루었던 자료와 함께 현재 불리고 있는 영제와 경제시조창의 음원 및 악보[12]를 추가적으로 살펴보도록 할 것이다.

연구의 방법은 악보와 음원을 채보하여 비교분석하는 방법을 주로 사용할 것이다. 이러한 연구방법은 경제시조창과 영제시조창의 비교와, 영제시조창과 민요토리와의 비교에 모두 사용될 것이다.

서울·경기지역을 중심으로 발생한 새로운 장르의 음악이 유행을 하면서 각 지방으로 전해지고, 기존 내용을 바탕으로 지역성을 부여하며 새로운 창제를 만들어내었다는 사실만으로도 시조의 발생과 전파는 매우 흥미로운 연구과제이다. 예상대로 영남지역의 시조창과 민요의 음악적 상관관계가 밝혀진다면 앞으로의 시조연구가 조금 더 활성화되고 구체화되지 않을까 기대해 본다.

---

12 경제시조창의 경우에는 김경배의 시조악보를, 영제시조창의 경우에는 김향교의 악보 『영제시조보』 (서울: 수서원, 2009)와 박선애의 음원자료를 분석대상으로 삼도록 하겠다.

Ⅱ. 영제시조창의 음악적 특징

1. 경제시조창의 선율분석

언급한 바와 같이 시조창의 원래 모습을 가늠할 수 있는 자료는 고악보 『유예지』와 『구라철사금자보』에 있다. 이 두 고악보에 의하면 시조창의 초기 모습은 현재의 경제 평시조와 닮아 있다고 한다. 따라서 시조창의 시작은 서울과 경기도를 중심으로 하는 경제시조임을 알 수 있다. 경제시조창 발생 이후 그것이 각 지방으로 전해짐에 따라 지방제 시조창이 생겨나게 되었으므로, 영제시조창의 음악적 특징을 밝히기 위해서는 경제시조창과의 비교가 필수적이다. 비교를 통해 드러나는 차이점은 영제시조창이 가지는 음악적 특수성이라고 볼 수 있기 때문이다.

따라서 본고에서는 먼저 경제시조창의 음원과 악보를 분석하고, 그 내용을 바탕으로 영제시조창과의 비교를 시도하도록 할 것이다. 분석의 주된 내용에서 장단長短과 배자排字 관련 내용은 제외하고, 선율분석으로 이루어질 수 있는 음계와 선법, 시김새(꾸밈음으로서의 시김새), 음의 진행 등의 내용을 위주로 그 특징을 밝혀보도록 하겠다. 그 이유는 장단이나 배자와 관련된 내용보다는 음계와 선법, 시김새, 음의 진행 등이 시조창의 지역성을 드러내기에 좋은 특징적 요소라고 생각되기 때문이다.

경제시조창은 선비판과 기판으로 나뉜다. 시조학자 이병기李秉岐에 의하면 서울에서의 시조 창제는 정악기판시조와 우대 지역에서의 시조, 그리고 사계축시조로 구분되고 있다.[13] 이 중 정악기판시조는 서울의 권번을 중심으로 연행·전승된 것이고, 우대시조는 주로 중인의 풍류음악 전통을 잇고 있는 것으로 선비판시조는 이를 말한다. 사계축 시조는 추교신에서 조기준, 조기준에서 장계춘으로 그 계보가 이어진 것으로, 이들은 일제강점기 권번券番의 지도사범으로 활동을 했기 때문에 이들의 창제는 기판시조의 맥과 연관되어 있다. 따라서 서울에서의 창제는 선비판시조와 기판시조로 양분된다고 볼 수 있다.[14] 본고에서는 논의대상이 고악보의 전통을 잇는 풍류방음악의 전승물과 파생곡에 관한 것이므로, 이 중에서도 선비판시조의 내용을 주요 연구대상으로 다루게 될 것이다.

선비판시조를 부른 창자로는 김월하, 김유당, 김호성, 이동규, 이병성, 이양교, 이주환, 하규일, 홍원기, 지금정이 있다.[15] 이들의 시조 악곡을 악보와 음원채보를 통해 살펴본 결과, 그 중 선율 및 시김새와 관련된 내용을 다음과 같이 정리할 수 있다.[16]

먼저 경제시조창의 초장 부분에서 다른 지방제 시조창과의 차이점이 뚜렷하게 드러난다. 첫째, 제1각 제4박에서 경제시조창은 중려-태주의 꾸밈음을 거쳐 황종음으로 진행한다. 이것은 다른 지방제가

13 "경성에서는 이르되 정악기판시조, 위대시조, 사계집시조니 하는 따위가 있었으며, …이하생략" 이병기. 1930. 「시조와 그 연구(5)-창법」. 『學生』 5월호. 學生社 수록.

14 문현. 2004. 위의 논문. 3쪽 참조.

15 문현. 2004. 위의 논문. 16쪽 참조.

16 정리된 내용은 선비판시조를 부른 창자들의 시조악곡에 자주 나타나는 보편적인 특징들이다.

배임종(또는 배중려)의 꾸밈음을 거쳐 황종음으로 진행하는 것과 비교된다. 다음 〈예보 1〉은 경제시조 〈청산리〉의 제1각 4박 악보이다.

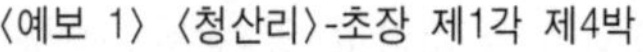
〈예보 1〉 〈청산리〉-초장 제1각 제4박

이러한 악보의 내용을 간단히 정리하면 다음과 같다.

이처럼 중려에서 태주를 거쳐 황종으로 진행하는 선율은 순차진행을 이끌어 내는 역할을 하고 있다. 즉 꾸밈음은 경제시조창의 부드러운 선율을 만들기 위해 첨가된 것으로 보인다.

둘째, 초장의 제2각 제3박 끝에 짧은 황종 꾸밈음이 출현한다. 이러한 박 끝에 오는 황종음 꾸밈음은 다른 제[制]에서 나타나지 않는 특징이다. 이러한 꾸밈음들은 위와 같이 도약진행을 순차로 바꾸는 역할을 하는 동시에 주요음들을 화려하게 꾸며주는 효과를 내고 있다.

〈예보 2〉〈국화야〉-초장 제2각 제3박

셋째, 초장 제3각 제8박에서 지방제의 대부분이 배중려음을 거쳐 황종음으로 상행하는데 비해, 경제에는 배임종음을 유지하는 악곡이 보인다. 그러나 이러한 특징은 창자별로 드물게 나타나고 있기 때문에 경제의 일반적인 특징이라고 하기에는 무리가 있다. 악보로 제시하면 다음과 같다.

〈예보 3〉〈매아미〉-초장 제3각 제8박

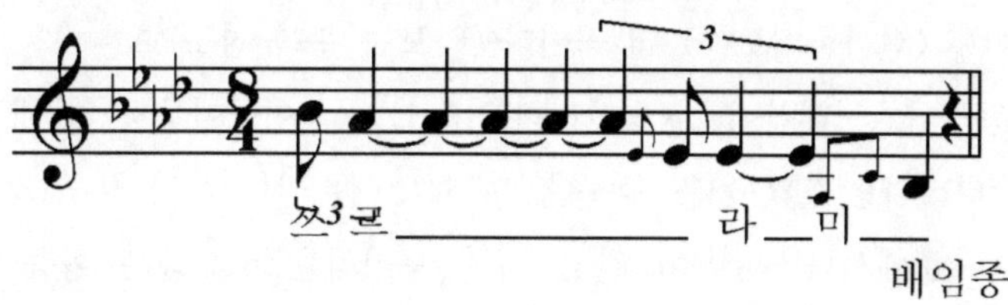

중장으로 넘어가면 제2각에서 청황종의 속청음假聲音이 출현하는데 이것은 경제만이 가지고 있는 특징이라 할 수 있다. 특히 이러한 속청음은 영제시조창에는 전혀 나타나지 않는다.

종장에서는 제1각 제1박에서 속청음이 드러난다. 그리고 종장의 제2각 제8박은 초장 제3각 제8박(〈예보 3〉 참조)에서와 같이 주로 배임종음을 유지하면서 요성을 하게 되는데, 배임종에서 배중려를 거쳐 황종음으로 상행하며 요성하는 다른 제와는 비교되는 부분이다.

속청음의 사용과 화려한 꾸밈음의 첨가는 경제시조창이 가지는 선율적인 특수성으로 보아도 무리가 없을 것이다. 속청음은 단지 가성의 사용으로만 이해될 내용이 아니라 음역의 확대로 연장해서 거론해야 할 것이며, 꾸밈음의 출현은 화려하면서도 부드러운 순차진행을 만들어낸다는 데 주목해야 한다.

그리고 경제시조창의 음악적 특징과 경기지역 민요 및 무가巫歌와의 상관성을 따져 지역성을 논의하는 것도 가능하다고 생각된다.

다음은 김경배의 시조악보[17]를 바탕으로 현재 불리고 있는 경제시조창의 선율특징을 분석하도록 하겠다. 선율분석은 악곡 전체에 나타나는 음계와 선법, 선율진행을 위주로 살펴볼 것이다.

분석대상이 되는 악곡은 평시조 〈동창이〉와 〈태산이〉, 〈청산리벽계수야〉, 〈산아물어보자〉 네 곡이다.(악보는 부록 참조)

〈동창이〉, 〈태산이〉, 〈청산리벽계수야〉, 〈산아물어보자〉의 네 악곡에 나타나는 출현음은 㑖·㒇·黃·太·仲·林·潢의 일곱 개이다. 그 중에서 시가時價이 길고 자주 등장하는 주요음은 황종·중려·임종 세음이다. 이러한 내용을 악보로 정리하면 다음과 같다.

---

17 중요무형문화재 제30호 가곡보유자인 김경배는 이주환, 김월하 문하에서 가곡·가사·시조 등을 전수했으며, 그가 정리한 시조악보가 필사본으로 전하고 있다. 시조악보의 음악적인 내용이 이주환의 시조보와 유사하다.

〈예보 4〉 경제시조창의 출현음(음계)

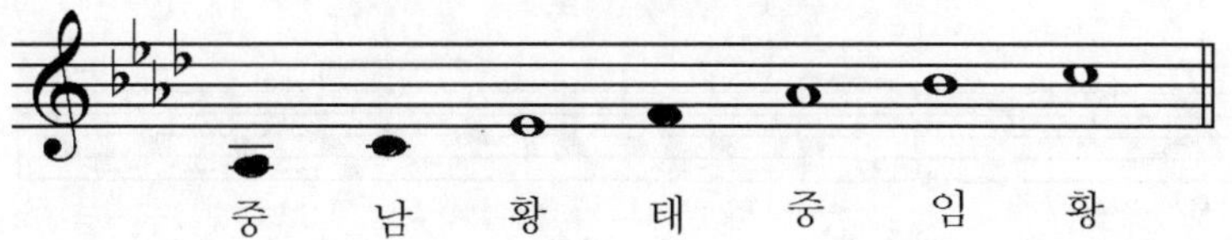

주요음을 제외한 나머지 음들은 주요음으로 가기 위한 경과음 역할을 담당하고 있으며, 이러한 경과음 때문에 경제시조창이 다른 제에 비해 조금 더 화려하고 부드럽게 들리는 것으로 짐작된다. 그리고 음계의 구성을 보면 음역이 매우 넓은 것을 확인할 수 있는데, 최저음에서 최고음까지가 한 옥타브+3도가 된다. 이것은 지방제 중에서도 영제시조창과 비교하면 매우 넓은 음역에 해당한다. 넓은 음역 또한 경제시조창의 선율을 다양하게 하는데 도움을 주는 음악적 요소라 할 것이다. 또한 앞에서도 살펴본 바와 같이 경제시조창에서는 높은 음역의 황종음 즉 청황종음을 가성으로 처리하는 내용이 있는데, 이러한 창법 상의 특수성도 넓은 음역과 높은 음을 소화하는데 한 방법일 것이다.

선율의 진행방법에 있어서 경제시조창은 일관된 내용을 보인다. 주요음 간의 진행이 도약으로 이루어지지 않고, 꾸밈음과 경과음을 사용하여 음들을 연결한다는 점이다. 이러한 꾸밈음과 경과음의 사용이 위와 같은 다양한 구성음을 만들어냈을 것이다. 도약진행보다는 조금 더 가까운 선율진행을 드러낸다는 점에서 경기민요의 순차진행과 닮아 있다는 점도 확인할 수 있다.

〈예보 5〉 〈동창이〉-초장 2각의 순차진행

악보를 통해 살펴본 결과, 경제시조창은 경과음과 주요음을 포함하여 모두 7개의 음으로 구성되며, 음역 또한 넓어서 다양한 선율을 구사하게 되어있다. 종종 드러나는 속청음은 높은 음역의 청황종을 자연스럽게 소화하기 위해 쓰는 창법일 것이며, 이것은 창법의 문제인 동시에 음역과 관련된 내용으로 이해할 수 있을 것이다. 선율 진행에서는 주요음들 간의 직접적인 움직임보다는 꾸밈음을 첨가하여 경과음으로 사용하는 진행을 자주 하고 있다. 경기민요에서 나타나는 넓은 음역과 순차진행이 경제시조창의 음악적 특징과 무관하지 않을 것으로 짐작되는 바이다.

2. 영제시조창의 선율분석

먼저 영제시조창자 고영태, 박창헌, 이계석, 이기릉 네 사람의 시조를 분석한 기존 연구 성과 중 선율과 관련된 부분을 정리하면 다음과 같다.

초장 제1각에서 중려음으로 시작하여 배임종을 거쳐 황종음으로 상행하는 선율진행이 나온다. 특히 영제시조에서는 배임종음을 힘있게 강조하여 딱딱하고 강한 맛을 잘 살려내고 있다. 이러한 내용을 악보로 제시하면 다음과 같다.

〈예보 6〉 〈녹양〉-초장 제1각 5박

녹 야__________ ㅏ ㅇ

이해하기 쉽게 정리하면 다음 악보와 같다.

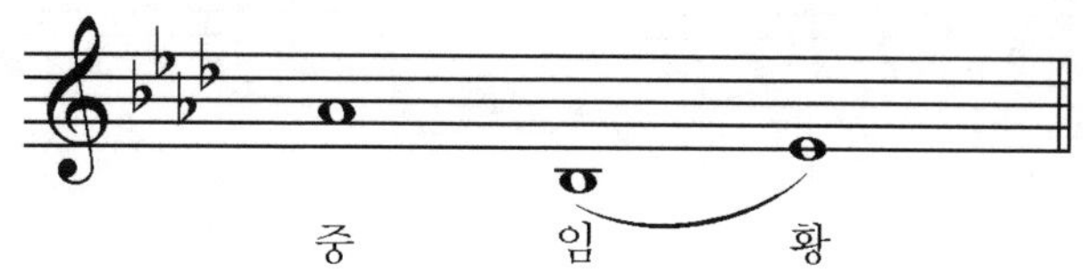

위와 같은 선율진행은 초장뿐만 아니라 중장과 종장에도 자주 드러나는 것으로 영제시조의 특징적인 선율유형으로 볼 수 있다. 특히 중에서 황으로 진행이 4도, 임에서 황이 4도인 점은 영남지역 민요에서의 선법적인 문제와도 결부되기 때문에 이러한 내용은 다음 항에서 다시 언급하도록 할 것이다.

초장의 제3각 8박에서도 배임종음에서 황종음으로 진행하는 부분(〈예보 7 참조〉)이 나타나는데, 이러한 선율진행은 인위적으로 만들어낸 도약선율이다. 따라서 이러한 의도적인 도약진행은 영제시조창만의 특징이라 할 수 있다. 이것은 경제시조창의 순차진행과 비교되는 특징이다.

중장에서는 중려음으로 선율을 시작하여 화려한 꾸밈음 없이 임종음으로 올려주는 부분이 나온다. 이는 경제시조창이 화려한 꾸밈음을 통해 진행하는 것과는 비교되는 부분이다. 또한 중장의 선율진행은 크게 보면 중려음에서 시작하여 다시 중려음으로 돌아오는 구조를 가지는데, 중간에 임종으로 떨어졌다가 황종을 거쳐 다시 중려음으로 돌아오는 길을 확인할 수 있다. 위의 내용을 악보로 나타내면 다음과 같다.

〈예보 7〉 〈녹양〉-중장 제3각 8박

이해하기 쉽게 정리하면 다음 악보와 같다.

영제시조창에서 꾸밈음은 도약진행을 만들어냄과 더불어 씩씩하고 꿋꿋한 창법을 구사하는데 도움을 준다. 경제시조창과 비교하면 꾸밈음의 역할이 서로 상반되는 것을 확인할 수 있다.

종장에서도 배임종이 두드러지게 나타난다. 배임종으로 시작하여 7도 혹은 8도의 음정관계로 상행하며, 이 부분에서 나타나는 '쿡 찌르는 듯한 창법'은 영제시조창만의 꿋꿋한 음색을 나타내는데 효과적이다.

정리하면 모든 장에서 공통적으로 도약진행이 있고, 특히 배임종을 통해 상행하는 도약진행이 자주 나타난다. 꿋꿋하고 힘 있는 창법을 구사하기 위해 꾸밈음을 줄이고 속청도 사용하지 않는다. 간혹 꾸밈음이 사용되기는 하지만, 순차진행을 위한 첨가음이 아닌 의도적인 도약진행을 위해 출현한다.

본고에서는 이와 같은 내용의 확인을 위해 현재 대구지역에서 전해지는 영제시조창을 악보로 옮긴 김향교의 영제시조보[18]를 바탕으로 선율을 분석하겠다. 분석대상이 되는 악곡은 평시조 〈태산이〉와

---

18 김향교. 2009. 『영제시조보』. 수서원.

〈청산이 불로하니〉, 〈달 밝고 서리 친 밤의〉, 〈적설이 다 녹아도〉의 네 곡이다.(악보는 부록 참조)

〈태산이〉, 〈청산이 불로하니〉, 〈달 밝고 서리 친 밤의〉, 〈적설이 다 녹아도〉 네 악곡에 나타나는 출현음은 배임·황·태·중·임의 다섯 개 음이다. 그 중에서 시가時價이 길고 자주 등장하는 주요음은 황종·중려·임종 세음이다. 이러한 내용을 악보로 정리하면 다음과 같다.

〈예보 8〉 영제시조창의 출현음(음계)

영제시조창은 배임종에서 임종까지 한 옥타브의 음역을 가지며 이것은 경제평시조가 한 옥타브+3도의 넓은 음역을 가지는 것과 비교된다. 특히 배임종의 경우에는 음의 지속시간이 짧고 주요음인 황으로 진행하기 위해 꾸며주는 음으로 등장하기 때문에 실제 주요음역은 한 옥타브보다 더 좁게 나타난다. 출현하는 음의 수도 적어서 화려하기보다는 단순한 선율구조를 나타내고 있다. 이것은 꾸밈음을 자주 사용하지 않는 영제시조창의 특징이 반영된 결과라 할 것이다.

영제시조창에서 주목할 점은 선율의 진행이다. 주요선율진행 첫 번째는 중려에서 황종으로 하행하거나, 중려에서 배임종을 짧게 거쳐 황종으로 상행하는 것이다. 이러한 선율진행은 4도 음정이 주된 골격이 되는 것인데, 주요음 간의 음정도 4도, 꾸밈음과 주요음과의 음정도 4도이다. 특히 영제시조창에서는 4도 관계로의 직접적인 선율이동이 자주 드러나는데, 이를 통해 꿋꿋하고 씩씩한 창법을 더욱 뚜렷하게 나타낸다. 이러한 음정관계는 뒤에서 논의할 영남민요의 주요 선율 골격이기도 하다. 악보로 정리하면 다음과 같다.

〈예보 9〉 영제시조창의 주요선율진행

1. 중에서 황으로의 진행

2. 중에서 임을 거쳐 황으로 진행

3. 황에서 중으로 진행

영제시조창의 음계에서도 드러나듯이 경제와 같은 높은 음은 나타나지 않는다. 이렇게 음역이 넓지 않고 높은 음을 구사해야 할 필요가 없기 때문에 가성 즉 속청을 쓰지 않는 것으로 보인다.

경제시조창의 경우에는 주요음과 주요음 사이에 사이間音 즉 경과음이 자주 등장하며 화려하게 꾸며주는 음이 많았다. 그러나 영제시조창에서는 그러한 꾸밈음과 경과음이 적게 나타나며, 도약진행이 많이 드러난다. 특히 중에서 배임으로의 진행, 배임에서 중으로의 진행, 배임에서 임으로의 진행은 모두 7도나 8도의 도약으로 선율이 갑자기 상행하거나 하행하는 양상을 보여준다. 이러한 도약진행은 영제시조창이 다른 제보다 씩씩하고 꿋꿋하게 들리는 음악적 요소가 되는 것이다.

영제시조창의 선율구조는 출현음이 경제시조창보다 적고, 음역 또한 좁다. 좁은 음역은 영남지역 민요에서도 종종 등장하는데, 같은 메나리의 선법으로 악곡을 구사하더라도 강원도의 메나리 악곡은 넓은 음역을, 경상도의 메나리 악곡은 좁은 음역을 가지는 경우가 많다. 이와 같은 내용 또한 영남 민요와의 유사성으로 보아도 될 것이다.

선율의 진행에 있어서도 경제시조창과 전혀 다른 모습을 보이고 있는데, 경제가 순차진행 위주로 선율이 진행한다면 그에 비해 영제는 4도와 7도, 8도의 큰 도약진행까지 보여주고 있다.

따라서 경제시조창에 비해 영제시조창은 다음과 같은 몇 가지 차이점을 드러내고 있다. 첫째, 출현음이 서로 다르다. 경제시조창은 㑣·㒇·黃·太·仲·林·潢의 일곱 개의 음을 사용한다면, 영제시조창에서는 임·황·태·중·임의 다섯 음을 사용한다. 이것은 단순히 음의 숫자 차이가 아니라 선율이 주는 느낌이나 창법, 음의 진행, 음역과 연관되어 있다. 둘째, 선율의 진행방식이 다르다. 경제시조창에서의 선율진행은 도약보다는 순차를 위주로 하며, 그러기 위해서는 꾸밈음을 포함하는 시김새가 자주 등장했다. 그러나 영제시조창에서는 반대로 순차보다는 도약을 위주로 선율이 진행되기 때문에 꾸밈음이 적고, 듣는 이로 하여금 꿋꿋하고 씩씩한 남성적인 느낌을 준다. 셋째, 영제시조창의 주요 선율진행은 4도를 중심으로 하고 있다. 중에서 황, 황에서 중, 혹은 배임에서 황으로의 진행이 주가 되는데, 이는 모두 4도 음정이다. 특히 다른 음들을 거치지 않고 직접 4도 관계를 가지는 음정이 자주 출현하는 것이 특징이다. 넷째, 경제시조창에서는 가성을 사용하지만, 영제시조창에서는 가성을 사용하지 않는다. 이것은 창법에 관한 문제이지만 좀더 확대해 본다면 출현음, 음역과 연관되는 문제이기도 하다.

이러한 차이점과 특징 중에서도 4도 음정, 좁은 음역, 도약진행 등과 같은 내용은 다음에서 살펴볼 민요와도 직접적인 연관이 있다. 이러한 직접적인 연관성이 규명된다면 영제시조는 영남민요의 기반 위에 마련되었다고 볼 수 있을 것이다.

III. 영제시조창의 지역성

지금까지 시조의 원형으로 알려져 있는 경제시조창과 영남지역의 향제시조창인 영제시조창을 비교분석한 결과, 선율적인 면에서 몇 가지 차이점이 드러나는 것을 확인할 수 있었다. 이러한 차이점들은 경제시조창이 영남 지역으로 분화되면서 만들어진 영제시조창의 지역적 특성이다. 현상이 그러하다면 과연 그러한 차이점은 어디에서 비롯된 것인지 밝혀낼 필요가 있다. 본고에서는 전통음악 중에서도 가장 지역성을 뚜렷하게 드러내고 있는 '민요'와의 비교를 통해 음악적 관련성과 원인을 찾아보고자 한다. 먼저 영남지역의 민요에서 드러나는 특성을 살펴보도록 하겠다.

1. 영남지역 민요의 특성

'영남嶺南'은 경상도의 이칭異稱으로 조령鳥嶺, 즉 문경 새재의 남쪽에 있다는 뜻을 가지고 있다. 영남지역 음악의 특성은 일반적으로 남성적이며 꿋꿋한 느낌을 가지는 것으로 알려져 있으며, 특히 향토민요에서 이러한 특징들이 잘 드러난다.

향토민요는 오랜 세월 동안 그 지역에서 불리어오며 그 지역 고유의 특징을 간직하고 있는 갈래이다. 어느 음악이 그만의 특징을 가지고 있다는 것은 그 음악을 만들어내고 향유했던 사람들의 생활과 문화를 담아내고 있다는 의미일 것이다. 음악의 특징은 악곡의 구성음이나, 구성음의 진행하는 방법, 시김새, 창법, 장단 등의 차이점으로 인해 드러난다. 이러한 차이점과 특징은 각 지역마다 다르게 나타나고 가깝게는 한 지역 안에서도 다양하게 나타난다.

영남음악 중에서도 민요와 무가, 풍물 등은 이 지역 특색을 잘 드러내고 있다. 그 이유는 외부에서 흘러들어와 정착한 음악이 아니라 자생적인 음악이기 때문일 것이다. 특히 민요와 무가의 선율은 다른 지역의 선율과 비교되는 특징이 잘 나타난다. 이러한 이유로 한 지역의 민요와 무가는 지역의 토리를 거론할 때 함께 다루어진다.

영남민요는 기능에 따라 노동요, 의식요, 유희요로 나눈다. 특히 영남의 노동요는 그 양이 방대하고 내용이 풍부하여 많은 학자들이 거론해왔던 부분이다. 그 중에서도 경상북도의 민요는 동요에서부터 민요에 이르기까지 채집된 자료가 방대하다. 이 지역의 대표적인 민요로는 정자소리, 보리타작 도리깨질소리 옹헤야, 나무꾼소리 어사용, 삼삼기소리, 지신밟기소리, 상여소리 등이 있으며,[19] 그 중에서 어사용은 기존 동부민요와는 다른 음악적 구조를 지니고 있어 비교된다.

영남민요의 대부분은 메나리토리로 이루어져 있으며, 장단은 빠르고 힘찬 장단을 사용한다. 그러나 경상남도 남해안 진주, 사천, 고성, 거제 등지의 민요는 전라도의 육자배기토리로 된 민요를 노래하

19 최헌. 2007. 「경상도 음악문화의 형성과 특징」. 『우리춤연구』. 우리춤연구회. 86쪽.

는 것이 특징이다.[20] 이외에도 위에서 언급한 어사용토리가 있으며, 경토리나 다른 지역 민요의 내용을 받아들인 것도 보인다.

통상적으로 영남지역의 민요와 무가, 풍물은 씩씩하고 꿋꿋하며, 역동적이며 향토적이라는 평가를 받으며, 좀 더 구체적으로 살펴보면 그러한 평가 이면에는 강원도와 다른 종류의 메나리토리가 존재하고 있다. 다음은 영남민요에 나타나는 선법의 내용, 즉 토리와 관련된 논의를 통해 시조창과의 관련성을 찾아보도록 하겠다.

2. 토리론적 접근

(1) 기존 국악학계의 토리론과 문제점

영남을 포함하여 태백산맥 동쪽 지역의 민요를 모두 지칭하는 '동부민요'라는 용어가 있다. 이것은 함경도, 강원도, 경상도의 세 지역의 민요를 가리키는 용어로 매우 넓은 범위의 지역을 포함하고 있다. 동부지역은 나머지 지역 즉 서도민요나 경기민요, 남도민요와는 다른 음악적 특성을 공유하고 있기 때문에 하나의 권역으로 묶여서 거론되고 있는데, 이것이 과연 타당한 것인가에 대한 의문이 생긴다. 또한 이 지역의 주요한 선율적 특성을 지칭하는 용어로 '메나리토리'

20 최헌. 2007. 위의 글. 86쪽.

가 사용되고 있는데, 필자는 이 메나리토리도 각 지역에 따라 또는 각 악곡에 따라 다른 모습으로 드러난다고 생각한다. 즉 같은 메나리권의 민요라 하더라도 강원도의 민요와 경상도의 민요는 서로 다른 특징을 가지고 있기 때문에 각기 다르게 인식되어야 한다는 것이다. 그러나 지금까지 학계에서는 이 넓은 지역의 민요와 토리를 세분화하지 않고 있으며, 그 차이점을 부각시키지 않고 있다. 따라서 문제는 동부지역을 하나로 묶어 거론하는 점과 메나리토리를 세분화하지 않는 점에서 시작된다.

먼저 음악학계에서 제시되고 있는 우리나라 기본 토리 지도를 제시하면 다음과 같다.

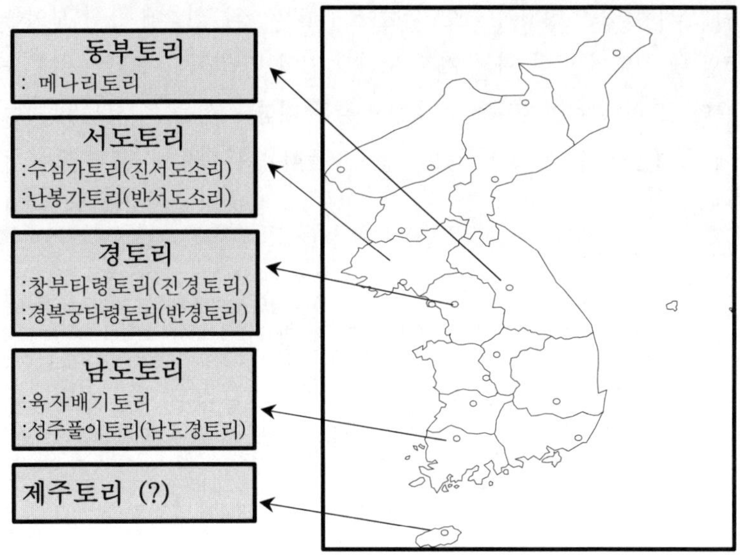

그렇다면 먼저 영남민요의 선법적 특성을 가리키는 메나리토리의 기존 연구를 살펴보고, 수정되어야 할 내용과 수용해야 할 부분을 이야기하도록 하겠다.

'토리'라는 용어는 원래 재래의 토착적인 용어이다. 예를 들면 해금의 명인인 지영희池瑛熙(1909~1980)가 토리라고 하는 말을 분명하게 사용하였다. 그는 토리에 대한 용어를 육성으로 증언하고 있다.[21] 그리고 우리나라의 대표적인 판소리 명창이었던 박동진朴東鎭(1916~2003) 명창 역시 이 토리라는 말을 사용하였다. 즉 토리라는 용어는 기존에 전통음악에서 쓰이던 용어가 학계의 일반적인 용어로 정착된 것이다.

이보형에 의해 구체화된 토리의 개념 다음과 같다. "토리는 민요나 무가와 같은 지역적 특성이 강한 부문의 노래 선율에 흔히 보이는 것인데 지역에 따라 여러 가지 토리가 있어 변별되는 이름을 지어 부른다. 토리끼리 변별되는 음악적 특성은 자연태 선율들에서 구해지는데 출현음의 수, 출현음끼리의 음정, 출현음의 중요도, 출현음의 시김새, 관용적인 선율형, 출현음의 기능 등 총체적 양식이다."[22] 이러

---

21 1996년 6월 2일에 KBS 제1FM에서 방송한 방송자료, 조소현 PD, 이금희 진행 "시나위의 명인 지영희" 편에서 지영희의 육성으로 토리에 대한 정의를 하는 대목이 있다. 이 육성은 1970년대 후반에 녹음된 음원을 사용한 것으로 추정된다. 실제 지영희 명인의 증언을 옮기면 다음과 같다. "〈이금희〉 그가 생각했던 시나위란 무엇이었을까. 평생 음악동료들과 연주한 시나위에 실어 그의 육성을 들어본다. (시나위 연주에 얹어서) 〈지영희〉 그 살풀이니 도살풀이니 이런 것은 에 그 장단을 가지고 말을 헙니다. 장단을 가지구서 말을 허는 것이 좀 살풀이라고 그러고, 도살풀이라고 허고, 에 이러는데, 곡은 예나야 마찬가지예요. 도살풀이래는 것은 도돌이 박이 되고, 살풀이래는 것은 굿거리박이 되고, 그래서 그 박이 좀 쪼금 달르죠. 그러구 저 곡이 좀 조금 성질이 달르다는 건. 그리고 우리나라 말로다가 '토리'래는 게 있어요. 그건 사투리라는 걸 가지구섬 토리래고 그러죠. 그러니깐 그 저 말소리 달른 것 모냥으로, 거 음악에도 조끔조끔 변작을 해서 토리대로 나오는 것, 고게 좀 달르다고 그러지만 내나 곡은 한 곡입니다." 토리라고 하는 것의 용어가 현장의 연주자에 의해서 사용된 실제적인 증거이다.

한 음악적 특성을 하나의 용어로 정리하자면, '선법'이라는 용어가 가장 적합할 것이다.

민요선법의 지역적 특징을 가리키는 토리에는 위에서 제시한 지도에서도 본 바와 같이 서도지역의 수심가토리, 전라도지역의 육자배기토리, 서울경기지방의 경토리, 동부지역의 메나리토리 등이 있다. 그 중에서도 메나리토리는 언급한 바와 같이 태백산맥 동쪽의 동부민요권에서 가장 많이 쓰이는 선법으로 알려져 있다. 메나리토리가 어떠한 것인지에 대해 여러 학자들의 의견이 대동소이大同小異한데 그 내용은 다음과 같이 정리할 수 있다.

학자에 따라 '동부민요'라 하기도 하고 '메나리토리'라고도 하는 함경도·강원도·경상도의 민요는 그 명칭은 달리 불리더라도 해당 지역은 동일하다. 장사훈·한만영에 의하여 동부민요로 명명된 이 세 지역의 민요들은 미-(솔)-라-도-레로 음조직이 표기되는데, 솔과 레는 덜 중요한 음으로, 솔은 주로 경과적으로 쓰이며, 레는 하행하려는 경향이 있는 음으로 보았고, 미·라·도가 주요 음으로 파악되었다.

1992년 장사훈은 경상도·강원도·함경도 민요의 음조직을 각각 나누어 접근하고 있는데, 경상도는 미-라-도의 4도+단3도의 구조로 이해하고 있으며, 강원도는 미-솔-라-도-레의 5음음계로 파악하고 미를 종지음으로 보았다. 함경도는 다시 〈돈돌나리〉형과 〈애원성〉형으로 나누었는데, 〈돈돌나리〉형은 도-레-파-솔의 구조에서 도가 종지음이 되는 것과 라-시-레-파-라의 구조에서 라가 종지음이 되는

22 이보형. 1992. 『경서토리 음구조 유형에 관한 연구』. 문화재연구소. 13쪽.

것의 두 가지로 구분되었고, 〈애원성〉형은 라-미-솔-(라)-(시)의 라 종지음으로 파악하였다. 장사훈의 견해에서 주목되는 점은 경상도와 강원도의 음조직을 구분해 본 점과 함경도의 민요를 세분한 점이다.

이보형은 동부민요의 음조직을 '메나리토리'라 명명하면서 그 지역을 함경도·강원도 영동지방·경상도 대부분, 그리고 경기도와 충청도·전라도의 일부지역으로 파악하고 있다. 이 견해에서는 미-솔-라-도-레의 5음 중 미·라·도의 3음을 주요 음으로 보고, 미를 요성음, 레를 퇴성음으로 보고 있다.[23]

황준연은 역시 메나리토리란 명칭을 사용하며, 그 대상 지역으로 함경도·강원도·경상도·충청북도·경기도 동쪽·충청남도 동쪽·전라북도 동쪽 등을 들고 있다. 그는 미-솔-라-도-레의 5음음계를 각각 미(下二)-솔(下一)-라(宮)-도(上一)-레(上二)로 보고, 중심음 즉 궁이 라이며, 미가 요성음이라 하였다.

김영운은 동부민요를 '메나리토리'와 '어사용토리'로 구분하고, 상행과 하행시의 음구조가 서로 다른 것으로 파악하고 있다. 즉 메나리토리는 상행시에 미-라-도-레-미의 4음음계로, 하행시에는 미-레-도-라-솔-미의 구조로 보고, 라를 종지음, 미를 요성음으로 파악하였다. 특히 상행시에 생략되는 솔음은 하행시에 주로 경과음으로 쓰인다고 하였다. 반면에 어사용토리는 메나리토리의 최저음인 미가 반음 높여진 구조인데, 이를 도-레-미-솔-라로 보고, 도를 종지음으로 파악하고 있다. 메나리토리는 태백산맥과 소백산맥의 동쪽 지역과 경기도·충청도의 일부에 전승되며, 어사용토리는 경상도와 충청북도 일부에

23 이보형. 1972. 「메나리조(산유화제)」. 『한국음악연구』. 한국국악학회. 111-131쪽.

전승되는 것으로 파악하고 있다. 김영운은 메나리토리를 변격 라선법으로, 어사용토리를 정격 도선법[24]으로 이해하고 있다.

위와 같은 내용 중에서 이보형과 김영운의 내용을 종합하여 악보로 제시하면 다음과 같다.

* 변격 라선법(메나리토리)-종지음은 라, 요성은 미. 음계는 상행과 하행이 다르다.

상행: 미-라-도-레-미

하행: 미-레-도-라-솔-미

〈예보 10〉 메나리토리

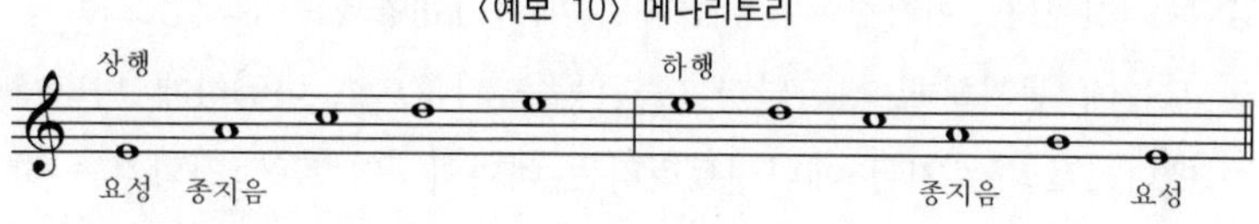

* 정격 도선법(어사용토리)-종지음은 도, 요성은 솔. 음계는 도-레-미-솔-라.

〈예보 11〉 어사용토리

24 음계의 최저음으로 종지하면 정격, 아니면 변격으로 명명한다.

그러나 동부민요 세 지역의 민요가 동일하게 메나리토리로 설명되지는 않는다. 가장 많이 나타나는 토리가 메나리토리이고, 위와 같은 상행, 하행의 음구조가 세 지역 모두에 똑같이 적용되지 않기 때문이다.

메나리토리는 다양한 선율유형(출현음들의 흐름)을 가지고 있는데, 이러한 현상은 자연태음악인 전래동요에서도 마찬가지이다. 강혜진의 「한국 전래동요의 음악적 분석」[25]에 의하면 전래동요의 토리는 메나리토리가 가장 압도적이며, 메나리토리만을 가지고 보더라도 출현음을 기준으로 〔미솔라도′〕, 〔미라도′〕, 〔미솔라〕, 〔미솔라도′레′〕, 〔미솔라도′레′미′〕, 〔미라〕의 다양한 양상을 보이고 있다는 것이다. 이러한 여러 종류의 메나리유형들은 전래동요와 민요 모두에 동일하게 나타난다. 출현음을 기준으로 다양하게 나타나는 메나리토리는 기존 메나리토리라는 하나의 용어로 정리되기는 하지만, 서로 다른 음악적 성향을 나타내고 있기 때문에 구분하여 분류되어야 할 것으로 생각된다.[26]

실제 장휘주는 「메나리토리권의 무가·민요·범패의 선율적 특징」[27]에서는 메나리토리를 '온섬 메나리토리'와 '반섬 메나리토리'로 구분하여 인식하기도 한다.[28] 즉 '미, 솔, 라, 도, 레'의 5음을 모두 사용하는 토리를 온섬메나리토리라 하고, 구성음 중에서 '미'와 '솔'을

25 강혜진. 2004.「한국전래동요의 음악적 분석」. 서울대학교 석사학위논문.

26 이처럼 다양한 선율유형들은 크게 [미-라]와 [미-라-도]처럼 기본 골격만을 가진 1유형과 '라솔미'의 순차하행선율을 포함하는 발전된 2유형으로 나누어 볼 수 있다.

27 장휘주. 2010.「메나리토리권의 무가·민요·범패의 선율적 특징.『한국무속학』 제20집. 한국무속학회. 127-140쪽.

28 장휘주는 미, 솔, 라, 도′, 레′의 5음을 모두 사용하는 메나리토리를 '온섬 메나리', 미와 솔을 쓰지 않는 메나리토리를 '반섬 메나리'라고 명명하고 있다.

쓰지 않는 메나리토리를 반섬메나리토리라고 지정하고 있다. 그러나 위와 같이 온섬 또는 반섬메나리 두 가지의 메나리토리로 메나리권의 모든 민요를 분류하기에는 무리가 있다.

또한 같은 메나리토리라고 하더라도 강원도의 메나리는 경상도와 비교했을 때 전반적으로 음고가 높게 나타나며, 주로 음계의 높은 음에서 시작하여 하행하는 선율진행이 자주 드러난다. 그리고 강원도의 민요에서는 오독떼기에서 자주 나타나는 〔레′도′라도′〕의 독특한 선율진행이 포함된 악곡이 많은 것으로 보아 아라리류와 오독떼기유형으로 분류도 가능하다.

따라서 동부민요와 메나리토리가 동일하다는 기존의 학설과 메나리토리를 세분화하지 않고 제시하는 내용을 재검토해야 할 필요가 있다.

(2) 기존 토리론에 대한 새로운 접근

이러한 논란 속에서도 영남지역의 민요의 대부분이 메나리토리로 되어 있다는 것에 대해서는 이견異見이 없다. 살펴본 바와 같이 민요채록과정에서 나타나는 경토리나 수심가토리, 육자배기토리 등은 영남지역 민요의 전반적인 양상이 아니다.

따라서 영남민요의 대표적인 선법이 이야기하기 위해서는 메나리토리의 음구조를 분석하고 그 심층적인 내용을 파악해야 한다. 위에서 악보로 제시한 메나리토리의 구조를 보면 모든 메나리는 하나의 선율구조로만 되어 있는 것처럼 이해된다.

그러나 민요 음원자료를 분석해보면 기존 학계에서 언급하고 있는 메나리토리의 요건을 모두 갖춘 내용만이 존재하지 않는다. 특히 영남지역 민요에서는 음역이 강원도의 민요보다 좁게 나타나는 경우가 많이 있고, 요성도 드물다. 이렇게 보면 메나리토리 내에서도 하위분류 또는 토리의 세분화 과정이 필요할 것으로 생각된다.

먼저 자연태음악인 전래동요 연구에서 선행된 메나리토리의 하위분류 즉 출현음 기준의 분류에 바탕을 두고, 거기에 선율의 주요진행을 감안하여 분류를 시도해야 할 것이다. 예를 들면 기본 골격만을 유지하면서 진행되는 1유형과 발전된 2유형으로 나누어 분류하는 것이 첫 번째 시도가 될 수 있을 것이다.

〈예보 12〉 메나리토리 1유형

〈예보 13〉 메나리토리 2유형

위의 메나리토리 1유형은 가장 기본 구성음 미-라-도 세 개의 음을 위주로 노래 부르는 경우이다. 영남민요에는 동요를 비롯하여 이런 간단한 구조로 되어 있는 악곡이 상당수 보인다. 1유형으로 구성된 악곡은 음역이 좁고 요성이 거의 없으며, 음의 구조가 미-라의 4

도를 중심으로 도약진행이 반복된다. 앞에서 살펴본 영제시조창의 4도 도약진행과 좁은 음역이 이와 유사하다. 음역이 좁다보니 다양한 선율을 구사하기보다는 단순하며 도약이 많은 음진행이 자주 드러나며, 그로 인해 시김새 또한 절제된다.

메나리토리 2유형은 '레-도-라'의 하행선율과 '라-솔-미'의 하행선율이 맞물려있는 형태이다. 여기에서 도와 솔은 경과음으로 레-라, 라-미의 4도 음정을 선율적으로 이끌어준다. 즉 메나리토리의 1유형과 2유형은 모두 4도 관계의 중심음들이 자리를 잡고 있는데, 상행의 경우에는 경과음이 없고, 하행의 경우에는 경과음을 가지게 된다. 경과음의 유무가 차이점이기는 하지만, 중심음이 4도 관계를 형성하고 있다는 점은 영제시조창과 동일하다.

그리고 영남지역의 민요는 두드러지는 요성을 사용하지 않는 점이 특징이다. 기존 음악학자들의 메나리토리 혹은 동부민요 선법 설명에서도 요성을 지적하지 않은 이가 많고, '미'음을 요성으로 지정하는 학자가 있으나 모든 악곡에 동일하게 적용되지 않는다. 오히려 영남민요는 음 하나하나를 시김새 없이 단순하게 표현하고 있는 점이 보인다. 이러한 면도 영제시조창의 그것과 유사하다. 특별한 시김새와 꾸밈음이 없이 단순하면서 꿋꿋하게 음을 소리 내는 것이야 말로 영남민요와 영제시조창의 공통점이라 할 것이다.

영제시조창의 특징 즉 4도 혹은 그 이상의 도약진행, 시김새와 꾸밈음이 적은 것, 음역이 좁다는 것, 가성을 사용하지 않는다는 점 등을 바탕으로 이러한 음악적 내용이 이 지역 민요와 연관이 있을지에 대해 살펴보았다.

영남지역의 민요는 경토리, 수심가토리, 육자배기토리, 메나리토리 등으로 다양하게 나타났으나, 그 중에서도 단연 많은 수를 차지하는 것이 메나리토리였다. 그러나 영남지역의 메나리토리는 기존의 메나리토리 개념으로는 설명되지 않는 점이 있었고 본인은 이러한 부분에 집중하여 메나리토리를 두 가지로 나누어 살펴보았다. 메나리토리의 상행에서 중심음만을 가지고 악곡을 구성하는 1유형과 하행선율을 가지는 2유형이 그것이다. 1유형과 2유형 모두 중심음이 4도 관계를 보이고 있으며, 강원도 메나리토리에 비해 음역이 좁고 낮은 점, 요성이 사용되지 않는 점으로 보아 영남지역의 메나리토리의 특성과 영제시조창의 특성이 유사하다는 것을 알 수 있었다.

과연 이러한 음악적 상관성이 다른 지역 시조와 민요에서도 드러날지는 후속연구가 필요하겠지만 지역의 토착음악과 다른 장르의 음악이 어떠한 관계를 맺고 있는지는 음악의 지역성이라는 면에서 매우 중요한 과제라 생각된다.

Ⅳ. 결 론

지금까지 영제시조창의 음악적 특징을 살펴보고, 영제시조창의 지역적인 특성이 어디에서 비롯되었는지 살펴보았다.

서울·경기 지방을 중심으로 생성된 시조창이 전국으로 퍼져 나가면서 새로운 지방제를 만들어내고, 그 지방제마다 각각의 특성을 가지는 것으로 알려져 있었다. 그러나 지금까지의 연구는 지방제에서 나타나는 음악적인 특성만을 다룬 것이 대부분이었으며, 그 원인에 대한 연구는 미진했다.

지방제 시조창의 경우에 경제 평시조로부터 시작된 시조음악이 어떠한 과정을 거쳐 각기 다른 창제로 변화되고 정착되었는지에 관한 체계적이고 심도 깊은 연구가 필요하다. 그러한 연구를 위해서는 각 지방의 토착음악에는 어떠한 특징이 있는지, 민요를 비롯한 토착음악의 특징과는 어떠한 상관성이 있는지 등과 같은 연구가 병행되어야 할 것이나, 지금까지의 연구에서는 이러한 문제제기가 이루어지지 않았던 것이 사실이다.

이러한 점에 착안하여 먼저 경제시조창을 기준으로 영제시조창을 비교하여 그 특징을 가려내고, 또한 그러한 특징을 가진 영제시조창이 영남지역의 대표적인 토착음악인 민요와 어떠한 음악적 관계에 있는지 선율분석을 중심으로 살펴보았다. 그 결과, 영제시조창과 영남민요에서 모두 공통적으로 드러나는 몇 가지 특징이 있었다. 그 내용은 다음과 같다.

첫째, 출현음 중 중심음이라 할 수 있는 음들의 음정관계가 4도를 이루고 있었다. 이것은 영제시조창의 주요 선율진행에서 자주 드러나는 음정관계이며, 영남민요의 주요 선법인 메나리토리의 기본골격이기도 하다.

둘째, 영제시조창과 민요 모두 다른 지역에 비해 음역의 폭이 좁았다. 경제시조창에 비해 영제시조창은 매우 좁은 음역으로 불리고 있었고, 민요 또한 같은 메나리토리권의 강원도지역 민요보다 음역이 좁은 것으로 나타났다.

셋째, 꾸밈음을 포함한 시김새가 두드러지지 않고 단순한 음의 진행을 구사한다. 경제에 비해 영제시조창에서는 꾸밈음이나 요성이 화려하지 않고 단순하게 나타났다. 민요에서도 요성이 잘 드러나지 않는데 이러한 특징은 영남음악의 일반적인 특징으로 보아도 무방할 것이다.

이러한 공통점은 영제시조창이 경제시조창을 바탕으로 지역의 민요에 영향을 받아 형성되었다는 증거가 될 것이다. 이러한 연구결과에 힘입어 앞으로 영남의 무가나 범패와의 비교연구가 진행된다면 영제시조의 지역성은 더욱 뚜렷하게 드러날 것으로 기대된다.

참고문헌

김기수. 1983.『정가집』. 은하출판사.

김향교. 2009.『향제시조보』. 수서원.

_____. 2000.「영제시조창에 관한 연구」. 경북대학교 석사학위논문.

김영운. 2010.「강원도 민요의 음악적 특징」.『우리춤연구』. 우리춤연구소.

_____. 2009.「경기 통속민요의 전승양상과 음악적 특징」.『우리춤연구』 제10집. 우리춤연구소.

_____. 2006.「경기소리의 갈래와 음악적 특징」.『경기전통예술연구시리즈 - 경기민요』. 경기도국악당.

_____. 2005.「농요 메나리의 분포 양상-용어 '메나리토리'의 재검토 제안을 겸하여」.『초당 정호돈 원장 고희기념논총』. 강릉문화원.

_____. 1999.「영남민요 어사용의 음조직 연구」.『한국민요학』 제6집. 한국민요학회.

_____. 1992.「영동민요 메나리와 오독떼기의 비교연구」.『한국음악연구』 제20집. 한국국악학회.

_____. 2000.「한국 민요선법의 특징-기존 연구성과의 재해석을 중심으로」.『한국음악연구』 28집. 한국국악학회.

김영운 · 김혜정 · 이윤정. 2006.『경기도의 향토민요』 상권 · 하권. 경기문화재단.

김혜정. 2005.「강원도 민요의 음악적 특성과 의미」.『강원도 민요와 삶의 현장』. 강원도 강원발전연구원.

문 현. 2004.『음악으로 알아보는 시조』. 민속원.

_____. 2004.『평시조의 창제별 음악적 특징 연구』. 한국학중앙연구원.

송방송. 2007.『증보한국음악통사』. 민속원.

이보형. 2008.「동남토리 음구조 유형 생성과 변이」.『한국음악연구』 제44집. 한국국악학회.

_____. 1971. 「메나리조(산유화제)」. 『한국음악연구』 2집.
_____. 1983. 「메나리토리 무가·민요권의 음악문화」. 『한국문화인류학』 제5호. 한국문화인류학회.
_____. 1996. 「육자백이토리 음조직 연구」. 『한국음악연구』 제24집. 한국국악학회.
_____. 1982. 「한국 무의식의 음악」. 『한국무속의 종합적 고찰』. 고려대 민족문화연구소.
_____. 2005. 「한국민요의 전국적 판도와 강원도 민요의 국면」. 『강원도 민요와 삶의 현장』. 강원도 강원발전연구원.
_____. 1992. 『경서토리 음구조 유형에 관한 연구』. 문화재연구소.
이주환. 1963. 『시조창의 연구』. 시조연구회.
장사훈. 1986. 『시조음악론』. 서울대학교 출판부.
최 헌. 2007. 「경상도 음악문화의 형성과 특징」. 『우리춤연구』 제4집. 우리춤연구회.

부록악보 1 - 김향교 시조보 〈태산이〉

평시조(平時調)

楊士彦 作詞

泰山이
높다 하되
하늘 아래
뫼이로다

오르고
또 오르면
못 오를리
없건마는

사람이
제 아니 오르고
뫼만 높다(하더라)

초장

태사 ㄴ 이이이 높다 하 되 하느 으을 아래 에에 뫼이 이 로오오 오다 ㅡ

중장

오르 고 또오르 으 며 ㄴ 못오르 으으으 을리 이 없 거 어어어 언마 느 ㄴ 으으 ㄴ

종장

사라 아 ㅁ 이 제아니 오르 으으 고오 오오 뫼마 아 ㄴ 노 ㅍ 다아 아

부록악보 2 - 김향교 시조보 〈달 밝고 서리 친 밤의〉

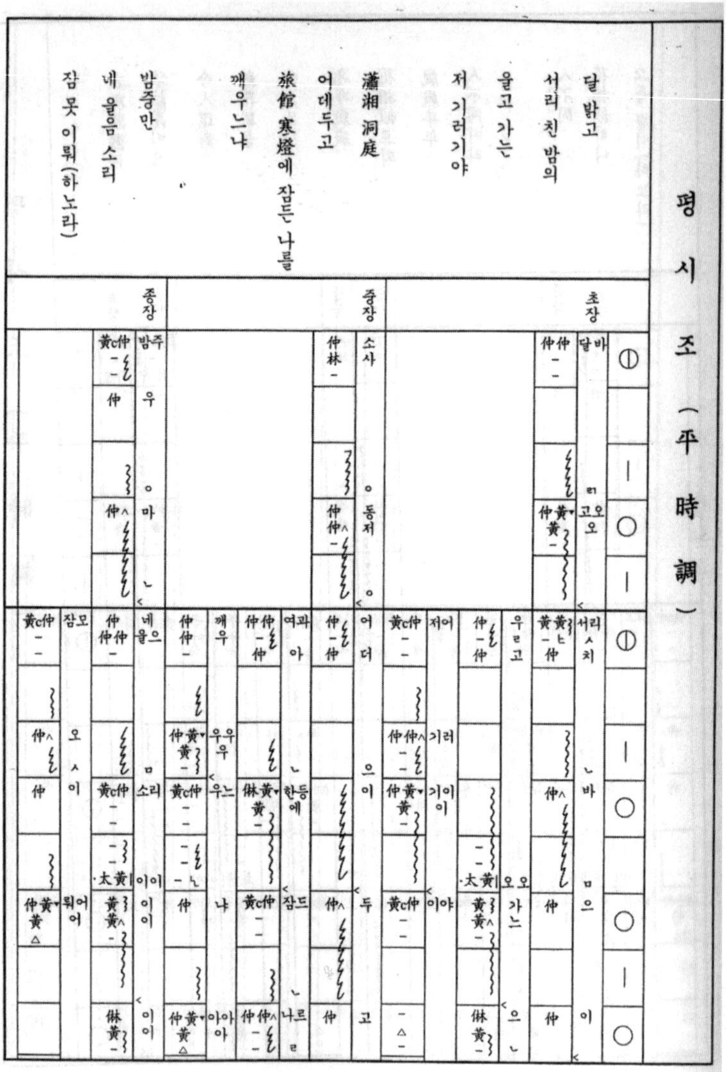

평시조(平時調)

달 밝고
서리 친 밤의
울고 가는
저 기러기야
瀟湘 洞庭
어데두고
旅館 寒燈에 잠든 나를
깨우느냐
밤중만
네 울음 소리
잠 못 이뤄(하노라)

영남의 음악과 무용의 전통을 찾아서

달구벌 입춤 명인 최희선 조망 | 이종희

달구벌 입춤 명인 최희선 조망

—

이종희

I. 들어가는 말

인류 사회가 변천됨에 따라 인간이 지켜야할 인의예지신仁義禮智信은 발달하고, 역사는 각 시대를 반영하는 정치·사회·문화와 함께 성장하였다. 상고시대의 원시종합예술原始綜合藝術은 각 예술의 장르로 분화되는 양상을 보이며 춤은 인간의 삶을 즐기기 위한 수단으로서 향유되었다. 국가가 정비되면서 춤은 국가적 의식 끝에 있는 축제祝祭에서 행해졌고, 이는 시간의 흐름에 따라 궁중무용으로 정착되며 민중들에 의해 연희되어 온 민속무용과 함께 발전되어갔다. 근대화시기를 거치며 외국의 무용을 수입, 또는 모방의 단계를 거친 우리 춤은 새로운 문화의 한 양상으로 만들어져 오늘에 이르렀다.

이러한 사실은 역사적 흐름과 함께 생성되고 소멸되며, 때론 급부상되는 여러 예술의 사조를 형성하게 되는데, 달구벌 입춤의 명인인 최희선의 춤 인생을 조망해봄으로써 그 일련의 규칙을 볼 수 있다.

즉 권번에서 유입된 우리 춤의 역사는 근대화를 거치며 많은 외국무용이 유입되어 신무용을 탄생하게 하였고, 다양한 춤 문화의 형성은 한국창작무용이라는 새로운 형식의 춤 장르를 개척하게 된다. 이후 역사와 전통에 대한 자각의식에 따라 우리의 춤은 또 다시 한국전통춤의 가치를 재인식하는 움직임이 나타났으며, 이러한 춤은 한국전통춤과 신무용, 한국창작무용 사이에서 한국춤의 본질을 규명하여 전통문화를 수호하고 새로운 문화를 개발시키고 있다.

한국춤은 즉흥성이 높은 춤이다. 우리 춤을 말할 때 흔히 흥의 춤, 멋을 부리는 춤, 또는 신명난 춤이라 한다. 이러한 속칭은 모두가 즉흥적으로 자유로이 추었을 때에만 일어나는 현상이라 할 수 있다. 여기서 말한 흥의 춤이란 춤장단에 자극받아 감정이 흥분된 상태에서 저절로 춤이 나온다는 것이고, 멋을 부리는 춤이라 하는 것은 이른바 멋쟁이(개성이 강하면서도 재미있는 성품과 정이 많은 사람)가 멋있게 표현하는 춤을 말한다. 또는 신명난 춤이라 하는 것은 흥에 도취되어 황홀해짐으로써 무아지경에 이르러 현실을 벗어나 자유와 새 생명력을 얻게 되는 영혼영역靈魂領域의 춤이라 할 수 있다. 흔히 춤판에 가 보면 춤반주를 맡은 악사들이나 구경꾼들이 '얼씨구 좋다' '잘한다', '얼~쑤' 등의 '추임새'를 붙이며 춤추는 사람의 흥을 북돋워주는 경우를 보는데 이는 춤추는 사람의 표현을 도와줌으로써 좋은 춤, 멋있는 춤이 나오도록 유도하는 의미가 있는 것이다. 따라서 우리나라 춤은 악사들이나 관객들의 '추임새'가 대단히 중요한 역할을 한다는 것을 알 수 있다[01]

1994년 8월 대구의 늦더위가 한창인 여름날, 대구문화예술회관에서는 '제2회 대구의 전통춤' 준비로 아침부터 농도 짙은 음색이 현

01 정병호. 1991. 『한국의 전통춤』. 집문당. 10쪽.

장을 뒤덮었고, 그 음률에 따라 어르신들의 주고받는 춤사위와 장단은 일품이었다.

출연진 대기실에서 공연 준비로 분주했던 그 날, 분홍색 연습용 가운에 곱게 빗어 넘긴 뒷머리를 하신 어르신이 아침 일찍 공연장에서 대기실을 둘러보며, "너희가 수고가 많다. 아침은 먹었니?" 표준말과 사투리의 음색이 섞인 어색하지만 무언가 정겨운 음성으로 먼저 인사를 건네주셨다. 그분이 바로 최희선 선생님이셨다. 그러고 보니, 공연이 있는 날이면 어느 누구보다 먼저 공연장에 오셔서 항상 먼저 인사를 건네주셨던 선생님! 잠시 후 공연 리허설이 시작되었고, 이윽고 공연이 진행되었다. 춤이 시작되어 시간이 지나면 지날수록 에너지는 넘친다. 덧배기 가락 속에 흐르는 투박하면서도 아기자기한 발동작과 손동작, 화려한 기교가 없을 듯하지만 춤 속에 무수히 흐르는 화려하고도 멋들어진 다양한 동작들, 거기에 고수들과 주고받는 눈빛과 추임새, 다만 현장에서만 느낄 수 있는 희열과 생명감을 불어넣어 주셨던 순간이었다. 잠시 후 두 눈에서 '핑'하고 돌다 자리를 잃고 흘러내리는 두 줄기 눈물에서 나는 어떠한 표현도 할 수 없었다. 그 기억은 지금도 생생하게 남아 최희선 선생님을 추억하게 하는 기억이다. 이것이야 말로 한국춤이 가지는 현장성과 즉흥성이라 할 수 있을 것이다.

이와 같이 한국춤은 특수 목적을 가진 종교적 춤을 제외하고는 모든 춤들이 흥에 겨워 멋을 부림으로써 신명에 도달하는 즉흥적 성격을 가진 춤인 것이다.02

한국춤의 원류는 유에서 유를 창조해 나간 즉흥성적 춤일 것이다. 즉 각기 다른 문명과 문화가 교류되어 서로의 춤을 모방하고, 그 과정을 통해 새로운 춤이 형성된다. 또한 이것은 춤을 추는 사람과 그것을 향유하는 사람, 그리고 그 시대 상황을 대변하며 변화되었다. 우리춤은 수천 년에 걸쳐서 굳어진 근본적이고, 원형적 춤동작에서 시작하여 시대의 변천에 따라 춤의 형식이나 춤사위는 꾸준히 다양화되고 예술성 또한 높여 왔다.

이렇듯 우리춤의 역사를 보면, 춤의 형식은 조선후기에 성립되어 영·호남지역의 서민예술과 광대, 기녀, 창우, 그리고 서울의 양반취향의 춤이 융합되어 완성하였고, 이는 근대화과정에 유입된 외국무용들과 충돌하고 융합하며 또 다른 문화를 형성하기도 하고 그 속에서 우리 전통의 문화를 재해석 하는 과정을 겪으며 오늘에 이르렀다. 따라서 각 시대의 춤과 문화는 그 나름의 예술을 만들어가며 결코 반복될 수 없는 오늘날 단절되고 사장된 전통으로서가 아니라 역사를 관통하여 살아 있는 민족적 특질로서의 전통의 수용과 동시대성의 동시수용으로[03] 해석되어야 할 것이다.

본 연구는 명무 최희선의 70여 년간의 삶의 모습과 작품을 살펴보며 예술가로서, 무용가로서의 모습을 조망하고, 그가 남긴 작품을 통해 시대를 아우르는 예술의 흐름을, 특히 지역의 문화유산이 되기에 충분한 「달구벌 입춤」의 보존 가치를 밝히는데 의의를 두었다.

---

02 정병호. 1991. 위의책. 293쪽.

03 안병주・김은정. 1999.「한국무용에 있어 창작에 대한 개념정위의 필요성」.『한국예술연구회』 제3집. 79쪽.

Ⅱ. 대쪽과 같은 70년 인생

1. 1929년 11월 18일 : 명무 박지홍과의 조우

1929년 11월 18일 최벽수와 최두안의 4남매 중 둘째로 대구에서 출생한 최희선은 언니와 남동생 두 명을 두었다. 그의 원래 이름은 '붙들이'로 호적에는 '부돌扶乭', '사람이나 사물 따위가 달아나지 못하도록 잡다'라는 의미를 지니고 있다. 그 이유인 즉, 그의 어머니는 다산을 하셨으나 많은 자식을 앞서 보내고 얻은 열 번째 딸의 이름을 '부돌'이라 지어, 그만 보내고 붙들라는 가슴 아픈 뜻이 담긴 이름이다.[04] 그 이름으로 남동생 둘을 붙들어 4남매가 가족을 이루는 뜻 깊은 본명이다. 이름 덕으로 형제의 울타리가 든든해진 덕에 집안의 사랑을 독차지했으며, 어느 형제보다도 자유롭게 키워졌다. '희선'이라는 이름은 대학생 춤스승 고 한영숙[05]이 지어주었다[06]고 한다.

어린 시절 토목기사였던 아버지의 영향으로 경북 일대의 대부분을 누비고 살다 정착하게 된 곳이 대구의 계산동 과거 기생골목이라 불리었던 오늘날의 '약전골목', '진골목[07]'이다.

---

04 이은주. 2007.『한국무용인물사시리즈 춤33인』. 푸른미디어. 120쪽.

05 한영숙韓英淑(1920~1989), 조선 말기의 고수이자 무용가인 한성준韓成俊(1874년~1941년)의 손녀로 1969년에는 중요무형문화재 제27호 승무기예능보유자로 1971년에는 제40호 학춤기예능보유자로 지정되다.

06 유인화. 2008.『춤과 그들-우리 시대 마지막 춤꾼들을 기억하다』. 동아시아. 346쪽.

이곳은 주변 환경 하나하나가 모두 흥미로운 곳이었다. 상인들의 활기찬 삶의 소리와 생활의 다양한 면모를 경험 할 수 있었을 뿐 아니라 무엇보다도 예기들의 춤과 소리를 배우고 공연을 하던 골목 어귀의 달성권번은 그의 인생의 중요한 전환점이 되기에 충분한 역할을 했다. 흥겨운 장구장단과 가야금의 선율, 춤을 추는 여인들의 아름다운 모습들, 그 곳은 다름 아닌 전라도 나주 출신인 당대의 명인 박지홍朴枝洪(1989~1958)과 조우한 곳이며, 그의 문하생으로 춤 공부를 시작할 수 있었던 계기가 된 장소이다.

춤이 좋아 늦게나마 춤을 배우게 된 최희선은 명무 박지홍을 통해 대구지역의 대표적인 전통춤이 된 살풀이춤, 검무, 입춤 등의 전통춤을 전수받게 되는 행운을 가지게 된다.

---

07 진골목: 근대기에 부자동네였던 이곳은 해방 이후 부자들이 하나둘씩 떠나면서 진골목의 저택들은 쪼개져 팔리며 요정과 술집 골목으로 바뀌게 되는데, 경상감영에서 일하던 관기官妓들이 1급 기생학교인 권번券番의 기생으로 바뀌면서 주요 활동무대로 삼은 곳이 진골목이 위치한 종로거리였고, 이 거리는 1970년대까지 요정이 흥성해 한때 종로 일대에 30여개의 요정에서 500여명의 기생이 일했다고 한다.

2. 1950년대～ : 전통무용에서 신무용까지
1960년대～ : 지성무용가의 탄생

1926년 3월 서울 경성공회당에서 사흘간 11개의 춤 소품을 공연한 일본 현대무용가 이시이 바쿠(石井漠; 1886~1962)[08] 공연은 우리나라에 새로운 춤 예술 양식인 '신무용' 이라는 개념과 양식이 출현한 계기를 제공하였다. 이 시기 최승희, 조택원을 비롯하여 많은 한국인들이 새로운 문화에 관심을 가졌으며 일본으로 건너가 이시이 바쿠에게 현대무용과 발레를 배워 신무용의 기틀을 조성하였다.

넓은 세계로의 관심, 새로운 문화로의 관심을 가진 최희선은 외국무용과 신무용이 병행하던 시절 조용자[09]에게 발레를 배우고, 당대 최고의 춤꾼으로 꼽힌 장추화[10]에게서 춤을 배웠을 뿐 아니라 한영숙에게 전통춤을 배우며 전통춤에서 신무용에 이르기까지 다양한 춤을 습득하게 되었다.

1950년 최희선은 6.25전쟁으로 인해 대구에 내려왔다. 전쟁 중 나산동의 포교당 박지홍의 연구소에서 전화를 피해왔다가 달구벌 입

---

08 이시이 바쿠 [石井漠(석정막), 1887~1962] 아키타현[秋田縣] 출생. 1911년 제국극장帝國劇場 가극부 1기생이 되어 고전발레를 공부하였다. 다카라즈카[寶塚] 소녀가극단의 서양무용 교사를 거쳐 아사쿠사니혼관[淺草日本館]에서 아사쿠사오페라의 창단공연을 가졌다. 1922년부터 4년간 유럽에 유학하였으며, 1926년에는 경성(京城)에서 공연, 한국에 신무용을 최초로 소개하였다. 그해 최승희崔承喜를, 다음 해에는 조택원趙澤元을 연구생으로 받아들임으로써 한국에 신무용이 꽃필 수 있는 바탕을 마련하였다.

09 조용자趙勇子(1924 ~). 신무용가.

10 장추화張秋華(1918 ~ ?) 본명은 장선애. 북의 원로 무용가 이며 최승희의 제자이다.

춤, 검무, 살풀이춤, 장구춤 등을 더욱 체계적으로 공부할 수 있었다.

특히, 최희선은 당시 춤을 배우는 무용가로는 드물게 청구대학(영남대학 전신) 국문과생으로서 '지성무용가의 탄생'이라며 당시 문화계 관심을 끌었다. 대학을 졸업한 후 대구여자고등학교에서 잠시 교편을 잡았으나 춤에 대한 미련으로 1957년 대구에서 최희선무용연구소를 개원하고 본격적인 후배양성과 발표회에 전력을 다했으며, 그해 문화극장(구 국립극장)에서 제1회 최희선무용발표회를 가지며 전통과 창작춤에 몰두하여 「축원」, 「인상」, 「시와 무용」, 「홍」, 「원시인의 모습」, 「벽화」, 「삶」, 「도학자가 본 써커스」등을 안무하였다.

1958년 8월 제1회 민속예술경연대회에 경북 대표로 하회별신굿놀이로 출연하여 대통령상을 수상하였다. 여기에서 최희선은 부네로 출연하였고 대잡이를 하였던 박지홍은 최초의 개인상을 수상하였다. 그러나 스승은 앙코르 공연을 연습하던 도중 그 자리에서 쓰러졌다. 그게 스승과의 마지막이었다. 당시 노래 '쾌지나칭칭나네', 상주노래, 경산 옹헤야타령, 봉산탈춤 등이 대회에 참가했는데 봉산탈춤이 3등, 안성 답교놀이가 2등이었다. 1등인 하회별신굿팀 등 세 팀은 전국을 돌며 공연하기도 했다. 당시 하회별신굿 팀이 극성을 부렸다면 최희선이 무형문화재로 지정받을 수 있는 기회였다. 그러나 최희선은 욕심 부리지 않았다.

이듬해 1959년 서울 원각사에서 제2회 전통춤과 창작춤을 발표하였고, 1960년 구라파 순회공연을 위해 전국의 무용가를 찾을 때 민속예술단의 일원으로 공연에 참가하였다. 1961년 제6회 경상북도 문화상을 수상하였고 1962년과 1967년에는 사단법인 한국무용협회 경북지부의 초대 부지부장과 3대 부지부장에 선출되어 대구·경북 무용발전에 이바지 하였을 뿐 아니라 개천예술제, 신라예술제 등의 축제와 매년 개최되는 개인공연, 위문공연 등의 극장공연을 통하여 창작 활동을 하였다. 이 시기 작품으로는「고궁의 인상」,「예불」,「갈등」,「인형의 춤」,「셀판」,「소고무」,「고흔」,「로맨틱 바리」,「번뇌」,「길쌈놀이」,「어린이 스케치」,「가을의 여심」,「오리엔탈 댄스」,「성황당」,「기원」,「칠석날」, 무용극「이순신」,「장화홍련전」,「무영탑」,「춘향전」등의 작품을 창작하였다.

3. 1970년대~: 늦게 배운 춤에 인생을 걸다
1980년대~: 한국창작무용 작업에 몰두

1970년 서울로 자리를 옮겼다. 서울에 최희선무용연구소를 다시 개원하면서 후진 양성과 함께 본격적인 무용 활동이 시작되었다.

1973년 10월 17일 국립극장이 중구 장충동 신축 개관하면서 1974년 국립극장 지도위원으로 위촉되어 국립무용단 제12회 공연「별의 전설」에 출연하며 이후 국립극장 산하 단체인 무용단, 가무단, 창극단의 안무와 출연을 하게 되었다. 주요 작품으로「대춘향전」,「시집가는 날」,「왕자호동」,「배비장전」,「심청」,「원효대사」,「흥보가」,「마음속에 이는 바람」, 「꿈.꿈.꿈」, 「푸른 천지」, 「황진이」등을 발표하였다.

1973년에는 국립극장 준공으로 국립무용단과 국립발레단에서 활동하였다. 1979년 대한민국무용제 창설로 창작무용의 발전 등의 변화는 1980년대 한층 더 열기를 띠어 '무용의 르네상스시대'라 불릴 정도로 공연의 양적 증대와 질적 변화를 가져왔다. 그 결과 1920년대 이래 계속되어 온 신무용 위주의 창작무용이 1980년대에 접어들면서 새로운 창작 예술성을 펼치게 되었다.[11]

최희선은 1982년 국립무용단을 나와 청주사대 무용과에서 강의를 했다. 하지만 그는 교단보다 춤꾼으로 살 길을 택하여, 1984년 한길무용단을 조직하고 공연활동에 전념하게 된다. 국내 각처의 행사와 공연은 물론 일본, 미국, 중국으로 헤아릴 수 없는 춤 여행을 다니며 세월을 잊고 살았다. 1984년 제6회 대한민국무용제 작품 「어느 자서전」을 안무·출연하였고, 1986년 아시아드 문화예술축전 무용제에 작품 「물꽃」을 안무·출연하였다. 같은 해, 한국현대예술사 30년 기념공연에 많은 무용가들이 참가해 춤을 추었는데, 그의 작품 「참회」는 강한 인상으로 남아 어느 무대보다 돋보이는 작품으로 평가되었다.

또한 1989년 제11회 대한민국무용제에 참가하여 작품 「물이랑 삶이랑」을 안무·출연하였다. 이때 최희선은 참가자 중 가장 고령임에도 그의 열성은 젊은이의 힘에 비길 수조차 없었다. 밤을 지새우며 작품 구상에 몰두하고 한 동작 한 동작 춤으로 만들 때면 가장 신명이 났다고 했다. 의상도 직접 디자인 해 보고 무대장치도 그려

11 두산 백과. 대한민국의 무용. http://100.naver.com/100.nhn?docid=714286.

보는 등 그의 춤에 대한 자세는 누구보다 열성적이었다.

끊임없는 작품 활동은 전국 6개 도시 순회공연을 위시하여 삿포르, 규수, 구라파, 중동, 아프리카 및 동남아 24개국 순회공연으로 국제무대에서 한국춤의 문화교류자로서의 꽃을 피우며 바쁜 시간을 보내며 한국창작무용 작업에 몰두하였다.

4. 1990년대~2010년: 고향 대구의 춤을 지키다

1990년대에 들어서면서 사회는 '전통'과 '문화'라는 단어들이 들어서기 시작하며, 예술전반적인 측면에서 그리고 무용은 그 뿌리를 찾고자 하는 움직임과 함께 어떻게 향유할 것인가에 대한 해답을 찾기 시작하였다.

1988년 달구벌 전통무용연구회가 조직되어 대구를 중심으로 박지홍의 전통춤을 정리, 전수하기 시작하였다. 그 구체적인 성과의 하나로 1995년 국립문화재연구소 발행 무보집에 '최희선 달구벌 입춤 무보'가 수록되었다. 「달구벌 허튼춤」, 「달구벌 수건춤」, 「달구벌 입춤」으로 귀착하여 국내의 각처의 공연은 물론 강습회를 개최하고 정착하였다. 명인명무의 단골 작품은 언제나 이 춤으로 자리를 굳히며, 우리 춤, 내 고장의 춤, 나의 춤은 바로 이것이라 각인시켰으며 달구

벌 춤으로 낙착하였다. 하지만 그것도 다 이루지 못하고 병석에 눕고 말았다.[12]

그는 대구출신으로 서울로 진출한 유일한 개척자이자 활동가였다. 2009년 대구오페라하우스에서 올려진 NEW YEAR DANCE FESTIVAL의 공연 무대가 그녀의 춤인생 마침표가 되었고, 이듬해 2010년 10월 12일 10시 향년 83세로 인생을 마감하였다.

NEW YEAR DANCE FESTIVAL을 통해 마지막 무대에 올랐을 때 인터뷰에서 '무대에서 춤을 추는 날이 내 생일날이다.[13] 라며 혼신의 힘을 다해 무대를 수놓았던 무용수 최희선의 잔영은 사라지지 않을 것이다.

Ⅲ. 춤에 눈 먼 새, 최희선의 품에 담긴 춤

전통공연 연출가인 진옥섭은 '여무-허공에 그린 세월' 프로그램에서, "그저 날개가 좋아 새가 되고자 했노라 그러나 갈 길을 모르는 눈 먼 새였네" 춤에 눈멀어 한세상 탕진하여 남은 것이 없는 허허로운 삶, 얼마 전 유일한 말 벗 남편마저 세상을 떠 이제 더욱 시리다. 그러나 "죽는 날까지 날다 무대에서 죽어야 한다는" 춤에 눈 먼 새,

12 정순영. 2011. 『춤과 담론』 제4호. 연낙재. 295쪽.
13 『오마이 뉴스』. 2009. 1.20. "대구를 빛낸 춤꾼들 한자리에 서다." (김용한 기자)

최희선의 춤에 담긴 춤의 가치는 오늘날 전승춤이 몇 종으로 울타리 쳐진 상황에서는 더욱 요긴한 지평이 된다. 타악에 호적이 얹히면 내밀고 나오는 가락에 박지홍류의 옛 멋이 나오는 것이다, 라고 최희선에 대해 서술하였다.

우리시대의 무용가 최희선의 춤은 들어가면 나가고, 엉키면 풀고, 앉으면 일어서고, 그러나 꼬이거나 비뚤거나 뒤틀린 것은 그에게 용납되지 않는다. 언제나 편안한 춤사위를 주장한다. 마치 물이 흐르듯, 바람이 불 듯, 순리대로 살아가는 것이 곧 춤이라 생각하는 무용가[14]였던 최희선은 국문학을 전공한 때문인지 남들보다 앞선 문학적 상상력이 창작춤의 재미를 더했다. 양반집 마님과 광대가 정분나는 이야기, 선비와 사랑에 빠진 사당패 여성이 수태하자 선비의 본부인도 임신하는 스토리 등 다양한 작품이 최희선 춤으로 세상에 나왔다.[15]

이렇듯 그의 대부분의 작품은 자연을 주제로, 인생을 주제로 하며, 들고 나는 길이 분명해야 직성이 풀리는 그의 성품에서 엿볼 수 있듯이 한 치의 어김도 없는 우주의 이치를 닮고자 노력하는 그의 춤철학을 엿볼 수 있었다.

---

14 정순영. 2011. 같은책. 126쪽.

15 유인화. 2008.『춤과 그들-우리 시대 마지막 춤꾼들을 기억하다』. 동아시아. 350-351쪽.

1.「어느 자서전」

1984년 10월 11일 제6회 대한민국무용제 참가작

2.「물꽃」

1986년 문화예술축전 무용제에서 안무상과 연기상을 휩쓴 작품이다. 섬 여인의 고뇌를 주제로 한 작품으로 죽음과 삶 등 모든 운명을 신에게 맡기고 살아가는 여인들의 고뇌와 그 극복의 이야기를 담고 있다. 당집과 굿 풍경 등이 가미되는 등 토속적인 분위기가 짙은 작품[16]으로 1984년「어느 자서전」에 이은 두 번째 무용제 참가작이었다.

이 작품은 최희선의 무용생활 40여년 만에 처음 받은 값진 쾌거였다. 수상 후 인터뷰에서 "우리 춤에는 옷고름 잡는 법 하나, 버선코 내미는 것 하나에도 멋이 있습니다. 요즘 맨발로, 고장주차림으로 추는 창작무용들은 좀 안타깝게 생각합니다. 이번 작품에서는 가락

16 경향신문. 1986년 9월 11일.

과 춤사위를 한국적으로 가져야겠다는 점과 간결하게 만들겠다는 것에 주력했습니다." 라고 소감을 밝혔다.[17]

3. 「참회」

1986년 한국현대예술사30년 기념 공연으로 제작된 「참회」는 일명 '돈춤'이라고 하는 작품이다. 최희선의 많은 창작품의 주제가 자신의 삶을 반추하는 내용이 많음을 볼 때 「참회」에서도 자신의 처지를 읊고 그 회한을 참회한다는 내용이었다.

이 작품은 관객으로 하여금 공감대를 형성하기에 충분한 구성이었다. 세속의 상징인 돈도 그의 손길이 닿으면 격이 있는 작품으로 탈바꿈하여 가슴 뭉클해지는 감동을 안겨준다.

그는 이은주의 한국무용인물사 시리즈 〈춤 33인〉에서 다음과 같이 말했다.

"나는 돈도 없고 빽도 없어. 그래서 세상을 한탄한다는 내용인데 작품에서는 쌀장사를 등장 시켰어, 그러고는 그 쌀장사가 돈을 많이 벌어 돈, 돈, 돈 하다가 나중에는 돈이 없어 참회한다는 내용이야."

"진양이 6장단, 중모리 6장단, 굿거리 24장단이 나오고 그 담에는

---

17 『경향신문』. 1986년 10월 7일.

창이 나와 돈, 돈, 돈 이것이 뭐냐 저것이 뭐냐, 돈, 돈, 돈이지 욕심 많은 수전노의 담력을 보~자 하고 창을 하면 뒷배경에서 돈이 쏟아지는 영상을 비추지. 그러고는 마지막 장면에 염주가 내려오면 돈의 허상을 좇은 어리석음을 참회하면서 염주를 돌리는 것이 끝이야."

최희선의 춤에 대한 이야기를 듣다 보면, 어느덧 그 이야기가 그림이 되고, 무대 위 춤이 형상되어 눈앞에 펼쳐져 어떠한 미사어구가 붙여지지 않은 간결하고 분명한 그의 이야기는 공연은 끝이 없다.

4. 「바람꽃」

1986년 한국무용협회 주최 대한민국무용제 대상작인 「바람꽃」은 생명의 아름다움과 참사랑의 의미를 알게 하는 한 여성의 모습을 그린 창작무용극[18]으로 「물꽃」에 이은 후속작품으로 바람 속에 꽃으로 피어난 인관관계를 다룬 작품이다.[19]

그의 작품에 대한 설명은 이러하다.

"회전무대를 절반으로 나누어 한편에선 사당패 여성과 선비가 만나는 순간 톱 조명이 떨어지면서 여성의 저고리를 선비가 벗기고 껴

18 『동아일보』. 1988년 11월 18일.
19 『경향신문』. 1988년 11월 15일.

안으며 아웃되는 겁니다. 그리고 회전무대가 돌면 나머지 절반의 무대에서 세대가 바뀌어 본부인은 아들을 낳아 사랑받고 사당패 여성은 딸을 낳은 후 동네사람들에게 뭇매를 맞는 장면으로 연결되죠. 결말은 슬퍼요. 어미가 다른 두 아이들이 꽃놀이하는 모임에서 눈이 맞아 연애하는데 둘이 아비가 같은 걸 모르는 거죠. 나중에 그 사실을 안 처녀는 부처 앞에서 승화하고, 총각은 바위에서 떨어져 죽는 겁니다."

5. 「물이랑 삶이랑」

1989년 10월 대한민국무용제 참자작인 「물이랑 삶이랑」은 그의 애국심을 밑바탕으로 환경오염을 주제로 만들어진 작품이었다.

"제가 무식하고 억척스러웠어요. 이틀이면 무용대본 쓰고 안무도 금방 했죠. 그때 안무한 「물이랑 삶이랑」은 수질오염을 예언한 작품이었어요. 대형 천으로 물 이미지를 형상화하고, 인류가 오염시킨 물이 바다를 더럽히고 결국 그 바다가 황무지로 변한다는 내용을 담았습니다." 며 경향신문 유인화와의 대화에서 작품을 만든 그 시절 이야기를 회상했다.

6. 「달구벌 입춤」

현재 추어지고 있는 입춤은 그 명칭에 있어서 즉흥무, 허튼춤, 수건춤, 입춤, 교방 굿거리춤, 기본춤, 동살풀이춤 등 여러 이름으로 일컬어지고 있다.[20]

박지홍에게 입춤을 이어 받은 최희선은 〈달구벌 입춤〉, 〈달구벌 수건춤〉, 〈달구벌 허튼춤〉이라는 이름 등으로 무대에서 추었다.

박지홍류 최희선의 「달구벌 입춤」구성은 맨손춤과 수건춤, 소고춤으로 구성되어 입춤의 기본춤 형태로써 또 살풀이춤의 원형의 형태로서, 또 보다 발달된 소고춤의 형태로서 역사적 전통성과 시대의 상황적 변화에 따라 다양한 무용의 형태로 자생력을 가지며 어엿한 한국춤의 한 형태로 자리매김하고 있다. 특히 수많은 세월을 거쳐 그 춤의 명맥이 이어져 내려오면서 기본춤의 성격을 벗어나서 그 춤 자체로서 완성도를 가진 춤으로 손과 어깨호흡의 원칙을 고수하여 흥을 실어주는 옛 대구의 멋스런 정서를 표출하여 흩날리는 수건과 활기찬 소고놀이의 허튼춤이 조화[21]를 이루는 춤이다.

많은 무대에 오르며 춤에 대한 관심과 예술사적 자료로서의 중요성이 인식되면서 최희선은 1988년에 달구벌전통무용연구회를 조직하여 〈입춤〉, 〈검무〉, 〈승무〉등 박지홍류 전통무용을 오늘날까지 공연해 오며 대구를 중심으로 전통춤을 정리, 전수하고 있었다. 그 구

---

20 최희선. 2009.『달구벌 입춤 무형문화재 등록신청서』. 3쪽.
21 윤미라. 2000.「대구 달구벌 입춤의 전승과 변형에 관한 연구」.『대한무용학회』 제28집. 224쪽.

체적 성과의 하나로 1995년 국립문화재연구소 발행 『무형문화재 조사 보고서 (18)무보집』 '최희선 달구벌 입춤 무보'가 수록되게 되었다.[22]

연두 치마에 짙은 초록 삼회장저고리를 입고 수건을 들고 추다가 허리에 질끈 동여매고는 이내 소고를 들고 홍겹게 한바탕 춤을 추어 댄다. 예쁜 춤사위를 고집하지도 않으면서 흐트러진 듯하지만 반듯한 동작은 살풀이 같기도 하다가 그 수건을 허리에 매었을 대는 동네 아낙의 농악대처럼 홍겨워진다. 그러나 평범해 보이는 이 춤에 격이 있다. 그것은 그의 춤사위가 반듯하기 때문이다. 춤의 길이 분명하기 때문이다. 무엇보다도 그가 춤을 추면 춤에 격이 있어 보인다.

최희선은 1998년 11월 23일 최희선 춤 50년 기념공연(박지홍류 전통춤) 프로그램에서 입춤에 대한 설명을 다음과 같이 하고 있다. '굿거리장단과 자진모리장단을 통하여 디딤과 걷는 것을 중심으로 손과 어깨호흡의 원칙을 고수하여 홍을 실어 주는 옛 대구의 멋스런 정서가 녹아 있는 옛 교방이나 권번춤에서 기본이 되었던 춤이다. 여기에 수선이 곁들여서 놀리며 추는 춤으로 살푸리의 시원을 찾을 수 있는 춤이다. 여성들의 풍정風情과 다소곳함의 정감이 깃든 품성 속에 조심스럽게 흩날리는 수건과 활기찬 소고놀이의 허튼춤이 조화를 이룬다.'

이와 같이 최희선의 달구벌 입춤은 대구의 지역적 특성을 가장 잘 표현한 춤이며, 이미 기본 춤의 성격을 벗어나서 그 춤 자체로서 완성도를 지닌 춤이 되었다고 할 수 있겠다[23].

22 최희선. 2009. 『달구벌 입춤 무형문화재 등록신청서』. 2쪽.
23 최희선. 2009. 『달구벌 입춤 무형문화재 등록신청서』. 4쪽.

Ⅳ. 채송화 여인 최희선

극작가 차범석은 1998년 최희선 춤 50년 기념공연 축사에서 최희선을 '채송화 꽃 같은 여인'이라 칭하였다. "향기나 자태를 과시하는 장미나 모란 같은 여인이 있는가 하면 해바라기나 장다리꽃처럼 어디서나 얼굴을 내미는 여인도 있다. 그러나 무용가 최희선님은 섬돌 밑이나 흙담 그늘이나 우물가에 피어있는 채송화 같은 여인이다. 내노라고 활짝 피는 꽃이 아니라 저만치 그늘에서 다소곳이 돌아앉은 채송화 꽃이다. 누가 가꾸지 않았는데도 해마다 그 자리에서 스스로 고개를 쳐들고 철이 되면 꽃을 피우는 한국의 꽃. 소탈하고 꾸미지 않고 그러나 줄기차게 뻗어 나가는 생명력이 강한 꽃이다"

최희선은 김천흥金千興 · 김진걸金振傑 · 최현崔賢 · 김선영金善泳 · 김문숙金文淑 · 김백봉金白峰 · 한순옥韓筍玉 · 한영숙韓英淑 · 송수남宋壽男등과 함께 무용수로서, 안무가로서 1950년대 이후 한국 무용계를 이끌어온 중추적 구실을 한 대한민국 1세대 무용가로, 시대적 상황으로 보았을 때, 일제강점기에서 근대화시기, 현대화시기를 거치며, 1920년대 신무용기를 시작으로 1980년대의 창작무용의 시기를 거쳐 2000년대 전통무용의 중요성을 인지하며 활발한 활동을 펼친 전천후 무용가였다.

전남 나주 출신으로 대구권번에서 춤과 장단을 가르치던 박지홍 문하에서의 공부는 창작에서 전통춤으로 정착한 계기가 된 것이다. 대구출신으로 서울로 진출한 유일한 개척자, 활동가였다.[24]

---

24 정순영. 2011. 『춤과 담론』 제4호. 연낙재. 296쪽.

국립무용단 지도위원을 역임한 후, 한길무용단을 중심으로 왕성한 활동을 하였다. 그리고 칠십 중반의 원로가 되었는데, 춤의 열정이 부추겨 들어선 전통과 창작 두 갈래 길로 인해 오히려 두 길 모두에서 그의 성과가 부각되지 못 하였는지도 모른다. 특히 전통무용계의 일각에서는 '창작을 하지 않았다면 인간문화재가 되었을 사람'으로 그의 전통춤은 아쉬움이 남아있다.

2007년 9월 20일자 경향신문 인터뷰에서 28일에 있을 대구문화예술회관 최희선 춤공연에서 즉흥춤과 입춤 공연을 앞두고 "인자 마지막입니다. 또 몬해요. 항상 '달구벌 입춤' 가르칠 때는 딱 하나! 정직함만 가지고 추라고 주문합니다. 동작만 만들면 뭐 합니까. 달구벌 입춤을 출 때는 '달구벌'이라는 지명이 어떻게 형성됐는가를 생각해야죠. 경기지역 춤은 아름답고 풍물이 있는데, 대구의 지명을 내걸고 추는 달구벌 춤은 투박하고 뚝배기 같은 여인의 멋, 즉 내면의 강함을 통한 멋으로 희비애락을 나타냅니다. 달구벌은 푸른 언덕이라는 뜻이니 고단한 여인의 삶 속에서도 그 정신을 잘 새겨 추는 춤이어야 한다는 것이죠."라고 말하던 최희선은 2009년 대구문화예술회관에서 기획하고 장유경이 연출한 'NEW YEAR DANCE FESTIVAL'의 대구오페라하우스공연 무대를 마지막으로 2010년 10월 12일 생을 마감하였다.

슬하에 자녀가 없는 최희선의 춤은 윤미라(경희대 교수)를 비롯하여 조재연(학원운영), 유경숙(국악고등학교 교사), 박숙자(서울예대 교수), 조카인 최미나, 최지희 그리고 홍계희 등이 춤 맥을 이어갈 것이다.

그동안 많은 무용가, 예술가들에 의해 「달구벌 입춤」이 가지는 춤의 역사성과, 지역성, 예술성의 입증은 문화재로서의 가치를 충분히 인식하며 국가문화재로서의 등재를 눈앞에 바라보고 있었다. 하지만 그 결실을 맺기도 전 안타깝게도 우리는 그 춤의 원형을 간직한 우리 시대의 명무를 볼 수가 없다. 하지만 많은 후학들이 그와 함께 그의 삶을 통한 우리의 역사를 배우고, 그 춤을 익힘으로써 그 춤의 가치는 역사 속에서 보전되리라 기대한다.

Ⅴ. 자료모음

1. 주요 수상

1961년 제6회 경상북도 문화상 수상 경상북도 공로상 수상
1962년 전국도대항민속예술경연대회 경북도 대표단 대통령상 수상
1973년 대한민국 국민훈장 목련상 수상
1986년 아시아드 문화예술축전 안무상, 연기상 수상 「물꽃」
1993년 한국예총 예술문화대상 수상

2. 주요 경력

1962년 사단법인 한국무용협회 경북지부 초대 부지부장
(1962년~1963년)
1967년 사단법인 한국무용협회 경북지부 3대 부지부장
(1967년~1969년)
1973년 국립무용단 지도위원(1973년~1982년)
1974년 사단법인 한국무용협회 이사(1974~1984년)
1984년 한길무용회 창립(대표)
1988년 달구벌 전통무용연구회 창립(대표)
1995년 국립문화재 연구소 발행 - 무형문화재 조사보고서(18) 무보집
"최희선 달구벌 입춤 무보" 수록
2005년 사단법인 한국무용협회 고문

3. 공연 경력

1957. 최희선무용연구소 개소(대구)
1957. 11. 11~12 제1회 개인창작무용발표회 '전통과 창작 첫 발표회' (문화극장-구 대구국립극장)
1958. 8. 제11회 민속예술경연대회-박지홍과 함께 '하회별신굿탈놀이' 대통령상 수상(서울 장춘단공원)
10. 최희선무용발표회(청구대학강당)
1959. 2. 20 제2회 개인창작무용발표회 '전통춤과 창작춤 발표' (서울 원각사)
12.7~8 최희선무용발표회(서울 국립극장)
1960. 민속예술단원으로 프랑스, 파리 국제민속예술제 참가
1961. 제3회 개인 창작무용발표회(대구)
1962. 4. 제1회 신라문화제 참가 「봉선화」 안무(경주)
제4회 개인 창작무용잘표회(대구)
1963. 제5회 개인 창작무용잘표회(대구)
1967. 주월국군장병위문공연
1969. 주월국군장병위문공연
1970. 최희선무용연구소 개소(서울)
1972. 뮌헨 세계올림픽 파견 민속무용단 참가 (구라파, 중동, 아프리카 및 동남아 24개국 친선순회 공연)

1974. 국립가무단 공연 작품 「시집가는 날」안무
1974. 국립가무단 공연 작품 「대춘향전」안무
1975. 국립창극단 공연 작품 「배비장전」안무
1975. 국립무용단 일본국 유끼나와 규슈 순회공연 참가
1975. 대구시민회관 개관기념 예술제 무용부 총감독
1975. 국립가무단 공연 작품 「상록수」송범과 합동 안무
1976. KBS-TV 구정프로 「시집가는 날」안무
1976. 국립창극단 공연 작품 「춘향전」안무
1976. KBS-TV제작 미국 PBC-TV사 방영용 가무극 「시집가는 날」안무
1977. 국립창극단 공연 작품 「홍보가」안무
1978. 국립극단 공연작품 「에밀레종」안무
1978. 국립무용단 일본국 순회공연 참가
1979. 국립극단 공연작품 「무녀도」안무
1980. 중화민국 무용학회 초청세미나 및 공연 참석
1980. 일분국 나가이시 아야메공원 70주년기념 친선공연(한길무용회)참가 (문화공보부 추천)
1980. 한길무용회 미국 LA시 자선공연(신체장애자 돕기)참가 (보사부 후원)
1981. 태평양문화기금회 초청세미나 참석(중화민국)
1981. 한길무용회 신체장애자 돕기 자선공연 작품 및 안무
1981. 전북조 어린이 무용단 창단 기념공연 작품 및 안무
1982. 제2회 대한민국 국악제 창극 「춘향전」안무

1982. 국제여성단체협의회 참가 각국대표 위안공연(한길무용회) 안무 및 출연

1983. 아시아무용협회 일본국본부 초천 심포지엄 참석

1983. 아시아 전통무용세미나(주관: 댄스아카데미) 자문위원 및 특별출연

1984 제6회 대한민국 무용제 참가(한길무용회) 「어느 자서전」작품 및 안무 출연

1986. 한길무용회 춤판 공연(안무, 구성, 출연)

1986. '86 아시아드 문화예술축전 개막제 「사물노리」안무

1986. '86 아시아드 문화예술축전 무용제 한길무용회 참가 「물꽃」(안무, 구성, 출연)

1986. '86 아시아드 서울국제음악제 국립오페라단 공연작 「시집가는 날」안무

1986. '86 아시아드 문화예술축전 무용제 최우수단체(한길무용회)기념
전국6대도시 순회공연

1987. 중화민국 태평양문화기금회 초청으로 대북시 외 3개 도시 순회공연(한길무용회)

1987. 일본국 자가겐히고노시 '고성박람회' 한국의 날 공연

1987. 일본국 동경 한국무속무용공연 출연

1987. 9 중화민국 대북시립 사회교육관 초청세미나 및 공연

1987. 12 일본국 아사히 신문사 '노일오노회'초청, 양길순무용공연 특별출연

1988. 1	중화민국 대북시 외 4개 도시 문화교류 순회공연(한길무용회)
1988. 11	한길무용회 창작무용극 「바람꽃」발표 공연(구성, 안무, 출연) 문예진흥원 지원금 작품
1989. 1	중화민국 대북현 외 8개도시 한·중 문화교류 순회공연(한길무용회)
1989. 8	일본국 히로시마 개항 100주년 기념박람회 '한국의 날' 공연 및 후시마현 대한민국 거류민단 광복절 기념행사에 출연(한길무용회)
1989. 10	제11회 대한민국무용제 참가(한길무용회) 「물이랑 삶이랑」작품 및 안무 출연
1989. 11	(사) 한국무용협회 제주도지부 창립기념 중견무용인 초청공연 출연
1989. 12	(사)한국무용협회 구미시지부창립기념 원로 및 중견무용가 초청공연 출연
1989. 1	한국문화예술단체 총 연합회 세미나 무용협회 대표로 참가
1990. 6. 16	제117회 무형문화재정기공연 최희선무용발표회 「달구벌 입춤」, 「수건춤」외 (예술의 전당 국악원 소극장)
1990. 7	'90 전국무용연수회 강사(대구)
1990. 8	중화민국 기룽시 외 3개도시 문화교류 순회공연(한길무용회)

1990. 11 사단법인 한국무용협회 포항지부 원로 및 중경무용가 초청공연 출연

1991. 경희대학교 무용과 「달구벌 허튼춤」강습회

1991. 5 사단법인 한국국악협회 주관 대구국악제 심사위원

1991. 6 제1회 대구무용제 심사위원

1991. 8 '91 FOLKLORAMA FESTIVAL 참가(캐나다)

1992. 한길회 회원 '달구벌 허튼춤' 강습회

1992. 6. 12 제137회 무형문화재 정기공연 박규랑전통무용발표회 찬조출연 「달구벌 허튼춤」공연

1992. 6 '92 춤의해 「달구벌 허튼춤」공연

1993. 2. 27 박금술 선생 추모공연 「달구벌 수건춤」공연(문예회관 대극장)

1993. 3. 25 제1회 대구의 전통춤 「달구벌 허튼춤」공연 (대구문화예술회관)

1993. 4. 17 '우리춤, 우리맥 - 국립무용단 제62회 정기공연' 「덧배기춤」공연(국립중앙극장 대극장)

1993. 6. 5 한무회 기획공연 「달구벌 허튼춤」공연-포스트 극장

1994. 제16회 서울무용제 '우리 춤, 우리 맥' 「달구벌 허튼춤」공연

1994. 4. 1 Vision 2001 한국의 춤 「달구벌 허튼춤」공연(대구문화예술회관)

1994. 8. 31 제2회 대구의 전통춤 「달구벌 허튼춤」공연 (대구문화예술회관)

1994. 12. 8 '우리 춤, 우리 멋'(중견무용인 울산초청공연) 「달구벌 허튼춤」공연(한마음회관 예술관)

1995. 2 국악한마당 최희선 춤판 공연 「달구벌 허튼춤」

1995. 10. 26 제3회 팔공국악제 「달구벌 허튼춤」공연(대구문화예술회관)

1995. 12. 14 '우리 멋, 우리 가락' 「달구벌 허튼춤」공연(포항문화예술회관)

1996. 한길회 「달구벌 허튼춤」강습회

1996. 6. 18 제185회 무형문화재 정기공연 임관규의 춤「달구벌 입춤」공연(국립국악원 소극장)

1997. 한양대학교 무용실 「달구벌 입춤」강습회

1997. 5. 27 제200회 중요무형문화재 무대종목 공연 최희선 춤판 「달구벌 입춤」외 공연(국립국악원 우면당)

1997. 6. 4 우리춤 명무전 「달구벌 입춤」공연(국립국악원 예악당)

1998. 11. 23 최희선 춤 50년 기념공연 - 박지홍류 전통춤 「달구벌 입춤」외(국립국악원 예악당)

1999. 6 보은가족노인을 위한 광주 국악 봉사단 춤판 공연

2000. 5 광주 국악 봉사단 춤판 공연

2000. 12. 11 중견무용인 지방순회공연 「달구벌 입춤」공연 - 평택문화회관 대공연장

2001. 5. 13 제3회 한국전통춤 공연 「달구벌 입춤」공연 - 대구문화예술회관

2001. 8 광주 국악 봉사단 춤판 공연

2002. 5　광주 국악 봉사단 춤판 공연
2002. 6　수원 월드 빌리지 광주 국악 봉사단 춤판 공연
2003.　대전 불교 무용협회 「달구벌 입춤」강습
2003. 1　최희선, 조재연 춤판 국립미술관 강단 공연
2003. 1.　전통춤의 향기(시민회관 대극장)
2004. 2. 12　女舞, 허공에 그린 세월 「달구벌 입춤」공연(국립국악원 예악당)
2004. 5　한길회 국악봉사단 춤판 공연
2004.　경기도 무용협회 산본지부 주최 전국무용콩쿨 심사
2004.　경기도 의령시 무용콩쿨 심사
2004. 5　조재연, 한길회 국악봉사단 「달구벌 입춤」공연
2004. 11. 30　한국전통무용 맥 「달구벌 입춤」공연(대구문화예술회관)
2005. 4.　문예진흥원 맥 「달구벌 입춤」공연(대구문화예술회관)
2005. 6. 21　동랑무용단 '춤작가 초대전' 「달구벌 입춤」공연(국립국장 해오름 극장)
2005. 10. 23　제5회 한국전통춤공연 「달구벌 입춤」공연(대구문화예술회관)
2005. 11. 12　2005 신나는 예술여행 (사)한국무용협회 「달구벌 입춤」공연(양평군민회관)
2007. 9. 28　「달구벌 입춤」과 함께한 최희선 춤인생 60주년(대구문화예술회관)
2009. 1. 19　2009 NEW YEAR DANCE FESTIVAL 「달구벌 입춤」공연(대구오페라 하우스)

4. 주요작품

1) 1950년대「축원」,「인상」,「시와 무용」,「흥」,「원시인의 모습」,「벽화」,「삶」,「도학자가 본 써커스」등
2) 1960년대「고궁의 인상」,「예불」,「갈등」,「인형의 춤」,「셀판」,「소고무」,「고흔」,「로맨틱 바리」,「번뇌」,「길쌈놀이」,「어린이 스케치」,「가을의 여심」,「오리엔탈 댄스」,「성황당」,「봉선화」,「기원」,「칠석날」, 무용극「이순신」,「장화홍련전」,「무영탑」,「춘향전」등
3) 1970년대「시집가는 날」,「대춘향전」,「왕자호동」,「배비장전」,「상록수」,「심청」,「원효대사」,「홍보가」,「에밀레종」,「무녀도」,「마음속에 이는 바람」,「꿈.꿈.꿈」,「푸른 천지」,「황진이」 등
4) 1980년대「춤의 내력」,「어느 자서전」,「물꽃」,「바람꽃」,「물이랑 삶이랑」 등
5) 1990년대 ~ 2010년「달구벌 입춤(달구벌 허튼춤, 달구벌 수건춤)」

참고문헌

안병주·김은정. 1999.「한국무용에 있어 창작에 대한 개념정위의 필요성」. 『한국예술학연구회』 제3집.

유인화. 2008.『춤과 그들-우리 시대 마지막 춤꾼들을 기억하다』. 동아시아.

윤미라. 2000.「대구 달구벌 입춤의 전승과 변형에 관한 연구」. 『대한무용학회』 제28집.

이은주. 2007.『한국무용인물사시리즈 춤33인』. 푸른 미디어.

정병호. 1991.『판소리의 공연형식에 대하여』. 한국국악협회 전라남도지부.

_____. 1991.『한국의 전통춤』. 집문당.

정순영. 2011.『춤과 담론 제4호』. 연낙재.

최희선. 2009.『달구벌 입춤 무형문화재 등록신청서』.

두산백과.「대한민국의 무용」. http://100.naver.com/100.nhn?docid =714286.

『경향신문』. 1986. 10. 7.

『오마이 뉴스』. 2009. 1. 20. "대구를 빛낸 - 춤꾼들 한자리에 서다."(김용한 기자)

『경향신문』. 1988. 11. 15.

『동아일보』. 1988. 11. 18.

영남의 음악과 무용의 전통을 찾아서

남성무용가 김상규의 무용철학 및 교육사상 | 김용철

남성무용가 김상규의 무용철학 및 교육사상

김용철

Ⅰ. 서론

우리나라에서 최초 현대무용단이 시립예술단의 일환으로 창단되어 정부의 재정적 지원을 받으며 꾸준한 공연활동을 펼치고 있는 대구·경북지역은 현대무용이 도입된 시기부터 지금까지 걸출한 무용가들을 배출하였다. 특히 1981년 대구시립무용단이 창단한 것은 향토무용계의 큰 수확이라 할 수 있다. 국내현대무용계에 상당히 고무적인 일로 기록되어 있다.[01] 현재 서울에서 활동하고 있는 수많은 안무가와 젊은 춤꾼들이 대구지역 출신이다. 현대무용의 메카로서 이름을 알리는데 손색이 없을 정도로 공연의 수준이 높으며, 무용가들은 대구를 현대무용의 허브로 인식하고 있다. 이러한 인식의 바탕에는 대구시립무용단의 역량과 지역예술가들의 많은 노력들이 함께 한 것도 있겠지만 세월을 더듬어 역사적 뿌리를 살펴보면 우리는 놀라운 사실을 발견하게 된다. 거기에는 자신의 재산과 모든 인생을 건 한 무용가의 공헌이 있었기 때문이다. 무용사적으로나 문화적인 가

01 대구문화. 2007.『대구예술재발견 - 현대무용편』. 대구문화 4월호.

치로서도 매우 중요하고 대구·경북지역의 무용발전에 크나큰 발자취를 남긴 남성무용가 김상규(1922~1989)이다. 그는 1910년 일제의 침략으로 강제합병이 이루어진 우리나라의 어두운 시대에 부호의 집안의 장남으로 태어났다. 일본유학까지 다녀온 엘리트로서 탄탄대로의 삶을 거부하고 당시 여성에게조차도 터부시 여겨졌던 '춤'에 평생을 바친 남성무용가이다. 신무용의 아버지라 불리는 일본무용가 이시이 바쿠(石井漠)를 스승으로 모셨다는 점, 40여 년간의 무용창작활동을 통해 신무용과 현대무용의 역사적 전환기의 중심인물이었던 점 등은 무용사적으로 매우 가치있게 다루어져야 하고 그에 따른 현대무용에 대한 도입과 기반조성에 그의 역할을 조명함에 있어서도 재편되어야한다.

그러나 안타깝게도 김상규는 그의 역량과 역사적 가치에 비해 무용계에서 이름이 많이 알려지지 않았다. 이러한 배경에는 경북안동에서 교편을 잡으면서 주로 대구·경북 지역을 위주로 활동을 하였기 때문에 서울무대에 많이 회자되지 않았던 것이 주요인이겠으나, 자신의 명예나 이름을 알리기 위한 대외적인 활동에 대한 선전적 행위를 거의 하지 않은 결과라고도 말할 수 있다. 즉 그의 삶에 대한 관조적인 태도에서 엿볼 수 있다. 또 다른 측면에서는 당시 대구·경북지역을 위주로 활동하고 있는 무용가 대부분이 예술행위자체에 의의를 둘 뿐 무용역사를 기록으로 남기거나 작품에 대한 평론을 글로 남기는 것을 소홀히 한 탓도 크다고 하겠다. 당시의 지역 예술에 대한 일련 상황들은 대부분 무용인들의 구전으로 이어져, 역사적인 사실 근거를 마련하는데 적잖은 어려움이 따르는 게 현실이다.

김상규의 기록이나 연구가 최근에야 무용학자와 평론가들에 의해 가치를 인정받아 조금씩 발표되고 있다. 이숙재, 문애령, 성기숙 등과 「대구시사」, 「대구예술30년사」등에서 다루어졌으며, 이러한 연구조사는 지역출신의 무용가들에게 많은 시사를 안겨준다. 2010년 김상규의 자녀이자 제자이기도 한 김소라가 지병의 악화로 갑작스럽게 타계를 하여 업적을 제대로 가름하지도 못한 채 무용계 매우 중요한 인물의 연구를 할 수 있는 좋은 환경(자료수집과 정리)과 시간들을 아깝게 놓쳐버렸던 것이다. 더구나 대구·경북지역에서 활동하고 있는 춤꾼들이 우리나라 현대무용 발전에 기여한 초기 인물인 김상규에 대한 정보나 지식이 매우 미약하다는 것이다. 이러한 현실적인 상황에서 본 연구를 통하여 우리나라 현대무용의 선구자이자 남성무용가로서의 위상을 드높이는 데 일조를 하고자 한다. 특히 학문적인 기반이 마련되기 이전 그는 이미 교육대학에서 교수로 재직하면서 이미 많은 연구를 통해 무용교육철학사상의 기틀을 내리고 있었다. 이 부분 역시 안타깝게도 세상에 많이 알려지지 않은 그의 위대한 업적 중의 하나이다. 그는 이미 무용과 움직임에 대한 교육적 가치와 중요성을 역설하며 정규 교과목으로서의 채택을 주장하고 있다. 2000년대 들어서서 무용교육학회를 통해 주도되며 부르짖고 있는 무용의 정규교과 실현의 운동을 이미 1960년대 후반부터 김상규가 선도하고 있었던 것이다. 이러한 그의 정신과 사상을 지역의 춤꾼들이 지속적으로 이어받지 못하고 있는 현실이 안타깝기만 하다. 따라서 본 연구가 그의 작품세계와 무용교육철학을 집성함으로서 무용역사에 이바지한 가치를 밝히고 향후 무용교육 발전에 도움이 되고자 한다. 특히 본 연구는 연구 환경의 특이로 인하여 김상규의 연구논문에 나타난 그의 무용철학과 무용사상, 교육무용에 대한 그의 이론을 위주로 분석하였다.

Ⅱ. 남성무용가 김상규의 생애와 예술활동

2012년 현재 우리나라 초등학생들의 장래희망 1위가 공무원이라 한다. 소위 먹고 사는 게 해결되지 않는 한 어떤 행위도 매력적일 수 없다는 것이다. 어릴 적부터 꿈은 사라지고 경제적 안정이 최우선시 될 수 밖에 없는 현실을 단면적으로 보여주고 있는 것이다. 김태원(2007)[02]은 그의 저서를 통해 해방이후 이른바 현대정부가 들어선 지난 60년간에도 춤 문화와 예술은 일종의 하위문화(sub-culture)로 간주되어 특히 춤은 '기생이나 여자(애)들이 할 짓' 또는 '춤바람 났다'와 같은 표현을 하였으며, 그 행위의 주체는 항상 남성이 아닌 여성으로 또 그 행위는 도덕적으로나 윤리적으로 불건강한 것으로 곧잘 인식되어지고 있다고 밝히고 있다. 사실상 21세기 첨단과학시대를 걸어가고 IT의 최강국, 경제 10위의 세계를 선도하고 있는 우리나라의 현실을 감안한다면 경제수준에 비해 문화수준이나 의식의

02 김태원. 2007. 『우리시대의 춤의식과 운동』. 서울 : 현대미학사

수준이 그에 못 미친다고 할 수 있겠다. 경제가 주도하고 있는 현실에서 어떤 예술 활동이라 할지라도 경제효력이 발생하지 않는 상태에서 끊임없이 이어간다는 것은 사실상 어려울 것이다. 특히 한 가정을 책임져야할 가장으로서의 남성이라면 더욱 그러할 것이다. 아무튼 이 시대를 살아가는 남성이 춤을 춘다는 것은 매우 힘든 가시밭길을 걸어가고 있음이 분명하다.

김상규는 일제강점기 시대에 태어난 인물이다. 안동김씨의 자손으로 부친 김병호와 모친 정직영(경상북도 군위군 금구동 134번지)의 슬하 4남매 중 장남으로 1922년 5월 25일생이다. 김상규의 누이 김무숙의 증언에 의하면, 어려서부터 동네에 사당패나 서커스단이 들어오면 하루도 빠짐없이 구경 다니다가 밤늦게 집에 들어오곤 했다고 한다.[03] 1935년 대구에서 최승희의 무용공연이 있었고 그 이듬해 같은 공회당에서 조택원 도불渡佛 기념 무용공연이 있었다. 이 조택원의 무용공연을 보고 수창초등학교 6학년 학생이었던 김상규가 감명을 받아 후에 대구 최초의 무용가가 되는 계기가 되었다. 또한 1944년 7월 이시이 바쿠의 무용생활 30주년 기념공연이 대구공회당에서 마련되었는데, 이 공연은 중국에 주둔하고 있던 일본군 위문공연을 마치고 귀국길에 대구에 들러 공연을 가졌던 것이다.[04] 그리고 8·15광복직전에 역시 이시이의 문하생 조용자도 대구공회당에서 무용발표회를 가진 바 있었다.[05]

고향인 군위에서 초등학교 4학년을 수학한 후 5년 때인 1934년

03 성기숙. 2010. 『춤의 전통과 정신』. 서울 : 민속원
04 대구시편찬위원회. 1995. 『대구시사』 제5권.
05 대구시편찬위원회. 1995. 위의 책.

모친과 함께 대구로 유학을 왔다. 대구 수창초등학교를 졸업하고 14세 때인 1937년 일본으로 유학을 떠났으며, 이듬해인 1938년 일본 동경 전기학교에 입학하였다. 일본으로 건너간 그는 곧바로 동경에 있는 이시이바쿠 무용연구소를 찾아갔으며, 무용에 입문하게 된다. 이 생활은 한국으로 돌아오기까지인 1944년까지 이어졌다.06 일본 유학은 고등고시 합격으로 법관을 기대한 부모님의 염원으로 이루어진 것이어서 1941년 와세다대학교 법학과에 입학해 1943년 3학년까지 수학하고 1943년 도쿄 일본대학교로 학교를 옮겨 1년을 다니다가 24세인 1945년 광복직후 한국으로 돌아왔다.07 판검사가 되기를 원하는 부모님들의 반대를 무릅쓰고 고학을 하면서 이시이바쿠 문하에서 다년간 수련을 하고 일본에서 10년간의 유학을 마치고 귀국한 것이다.08

김상규는 법학도로서의 길이 아닌 무용가의 길로 들어가기 위한 여정은 험난했다. 경제를 해결하기 위해 대구 남선전기회사(지금의 한국전력)에 취직했고 낮에는 근무를 밤에는 날마다 회사사무실의 한 켠에 책상을 치운 뒤 춤 연습을 했다. 또한 그 자리에서 제자들을 가르쳤다. 많은 지인들과 무용가들이 그를 보기위해선 연습실로 찾아가야했다고 한다. 조상으로부터 물려받은 재산을 춤 활동을 하면서 모두 소진했다. 그의 부인 최원경(최영자)에 의하면 돈에 대한 욕심이 없었으며 친구들이나 지인들과 함께 있는 것을 좋아했고 누가 어렵다거나 힘들다하면 다 퍼주다 보니 살림은 늘 빠듯했다 한

---

06 송수남. 1999. 『한국근대춤 인물사』. 서울 : 민속원
07 송수남. 1999. 위의책.
08 대구예술30년사 편찬위원회. 1993. 『대구예술30년사』. 398~441.

다. 그의 성격을 딸(김소라)이 아버지의 성격을 그대로 빼닮아 돈에 대한 개념이 없어 늘 사람들에게 베풀기만 한다면서 돈 관리는 모친인 자신이 해왔다고 한다.

1949년 만경관에서 첫 발표회를 가졌으며 이 공연은 영남일보와 3사단의 후원으로 '김상규 신무용 발표회'라고 했으며, 모든 반주는 바이올린, 피아노, 아쟁, 피리, 장고, 젓대, 양금, 가야금 등[09]으로 양악과 국악이 함께 어우러진 오늘날의 퓨전무대로 구성되었다.

1952년 제2회 무용발표회가 키네마극장에서 열렸으며 이 공연 당시 대구에 피난 와 있던 구상, 조지훈, 서동진 등의 시인들이 지켜보고 그들로부터 "정진하는 인간상"이라는 호평을 받은 것으로 매일신문에 보도되었다.[10] 1956년 이후 대구무용계는 여전히 김상규의 독무대였다. 해마다 발표회를 열었던 김상규는 개인발표회가 없었던 1956년에도 경북예술제에 찬조 출연하여 〈아뜨리에의 환상〉, 〈성당의 아침〉등 화려한 무대 향연을 베풀었다. 무용인으로는 처음으로 1957년 경상북도 문화상을 수상하였다. 이후 그는 한국무용협회 경북지부장을 역임하는 등 향토무용계의 큰 기둥 역할을 하였다. 그는 1989년 작고할 때까지 100여 편의 작품을 안무하였다.[11] 김상규는 1959년에 이미 '현대무용단'(공연프로그램1959)이라는 명칭으로 공연했으며 1968년까지 신무용·현대무용, 혹은 창작무용발표회라는 제목의 개인공연을 가졌다.[12]

---

09 대구예술30년사 편찬위원회. 1993. 『대구예술30년사』. 398~441.

10 대구예술30년사 편찬위원회. 1993. 위의책.

11 대구시편찬위원회. 1995. 『대구지사』 제5권. 408~412.

12 이윤진. 2008. 「일제강정하의 초기 현대무용에 관한 연구」. 공주교대 석사학위 논문.

1960년 이 후의 대구무용계는 비로소 현대무용과 한국무용으로 대별하여 서술할 수 있게 되었다. 현대무용은 1962년 한국예술문화단체총연합회 경북지부에 무용협회도 함께 발족되었다. 이에 참가한 무용가들은 김상규 지부장을 비롯하여 임성애, 최희선, 정막, 최원경, 이영숙, 최진완, 김기전, 주연희, 김상아, 김경자, 장성자, 김영태, 정혜령, 윤성희, 서차애 등이었다. 이 가운데서도 가장 활발한 활동을 한 향토 무용가는 김상규, 김기전, 김경자였다.[13]

김상규는 1949년부터 1978년까지 개인공연을 총 13회에 걸쳐 발표하였다. 1979년 제 1회 대한민국무용제에 「회귀回歸」라는 작품으로 참가하여 우수상을 수상했다. 또 1987년에는 「산하」로 제9회 대한민국무용제에 참가했으며, 안무상을 수상하였다. 1966년부터 1988년까지 약 22년 동안 안동교대에 재직하였으며, 이때 무용단 '카리테스'를 통해 다양한 예술활동을 펼쳤으며, 1989년 1월 8일 67세에 지병으로 숨을 거두었다.

김상규는 현대무용의 창시자인 이사도라 던컨과 현대무용을 다루면서 그의 춤의 정신과 사상을 추앙했으며, 자신의 춤에서도 현대무용정신을 나타내고자 하였다. 현대무용은 자유로운 정신세계로부터 출발하여 몸으로 이어지는 자유로운 움직임, 그에 대한 창작의 발현으로 뿜어내는 자유로운 표현으로 귀결된다고 인식하였다.

성기숙[14]에 의하면 김상규의 안무경향 및 예술세계는 크게 다음 세 가지로 나누어 고찰해 볼 수 있다고 한다.

우선 서양의 기기(기술)를 바탕으로 전통 및 민족의 혼으로 승화

13 대구지사. 1995. 앞의책

14 성기숙. 2010. 앞의책.

하려고 한 작업, 둘째 일상에서 소재를 이끌어와 삶을 토영하려고 한 작업, 셋째는 불교적 관념을 토대로 한 공空·허虛·무I無의 경지가 바로 그것이다. 이상 세 가지 경향성을 김상규의 삶과 작품을 통해 구체적으로 조명된다. 그의 작품세계는 어느 한 경향으로 집중되기 보다는 다양한 색채를 지니고 있다는 점이 특징이라고 하겠다. 이시이바쿠에게서 체득한 서양 현대춤을 기저로 하되 그는 결코 전통춤의 가치를 외면하지 않았다. 김상규는 자신을 일컬어 "서양무용을 하는 사람이 아닌, 한국무용을 하는 사람"이라고 스스로를 규정하고 "단지 기법을 서양에서 배우고 익혔을 뿐"이라고 강조한다. 이를 성기숙은 동도서기론東道西器論적 발상이라고 표현한다. 즉, 서양의 기술을 바탕으로 동양의 도(정신 또는 영혼)를 담아내려한다는 것이다.

Ⅲ. 현대무용의 수용과 무용교육철학

1. 동양 사상을 바탕으로 한 무용철학

김태원[15]은 지난 100여 년 간의 세월에서 춤의 역사적 계기를 짚어본다면 크게 두 번의 시기를 꼽고 있다. 1920~30년대의 이른바 '신무용'의 시기로서 현대무용의 수용기와 1960~70년대의 '현대무용의 시대', '창작무용기'로서 '예술춤의 시대'라고 규정하고 있다. 그의 지론을 빌자면 김상규는 이러한 시대적 전환기의 중심 역할을 하고 있다고 볼 수 있다. 최승희는 본격적인 의미에 있어서 이른바 진지한 개인의 주체적 자각성을 동반한 현대(모던)춤 예술의 첫 수용자였다. 김상규[16]의 첫 발표회가 1949년 이루어졌는데 그의 춤의 근원은 스승인 이시이 바쿠의 춤 형태를 근간으로 하여 신무용조에서 벗어나 현대무용의 초기형태인 표현주의를 추구하고 있으며 그의 사상적 근원에는 이사도라 던컨의 자유로운 인간사상이 내재되어있다.

이시이 바쿠는 표현주의 무용가가 아닌 '무용시'파로 자처하고 있다. 그의 무용경력이 발레에서 시작되었고, 당시의 독일 현대무용은 이사도라 던컨의 영향이 강했기 때문일 것이다.[17] 이러한 이시이 바

---

15 김태원. 2007.『우리시대의 춤의식과 운동』. 서울 : 현대미학사.
16 김태원. 2007. 위의책.
17 문애령. 2003.「표현주의 현대무용의 한국도입과정에 대한 고찰」.『대한무용학회논문집』

쿠와 "자연으로 돌아가라"를 주창한 이사도라 던컨의 영향 아래 형성된 그의 춤에 대한 사고는 일평생 남긴 연구논문들을 통해 알 수 있는데 그의 무용사상은 전기공학과 법률학도다운 이성적이면서도 체계적인 춤의 사상을 정립하였다. 그의 무용 철학은 무용미를 자연미, 형식미, 표현미, 자유로운 움직임 등으로 구분 지을 수 있다.

김상규의 딸이자 무용가인 김소라[18]는 연구논문 「현대무용의 창작과 그리스 예술의 영향」에서 그리스 예술의 영향을 받은 이사도라 던컨의 사상에 대하여 논하였다. 그녀의 글 속에서 김상규의 예술세계와 의식, 나아가 삶의 여정조차도 닮아 있음을 느낄 수 있다.

"실제로 이사도라 던컨에게 있어서 춤은 삶이었고, 삶은 또한 춤이었다. 어떻게 살 것인가 하는 문제는 던컨에 있어서 생성, 소멸하는 자연의 모든 움직임의 변화과정을 육체의 움직임이라는 언어를 통하여 자신의 내면적 흐름과 일치시키는 일이었으며, 그것은 다름 아닌 있는 그대로의 삶의 진실을 드러내 보이는 작업, 춤의 작업이었다. 사랑과 실연, 죽음 등 견디기 어려운 고통과 번민의 와중에 있을 때조차도 비애의 흐름을 느끼고자 하였고, 지치고 힘든 상황에서도 그것을 육체를 통하여 표출할 수 있는 방법을 찾아내고자 하였다".

이사도라 던컨은 예술이 추구하고자 하는 보편적 가치로서의 미와 진리는 국경을 뛰어넘는 공감대를 형성하는 것이며, 그 예술정신은 시대조차 초월하는 것으로 이러한 보편성을 바탕으로 문화적 특수성을 지닌 개별적인 창의성이 부여된다고 보고 있다. 그러므로 창

제36권. 21~40.

18 김소라. 1998. 「현대무용(Mordern Dance)과 그리스 예술의 영향」. 『대구가톨릭대인문과학연구지』 제1권. 137-153.

작은 자기라는 개별적인 정체성을 통해 보편적 예술적 가치를 드러내는 것이라고 김소라는 주장한다.[19]

이사도라 던컨의 사상적 예술철학의 영향을 받은 김상규는 인간의 마음을 제외하고는 무용은 생각할 수가 없다고 하며 자유로운 영혼의 세계를 주창하였다. 또한 자유로운 움직임에 대하여도 중요하게 다루었으며, 이러한 자유로운 움직임은 기본적이고 체계적인 움직임 교육에 의해서만이 이루어질 수 있다고 보고 그는 춤의 기본동작을 작품으로 구성하여 공연무대에 올리기도 할 만큼 그 중요성을 역설하고 있다.

"무용은 우리들의 마음과 신체의 운동으로서 구성된다는 것을 알 수 있다. 신체만이 아무리 훌륭하게 발달하였어도, 즉 잘 발달한 골격과 잘 훈련된 근육이라 할지라도, 이것을 움직이는 마음이 통하지 않는다면 운동은 일어날 수 없는 것이다. 더구나 마음과 신체의 두 가지 요소가 거기에 존재하는 것이 아니며, 이 두 가지의 밀접한 경향으로 상호작용을 하는 것이다".

그러므로 신체적으로 자유로운 운동을 할 수 없다면 마음으로 자유로운 운동을 상상할 수도 없는 것이 된다. 원래 무舞는 일회성으로서 지나간 무용의 형태를 찾는다는 것은 문학, 회화, 조각에 비하여 매우 어렵다고 보고 있다. 그 형태를 잡을 수가 없는 예술 중에서도 무용예술은 시·공간예술이며, 행동예술이기에 그 형태를 길이 보존할 수는 없다. 오늘날 비디오 또는 영화산업이 발달하여 어느 정도의 형상을 기록할 수는 있다 하여도 실제 무대에서 연출 상연되는

19 김소라. 1998. 앞의책.

그것과는 상이한 느낌을 주는 것이다. 그러므로 무용예술이라 하는 연속적인 대상의 본성에 관한 진리를 탐구하고 설명하는 것도 중요한 과제임에는 틀림없다고 하였다.

결국, 춤은 자유로운 정신을 바탕으로 자유로운 움직임을 통해 행해지는 예술로서 시·공간 예술 중에서도 형태적으로 나타내기 어려운 것은 춤의 미학적 특징 때문이라고 주장하고 있다.

또한, 춤동작이나 무대를 구성함에 있어서도 공간구도와 시각적으로 보여지는 형식미 또는 조형미에 대하여도 언급하고 있다. 이러한 사실들은 그의 연구논문인 「조형미에 나타난 무용적 소재 고찰」, 「무용에 있어서의 동적 대칭에 대한 일고찰」, 「고구려 무용총에 관한 논고」등에 잘 드러나 있다.

김상규는 다음과 같이 무용의 동적 구조에 대해 밝히고 있다.

무용에는 미적인 기본 형식이 있으며 여러 가지 종류의 Symmetric, Contrast, Parallel, Ballance 등이 있다. 그러나 형식미로서의 형식은 이와 같이 기본적이며 보편적인 것이 아니다. 예술가 각자의 그 작품마다 창작된 새로운 형식을 말하고 무용에 있어서의 이러한 형식은 새롭게 창안된 공간관계에 있으며, 공간순서에 있어 공간형식이라 함은 움직임에 의한 공간형성의 형식이라고 하였다. 특히 대칭에 대한 형태의 개념에 대하여 논제로 다루고 있는데 Symmetric는 무엇이든 균형이 잘 잡혀져 있어 조화를 이루고 있거나, 또는 각 부분이 잘 조화되어 전체적인 융화가 이루어지는 양상을 뜻하기도 한다는 것이다. Symmetric는 명료하고 장중하며 안정적이기는 하나 그 반면 변화에 권태로운 느낌을 초래하기 쉬운 것이기 때문이다. 일례로 오랜 세월을 통하여 "7"이라는 숫자가 동·서양을 막론하고 인간에게 중요하게 다루어지고 있는데 7의 숫자는 중심을 잡으면 완전하게 좌우대칭을 구성한다.

무용은 신체운동으로 성립된다. 신체운동에는 Rhythm이 따르기 마련이다. 고로 리듬을 새로운 무용에 있어서 자연운동의 요소이다. 리듬은 어떤 것이 규칙적으로 반복하는 상태, 또는 시간적으로 구분이 주기적으로 되풀이되는 상태로 무용에 있어서는 시간적인 리듬과 공간적인 리듬의 이분법적으로 구분 할 수 있다고 하였다.

회화의 경우는 정지되어 있기 때문에 공간적인 리듬으로 있으나 무용에 있어서는 시간적인 전개로서 성립되므로 시간적 리듬과 공간적 리듬으로 나누어진다.

음악을 리듬의 총본산처럼 착각하기 쉬우나 음악은 음의 전개로서 무용은 움직임의 전개로서 리듬이 있으며, 연극은 말과 행동의 전개로써 리듬이 있는 것이다. 각기 다른 현상이긴 하나 "음", "움직임", "언어와 행동"이라는 형태로 리듬을 가진다는 것이다. 특히 무용에서 리듬은 곧 "Timing"으로 움직임 장단의 Proportion을 말한다. 예컨대 서울역에 도착하였을 때 아나운서의 "서울 서울" 하는 마이크 소리를 들을 수 있다. 자세히 듣고 있으면 "서어울 서어우"로 들리는 것이다. 보다 더 미적으로 들리기 위한 것이기에 리듬이 있는 것이다. 특히 Modern dance에 있어서는 먼저 음악을 선택하여 두고 거기에 동작을 하기 이전에 음악이 붙지 않는 움직임만을 나오게 하는데 연구가 필요하다. 음악을 준비하기 이전에 사상과 감정의 전개된 동작부터 구성하여 나가는 것을 원칙으로 삼고 있는 것이다.

현대무용의 선구자이면서도 김상규의 작품세계나 소재의 선택을 살펴보면 다분히 동양철학에 기저를 두고 있으며 종교적인 영향을 많이 받고 있음을 알 수 있었다. 특히 우리민족의 역사적 사실에서 무용철학에 대한 해답을 얻고자 노력하였는데 그는 옛 선조들의 무용에 대한 의식을 높이 평가하고 있다.

고구려 무용총에 나타난 춤의 벽화에서 풍요한 정신세계와 강한 미의식과 생명력의 조화를 느낀다. 또한 정서의 발달과정과 전투와 생산을 표현되었다고 보며, 그 생생한 무용자태에서 고구려인의 성격과 "무舞"를 애호한 자취를 인지한다. 무엇보다 소중한 것은 정신내용이라 하겠다. 신라인은 고대희랍인과 같이 육체미를 존중함과 동시에 영육일치사상靈肉一致史想을 가져 예술의 정화를 나타낸 것으로 모두 웅혼하고 신원이 생동한 예술을 남겼었다.[20]

화랑도의 생활양식 중의 "상설이가악相稅以歌樂"은 곧 일반 신라인의 예술애호의 정신의 일편을 표시한 것이며 "가악歌樂"은 곧 음악과 무용을 뜻하는 것이다. 한국민족은 유구한 역사를 통하여 보면 경천의식과 불교 등을 통하여 민족 스스로가 가무에 천분을 지녀왔으며, 그로 인하여 민중생활에 뿌리깊게 정착되어 왔다고 본다.[21]

이러한 일련의 연구들은 그의 작품 속에서 고스란히 녹아들고 있다. 특히나 그의 제자 이숙재(송수남의 편저 한국근대춤인물사 I 에 논제된)글에서 나타나듯 항상 연습실과 숙소에 그윽한 향을 피워 육체와 정신을 정화시키며, 평생을 무위자연의 소신으로 살아온 그의 행적에서도 춤의 근원을 찾을 수 있다.

---

20 김상규. 1975.「고구려 무용총에 관한 논고」.『안동교대논문집』 제8권.
21 김상규. 1975. 위의책.

2. 자연주의를 표방한 무용교육사상

오태진[22]의 한말 교육사상의 자연주의적 경향에 관한 연구에서 당시 시대적 상황은 국가의 운명을 열어가고 민족의 번영을 위한 수단으로서의 교육목적, 즉 국가주의적 관점에서 볼 수 밖에 없으나 방법적인 측면에서는 자연주의, 특히 루소를 중심으로 하는 낭만주의적 관점에서 교육철학을 따르고 있다고 하였다. 보다 적극적으로 발달단계에 따르는 교육, 아동의 개인차와 개성을 존중하는 교육, 흥미와 자기활동을 중시하는 교육방법을 수용함으로써 서양 교육사상의 자연주의 원리를 받아들이고 있다고 시대배경을 설명하고 있다.

이러한 일제강점기라는 특수한 시대적 상황과 근대문화의 수용기에 태어나 계몽적인 교육을 받은 김상규는 당시로서는 최고의 엘리트 과정을 거치며 매우 선진적인 교육시스템의 테두리 안에 있게 되었고, 전문적이고 다양한 학문의 교육경험은 훗날 작품 활동과 교육에 있어서 매우 큰 영향을 미치게 된다. 특히 교육사상의 밑바탕에는 당시 교육철학 사조인 루소의 자연주의사상을 따랐으며, 그러한 철학이 작품과 교육현장에서 고스란히 나타나고 있었다. 뚜렷한 목표설정과 체계적인 교수방법을 통하여 무용교육이 뿌리내리게 하는데 크나큰 공헌을 하였으며, 그러한 그의 노력은 다양한 논문을 통해 발표되었다.

---

22 오태진. 1996.「한말 교육사상의 자연주의적 경향에 관한 연구」.『한국교육사학회지』제18집. 93~102.

이숙재[23]는 스승인 김상규의 교육관에 대하여 다음과 같이 회고한다.

"무용의 테크닉과 함께 이론교육을 매우중요시 하셨다. 연구생들이 연습에 들어가기 앞서 언제나 30분씩은 명상시간을 가지고 정신교육을 하며 이론을 강의하셨다. 무용은 개인의 생각을 신체적으로 표현하는 표현예술이기 때문에 신체의 움직임 이전에 개인적 사고가 가장 중요하다는 것을 알고 계셨으며, 늘 상 수업에 적용시켜나갔던 것이다. 그리고 정신교육 중에서 인간교육을 가장 중점을 두셨다."

김상규[24]는 인간성의 조화적인 발달은 보통교육의 큰 목표이므로 이것은 곧 교육무용의 제일의 목표라고 역설하였다. 이러한 목표를 달성하기 위하여서는 무용은 교육으로서 보다 완전하게 도달할 수 있어야하며, 인간은 현실적인 면과 몽환적인 면의 조화가 없이는 완전한 발달이라는 것은 기대할 수 없다고 보고 있다. 또한 교육무용은 인간형성에 이르는 Guidance인 것으로 주장한다. 즉 운동의 예술인 무용이 Guidance에 가장 적합한 수단이다. 무용을 통하여 이루어지는 교육은 하나의 독특한 방법으로서 이러한 몽환의 세계의 질서로 인도하는 Guidance이다. 그것은 균형이 이루어진 생활로 조화적인 인간성의 발달을 도모하는 것이다. 교육무용의 또 하나의 목표는 문화적인간이라는 것이다. 문화적인간은 문화적 능력을 말하는 것으로 문화를 수용하고 문화를 창조하는 능력을 말하는 것이다, 따라서 문화를 이해하고 관조하는 능력과 문화를 창조하는 능력을 함

---

23 송수남. 1999. 위의책.
24 김상규. 1968. 「자연주의 사상과 올바른 교육무용관의 수립을 위하여」. 『안동교대논문집』 제1권. 157~169.

께 겸비하는 인간상을 말하는 것이다. 무용에 있어서 이러한 교육은 자연스러운 것이며 오히려 당연한 것으로 보고 있다.

오늘날 한국에서 전개되고 있는 무용인의 무용활동은 정신적 창조활동의 표현을 토대로 이루어진다고 볼 수 있다. 극장에서의 미적 활동은 관객이 파트너로서 참여한 활동이다. 무용은 육체의 리드미컬한 움직임으로서 인간의 사상과 감정을 공간에 표현하는 예술이다. 따라서 인간이 육체의 미적인 움직임을 바탕으로 한 무용은 선사시대로부터 오늘날에 이르기까지에는 세계문화와 가장 밀접한 인과관계가 있었다고 본다. 인간의 사상, 감정, 희노애락의 표현은 물론이고 미래를 동경하는 이외에 인간심리에 스며드는 가공의 공포까지도 현실세계에 도입되어 환상적인 무용이 구성되어 온 것이다.[25]

한편으로 김상규[26]는 무용교육의 일선에서 매우 중대하고도 사회적인 반향을 일으킬 현실에 대한 비판의식도 가지고 있었다. 무용교육의 현실과 나아갈 바에 대한 진심어린 조언이 그의 논문에 담겨져 있다.

> "한국의 무용교육의 현황은 너무나 피상적이며 그 발전을 저해하는 요인이 많은 것이다. 그 중에서도 가장 근본적인 모순은 자연과학분야이며 의적인 목표를 가진 체육과목과 인문과학분야이며 정서적 목표를 가진 무용과목을 동일시하여 한데 묶어 둔 것이다. 그러면서

---

25 김상규. 1978. 「"악"의 사상과 무도무에 관한 연구」. 『아동초급대학논문집』 제1권. 433~ 448.

26 김상규. 1978. 위의 책.

수업시수는 실제로 10대1이 못되는 현황이다. 특히 초등학교에 있어서는 저학년의 경우 학습보다 오히려 율동이 더 중요시되고 있음을 일선교사를 통하여 잘 알고 있다. 이러한 제도상의 모순이 하루속히 정정되어야 할 것이다. 중고등학교의 경우 남학생에게 무용수업이 없다는 것도 무용이 인간형성에 미치는 영향을 무시한 탓으로 본다. 교육의 현 제도는, 가무일체라는 근본적인 원리마저도 모순되게 의식하여 무용만을 체육계열로 다루고 있는 실정인 것이다. 따라서 1,400년 전의 신라인들의 악의 사상은 올바르게 음악, 무용으로 다루어졌는데, 오늘의 교육제도는 무용만이 천대를 받고 있는 것이다.

일례로서, 서울대학교에 국악과는 있어도 무용과는 없으며, 신설 5개 국립대학에도 음악과·미술과는 있어도 무용과는 없는 것이다.

연구자는 민족문화예술중흥은 가무가 일체가 되도록 육성하는 데서부터 올바르게 성장된다고 믿는 것이다".

무용교육의 위상에 대해 정립하고자 노력하였으며, 교육전반에 대하여 일침을 가하며 과연 진정한 전인교육과 올바른 교육이 어떻게 이루어져야 하는가에 대한 방향을 제시해 주었다.

특히 그는 무용을 올바르게 교육하기 위해서는. 자연주의사상에 입각한 체계적인 교육이 필요하다고 주장한다. 그렇게 하자면 교육제도의 수정이 따라야만 하고, 당연히 예능과목으로서 초·중·고교에 정규과목으로 취급되어야만 올바른 인간교육이 실천된다고 하였다.

김상규[27]는 무용의 더 높은 발전을 위하여 새로운 생명을 불어 넣어야 한다는 뜻에서 자연주의사상에 근원을 둔 Rhythm 교육에서부터, 현대무용(Modern dance)의 올바른 교육을 실천하여야만 한다.

"무용은 어디까지나 자연적이어야 한다. 발레에서 이탈하여 무용 본연의 자세로 돌아가야만 한다. 자연의 아름다운 신체를 그대로 무용에 올려야만 삶의 무용을 할 수 있는 것이다. 이 자연적인 신체로서 자연 법칙에 합치된 운동을 하는 것이 순수한 무용이다(Isadora Duncan, 1930)".

이사도라 던컨의 사상에서 현대무용교육에 미친 영향을 살펴본 임혜자·장경진[28]의 연구에서 어린이에게 무용을 가르치는 것은 장래 무용가가 되기 위해 가르치는 것이 아니라 어린이들이 무용을 통해서 어떻게 삶을 살아갈 것인가를 모색하며 춤 정신이 기교가 아닌 영혼의 표현에 있음을 주장하고 그것이 교육의 본질임을 밝히고 있다.

27 김상규. 1968.「자연주의 사상과 올바른 교육무용간의 수립을 위하여」.『안동교대 논문집』 제1권. 157~169.

28 임혜자·장경진. 1996.「이사도라던컨의 무용사상과 그 현대적 의의」.「한국무용교육학회지」 제 6권. 93~102.

Ⅳ. 결론

김상규가 살았던 시대적 상황은 전근대적인 사고방식과 유교의 영향으로 가부장적인 가족제도가 지배하고 있었다. 그는 남성이었고 또한 부호인 안동김씨 집안의 장남이었다는 점, 동경유학까지 다녀온 엘리트 중의 엘리트였던 태생의 배경은 오히려 예술가로 살아가기에 제약이 많은 조건이었을 것이다. 특히 보수적인 가치가 지배하고 문화예술에 대하여 천대시하던 지역의 지방특색을 감안할 때 그에게 우리는 예술가로서 찬사를 보내지 않을 수 없다.

앞서 밝힌 바 있지만 그의 무용사적 업적은 한국 현대무용의 탄생(선구자, 또는 개척자로 일컬어지는)이라는 크나 큰 족적을 남기면서 무용사조의 새로운 흐름을 열었으며, 대구·경북지역의 최초 남성무용가로서 지대한 공헌을 하였다. 게다가 그의 박식하고 논리 정연한 무용철학 및 미학적 관점에서 무용에 대한 정의와 개념을 규정하였으며, 우리나라의 무용실정에 맞게 체계화하였다. 이러한 무용관을 교육에도 적용하여 교육무용으로서 단순한 실기위주의 도구로만 전락할 수 있는 무용교육을 전인적인 인재를 양성하고 완전한 인격체를 지닌 인간이 되기 위한 교육으로서의 충분한 가치와 중요성을 역설하였다는 것이다.

무용가 김상규에 대한 평가는 크게 현대무용가로서의 개척정신과 무용교육자로서의 헌신으로 요약된다.[29] 수년 전 한국무용사를 연구하

---

29 성기숙. 2010.『춤의 전통과 정신』. 서울 : 민속원.

던 중 김상규가 바로 신무용기의 현대무용가일 가능성이 높다는 사실을 직감했다고 문애령[30]은 밝히고 있다. 그렇기에 신무용기로부터 시작된 현대무용이 오늘날과 연계되었으며, "최승희, 조택원의 신무용개념과 달리, 우리나라 현대무용의 개념을 정립한 최초의 인물로 평가받아야 한다"는 이숙재의 주장[31]처럼 신무용기의 창작품 형태와 그 정신을 끝까지 고수했던 현대무용가 김상규의 역사적 가치는 매우 크다[32]고 주장한다.

남성무용가이면서 현대춤 개척자로서의 김상규의 위상은 스승 이시이 바쿠와 닮은 부분이 적지 않다. 우선 그의 주변을 감싸고 있는 지인들의 면모를 보더라도 알 수 있다. 김상규는 비록 대구에 있었지만 해방과 6.25 전쟁은 서울의 지식인은 물론이요 다양한 분야의 예술인들을 모으는 배경이 되었고 당대 지식인 내지 문화인과의 적극적인 교류를 통해 춤의 문화적 위상을 높이는데 일익을 담당했다.

특히 개인공연을 13회에 걸쳐 꾸준한 창작활동을 통해 무용가로서의 창작과 안무열의를 끊임없이 이어 나감으로써 지역의 열악한 환경에서 활동하는 후배들에게 진정한 모범이 되었다는 것이다.

김상규의 무용학연구는 자신의 작품활동과 교육활동을 통해 꾸준히 진행되어져 왔으며 이론과 실기의 현실적인 차이를 극복할 수 있는 실질적인 연구들이 진행되었다. 그의 연구들을 살펴보면, 「현대무용과 이사도라 던컨」, 「자연주의 사상과 올바른 무용교육」, 「조형미

30 문애령. 2003.「표현주의 현대무용의 한국도입과정에 대한 고찰」.『대한무용학회논문집』제 36권. 21~40.

31 송수남. 1999.「한말 교육사상의 자연주의적 경향에 관한 연구」.『한국교육사학회지』제 18집. 93~102.

32 문애령. 2003. 위의 책.

에 나타난 무용적 소재 고찰」,「무용에 있어서의 동적 대칭에 대한 일고찰」, 「무용교육의 미학적 고찰」, 「한국무용 발표의 경향과 전망」, 「여명기에 있어서의 신무용의 발전과정 연구」, 「소산농악고」, 「초등학교 무용교육의 실태」, 「종교의식무의 일고찰」, 「무용창작에 조언이 될 수 있는 지적인 일고찰」, 「무용이 문화증흥에 미치는 영향에 관한 연구」등 다양한 측면의 연구를 하였고 무용에 대한 뚜렷한 주체의식은 논고의 체계적 분석을 통해 정립되었고 작품활동과 교육을 통하여 이론을 실천하였다.

그의 무용교육학적 측면에서의 가치는 첫째, 당대의 교육사조의 흐름에 부합하는 자연주의 사상을 적극적으로 교육현장에 도입하여 전인적인 인간, 조화로운 인간 발달이라는 교육목적을 달성하였으며, 그 이론을 구체화시킨 점이다. 둘째, 무용교과를 정규과목으로 채택하기 위한 무용교육의 필요성과 가치를 역설하였다는 것이다. 그의 교육사상과 철학을 다시 한 번 재조명할 필요가 있음을 느끼게 하는 사실이다.

본 연구를 마무리하면서 아쉬운 점이 있다면 김상규의 이론과 그의 작품세계를 살펴볼 수 있는 자료가 상당수 분실되었고 증언을 통해 시대적 상황을 알 수 있는 인적자원들이 점점 사라져 가고 있다는 것이다. 그의 무용가족사는 무용역사를 정리할 수 있는 귀중한 사료로서의 가치가 충분하기 때문에 후속연구를 통해 정확한 기록과 보존이 시급하다 하겠다. 또한 그의 무용교육사상이 제대로 빛을 발하지 못하고 있는 것이 안타깝다. 앞으로 그에 대한 다양한 연구로 사상과 업적을 세상에 알리는 길이 짧아질 숙제인 듯하다.

참고문헌

김상규. 1968. 「자연주의 사상과 올바른 교육무용관의 수립을 위하여」. 『안동교대논문집』 제1권.

_____. 1971. 「조형미에 나타난 무용적 소재 고찰」. 『안동교대논문집』 제4권.

_____. 1973. 「무용에 있어서의 동적대칭에 관한 일고찰」. 『안동교대논문집』 제6권.

_____. 1974. 「무용교육의 미학적 일고찰」. 『안동교대논문집』 제7권.

_____. 1975. 「고구려 무용총에 관한 논고」. 『안동교대논문집』 제8권.

_____. 1978. 「"악"의 사상과 무도무에 관한 연구」. 『아동초급대학논문집』 제1권.

_____. 1979. 「무용이 문화중흥에 미치는 영향에 관한연구」. 『안동대학논문집』 제1권.

_____. 1980. 「소산농악고(Ⅰ)」. 『안동대학논문집』 제2권.

_____. 1981. 「소산농악고(Ⅱ)」. 『안동대학논문집』 제3권.

_____. 1982. 「한국무용발표의 동향과 전망(Ⅰ)1881.3~1982.2. 무대무용을 중심으로-」. 『안동대학논문집』 제4권.

_____. 1983. 「한국무용발표의 동향과 전망(Ⅱ)1882.3~1983.9. 무대무용을 중심으로-」. 『안동대학논문집』 제5권.

_____. 1984. 「여명기의 신무용 발전과정연구(Ⅰ)」. 『안동대학논문집』 제6권.

_____. 1985. 「무용창작에 조언이 될 수 있는 지적인 일고찰(Ⅰ)」. 『안동대학논문집』

_____. 1986. 「종교의식무의 일고찰: 불교전래에 따른 상열이가락을 중심으로」. 『안동대학논문집』 제8권.

김소라. 1998. 「현대무용(Mordern Dance)과 그리스 예술의 영향」. 『대구가톨릭대인문과학연구지』 제1권.

김태원. 2007. 『우리시대의 춤의식과 운동』. 서울: 현대미학사.

대구문화. 2007. 『대구예술재발견-현대무용편』. 대구문화 4월호.

대구시편찬위원회. 1995. 『대구시사』 제5권.

대구예술30년사 편찬위원회. 1993. 『대구예술30년사』.

문애령. 2003. 「표현주의 현대무용의 한국도입과정에 대한 고찰」. 『대한무용학회논문집』 제36권.

성기숙. 2010. 『춤의 전통과 정신』. 서울: 민속원.

송수남. 1999. 『한국근대춤 인물사(Ⅰ)』. 서울: 현대미학사.

오태진. 1996. 「한말 교육사상의 자연주의적 경향에 관한 연구」. 『한국교육사학회지』 제18집.

이윤진. 2008. 「일제강점기하의 초기 현대무용에 관한 연구」. 공주교대 석사학위논문.

임혜자. 장경진. 1996. 「이사도라던컨의 무용사상과 그 현대적 의의」. 『한국무용교육학회지』 제6권.

영남의 음악과 무용의 전통을 찾아서

경상도 민요 음고조직론 | 최 헌

경상도 민요 음고조직론

—

최 헌

Ⅰ. 머리말

경상도 민요는 경상도 특유의 방언이 있듯이 다른 지방과는 다른 경상도 민요만의 독특한 특징을 가지고 있다. 언어와 같이 지역성과 기층의 문화적 특징을 고스란히 지니고 있는 것은 민요만한 것이 없다고 할 수 있다. 민요는 기층민들의 생활 속에서 자연스럽게 만들어진 문화이기 때문이다. 따라서 경상도 음악의 특징을 살피는 데는 경상도 민요를 살피는 것이 중요한 일이 된다.

또 민요는 음악적으로 장단, 박자와 리듬 등의 음 길이 요소音長와 함께 음계·선법, 토리, 가락 등 음 높이音高, 그리고 음 색깔音色의 요소들로 이루어지고 있어 이들의 분석을 통해 그 특징을 살펴볼 수 있다. 그러나 음색과 관련하여서는 그 특징을 드러낼 수 있을 정도의 분석적 방법이 연구되지 않았고, 음 길이와 음 높이 요소 중에서는 음 높이 요소, 특히 음계·선법과 토리와 관련한 연구가 가장 많아, 이를 통한 지역별 민요의 특색을 살펴보는 것이 용이하다.

본 논문은 경상도 민요의 음고조직론音高組織論을 살피고 그 특징을 정리해보는 것이 목적이다. 이를 위해 먼저 한국음악에서의 음고조직과 관련된 용어 및 그 개념에 대해서 살펴보고, 기존 학자들의 경상도 민요 음고조직에 관한 연구내용을 살펴보며, 이를 토대로 경상도 민요 음고조직의 특징을 정리해보고자 한다.

II. 한국음악 음고조직의 용어와 개념

음악은 음音들을 모아서 선율旋律을 만들고 선율旋律의 반복反復과 변화變化를 통하여 악구樂句–악절樂節–악장樂章–악곡樂曲의 구조構造를 이룬다. 악곡에 따라서 악구, 악절, 악장의 층위層位가 여러개로 이루어지는 경우가 있어 소악구, 악구, 대악구, 또는 소악절, 악절, 대악절, 소악장, 악장, 대악장 등의 층위로 나누어지기도 한다.

음音은 길이音長와 높이音高, 색깔音色의 요소로 이루어진다. 음악의 종류에 따라서는 농악이나 사물놀이처럼 음 길이와 음 색깔의 요소만으로 이루어진 음악도 있다. 음 높이를 표현할 수 없는 타악기만으로 음악을 연주하는 것을 말하는데, 이는 음에서 음고요소가 없어도 음악적 표현이 가능한 것을 의미하며, 이로서 음악에서는 음장요소가 가장 기본적인 것이며, 시간예술인 음악에서 그만큼 중요한 요소라 할 수 있다.

음音은 소리이기 때문에, 공기의 진동振動으로 전달된다. 공기의 진동은 파형波形으로 나타나는데, 파형은 지속持續시간, 일정 시간 속에서 파형의 양量(振動數), 그리고 파형의 형태形態에 따라 각각 음音의 시간적 길이(音長, length), 음의 높이(音高, pitch), 음의 색깔(音色, color)이 결정된다. 이 외에 파형의 진동 폭에 따라 음音의 세기(强弱)이 결정된다고 한다.[01]

'음조직音組織'이라 하면 이들 음의 세 가지 요소인 음장, 음고, 음색의 조직을 의미해야 한다. 즉 '음조직'에는 '음장조직', '음고조직', '음색조직'이 있어야 한다는 것이다. 그러나 보통은 '음조직'이라하면 '음고조직'만의 의미로 사용하는 것이 보통이다. 본 논문에서는 음의 길이와 색깔과 구분하기 위해서 '음고조직'이라 하였다.

음의 길이는 박拍, 박자拍子, 장단長短, 리듬토리, 선율리듬 등의 층위로 이루어지고, 음의 높이는 기본음基本音, 음렬音列, 음계音階·선법旋法, 토리, 가락의 층위로 이루어진다.

음색과 관련해서는 판소리의 발성을 들 수 있다. 통성, 철성, 수리성, 세성, 항성, 비성, 발발성, 천구성, 화성, 아귀성, 생목, 속목, 겉목, 푸는목, 감는목, 찍는목, 떼는묵, 마는목, 미는목, 방울목, 떡목, 노랑목, 마른목, 굳은목, 끊는목, 엮는목, 다는목, 깎는목, 눅은목, 된목, 짜는목, 찌른목, 파는목, 흩는목, 넓은목, 둥근목, 짧은목, 긴목, 느린목, 조으는목, 너는묵, 줍는목, 튀는목, 뽑스린목, 군목, 엎는목, 젖힌목[02] 등으로 구분하는데, 이중에는 시김새나 호흡법, 선

01 Donald E. Hall. 1990.「음의 강도와 그 측정」.『음악을 위한 음향학』. 박관우·안정모 옮김. 삼호출판사. 89–106쪽.

02 박헌봉. 1966.「창악의 발성」.『창악대강』. 국악예술학교출판부. 70–73쪽.

율 등을 의미하는 것도 있지만 많은 종류가 발성發聲으로 비롯되는 음색과 밀접한 관련이 있는 용어들로 다양한 판소리의 음색을 보여주는 예이다. 창자唱者의 목소리 특징을 구분하기도 하고, 악기의 종류에 따라 각기 다른 색깔을 가지고 있으며, 여러 종류의 악기를 어떻게 조합하느냐에 따라 합주 음악의 조합된 색깔이 달라지기도 한다. 또 연주자가 음악을 연주하면서 자신의 해석에 따라 선율을 음악적으로 표현하기 위해서 조금씩 달리 나타내는 것에서도 서로 다른 음색이 나타나기도 한다. 그러나 음색 요소에 대해서는 악기편성과 관련한 부분이 조금 연구되었을 뿐, 그 이외의 부분에서는 음고나 음장 요소만큼 체계적으로 연구되지 못했다.

음장 요소는 음악이 시간예술인 만큼 음악의 가장 기본적인 요소이다. 한국 음악에서는 음장 요소의 특징으로 장단長短 층위가 있어 서양음악과 차이가 난다. 즉 일정한 시가만을 갖는 박拍, 박이 2-3씩 모여 강약의 구조를 갖는 박자拍子, 박자가 몇 개씩 모여 하나의 단위를 이루는 장단長短[03]이 있고, 그 다음 층위인 리듬토리는 지역별, 또는 음악 장르별로 공통되게 형성되는 리듬토리, 그리고 각 악곡 선율에 따라 독특하게 형성되는 곡별曲別 리듬의 단계로 음장 층위가 형성되는데, 이 가운데 서양음악에서 악구(phrase) 정도의 층위에 해당하는 장단長短이 한국음악의 특징이라 할 수 있다. 그러나 인도의 음악에서 이러한 장단 패턴에 해당하는 '딸라'라는 음장 구조가 나타나는 것을 보면[04] 장단이 한국음악만의 고유한 특징이라 할 수

---

03 이혜구. 1991.「장단의 개념」.『한국음악연구』19. 한국국악학회. 11-33쪽; 1995.『한국음악논고』. 서울대학교출판부. 51-70쪽.

04 한만영·전인평. 1989.「인도음악 : 장단 구조 - 딸라」.『동양음악』. 삼호출판사. 273-280쪽.

는 없다. 한국음악에는 이와 관련한 다양한 박자와 리듬이 복잡한 체계를 갖추고 있었지만 이에 대한 연구는 비교적 근래에 이르러 괄목할만한 성과를 보이기 시작했고, 특히 조선초 정간보와 관련한 박자와 장단 구조는 아직도 분명하게 정리되지 못했다.

이에 비해 음고요소 부분에 대해서는 20세기에 들어서 현대의 학술적 방법으로 한국음악이 연구되기 시작한 이래 가장 오래 한국음악학의 연구주제가 되어왔고 그만큼 상당한 연구 축적이 있었다.

이를 정리하면 다음 〈표 1〉과 같다.

〈표 1〉

音					旋律
音長	(속도)	(강약)	(강약)	(지역・장르 특징)	(곡별 특징)
	박	박자	장단	리듬토리	선율토리
音高	기본음	음렬	음계・선법	토리	가락
	(音高)	(音程)	(調)	(지역・장르 특징)	(곡별 특징)
音色					
構造					

음고요소의 첫 번째 층위인 기본음은 조율음(Tuning tone)과도 비교된다. 이와 유사한 용어로는 근본음[根本音], 표준음[標準音], 주음[主音], 청[淸], 궁[宮], 중심음[中心音], 중심음[重心音], 핵음[核音] 등이 있다. 그러나 근본음, 주음, 청, 궁, 중심음[中心音], 중심음[重心音], 핵음[核音]은 선법・음계나 선율에서 각 음의 기능이나 위치, 중요도에 따른 것이므로 음고조직에서 선법, 음계, 선율의 층위에서나 나타날 수 있는 개념이다.

다음 층위로 발전하기 전에 음악의 시작으로서 하나의 음音에서의 개념은 기본음基本音이나 조율음調律音만을 생각할 수 있다.

조율음은 음악 연주에서 모든 악기들이 음높이를 맞추기 위해 기준으로 삼는 음을 말한다. 한국음악에서 조율은 대금이나 편경을 기준으로 삼는데, 현대의 국악관현악에서 청황종淸黃鐘(e♭)을 조율음으로 하는 경우도 있지만, 전통적으로는 낮은 임종(B♭)을 조율음으로 삼았다.[05]

기본음은 모든 음의 기본이 되는 음이다. 중국과 한국에서는 조율음과 관계없이 한 옥타브 12율 가운데 기본이되는 음은 황종黃鐘이라 여겼다. 음을 만들 때 가장 먼저 황종의 높이를 정하고 이를 기준으로 12율을 만들어 나간다. 황종의 황黃은 땅의 색이며, '쇠북 종鐘'은 '씨앗 종種'과 통하는 것으로 여겨져서 12율의 기본음인 황종黃鐘은 '땅에 씨앗을 뿌렸다'는 의미로 해석하기도 한다. 서양음악의 경우 기본음은 조율음으로 A를 상정하고 그 진동수를 440Hz로 결정한 바있다.[06]

그러나 현재 한국음악에서 사용하는 황종은 아악雅樂이나 당악唐樂은 C에 가깝고, 향악은 E♭에 가깝다고 한다. 또 민속악民俗樂인 산조나 시나위의 경우에는 각각 그 조율음으로 C~D♭, 민요는 E♭~E를 사용하는 것이 일반적이라 보고된 적이 있다.[07] 조율음은 대금의 6공을 전부 막고 부는 음에 해당한다. 향악鄕樂에서도 조율음

---

05 남상숙. 1990. 「한국 전통음악의 기본음에 대한 사적 고찰」. 『국악원논문집』 2. 국립국악원. 145쪽.
06 황병기. 1990. 「현행 국악의 기본음」. 『국악원논문집』 2. 국립국악원. 176-177쪽.
07 황병기. 1990. 위의 책. 182쪽.

은 정악대금의 6공을 전부 막고 내는 임종林鐘을 사용하며, 기본음은 3공까지만 막고내는 황종黃鐘으로 여긴다. 따라서 산조·시나위의 기본음은 조율음 C보다 4도 정도 높은 F가 되고, 민요의 기본음은 그 조율음인 D보다 4도 높은 G가 된다. 따라서 한국음악의 기본음은 황종黃鐘이며, 장르에 따라 그 높이는 C(아악과 당악), E♭(향악), F(산조, 시나위), G(민요)의 네 종류가 있는 셈이다.

음렬音列은 모든 음악에 사용되는 음들을 높이 순서대로 나열한 것을 말한다. 그런 의미에서 음렬은 선법이나 음계와 비교된다. 그러나 선법이나 음계는 그 성격에 따라 구성음 들의 간격이 일정하지 않으나, 음렬은 모든 음 사이의 간격이 일정하다. 즉 음렬의 구성 음들 중에서 일정 수의 음들을 선택하여 선법이나 음계를 구성하여 음악에 사용하게 된다.

음렬 층위에서 먼저 생각해야 할 개념은 옥타브(Octave)이다. 두 음의 진동수가 1:2n비율인 관계의 음들이 옥타브 관계이다. 옥타브 관계의 음은 서로 가장 잘 어울리는 음이어서 동일한 음으로 여겨진다. 그래서 수많은 음들 가운데 한 옥타브가 하나의 구조로 인식되고 있다. 즉, '도-도', 혹은 C-c가 음렬의 한 단위가 된다는 것이다. 음렬은 이 한 옥타브 안을 몇 개의 서로 다른 높이의 음들로 나누되, 그 간격이 일정한 거리가 되도록 하는 것으로, 중국음악에서의 12율律이나 서양음악에서의 12반음半音은 모두 한 옥타브를 12로 나누고 있다는 면에서 유사하다. 그러나 모든 음악이 한옥타브 12반음 체계로 된 것은 아니고, 인도 음악의 경우에는 한 옥타브를 더 세밀하게 나누어 사용하기도 한다.[08] 한국음악에서는 세종 때 세

종은 박연과 함께 중국음악이론을 받아들여 중국의 아악과 당악은 물론, 한국의 향악까지도 중국음악의 12율명을 사용하여 12반음체계로 정리하였다. 중국과 한국의 12반음은 삼분손익법三分損益法에 의하여 정확한 음정을 구한다.

선법旋法과 음계音階는 음렬音列에서 성격을 만들어낼 수 있는 몇 음을 선택하여 만들어낸 것으로, 3음, 4음, 5음, 7음 등 그 구성음의 숫자에 따라 3음음계, 4음음계, 5음음계, 7음음계 등의 종류가 있고, 서양음악의 'Do-Re-Mi-Fa-Sol-La-Si'의 7음음계를 기준으로 'Do'에서 시작하는 것은 'Do 선법' 또는 'Do 음계', 'Re'에서 시작하는 것은 'Re 선법' 또는 'Re 음계'로 부른다. 그 구성음의 음정관계나 각 음의 기능, 그리고 각 음에 붙여진 시김새에 따라 장조와 단조, 평조와 계면조 같은 악조의 성격이 나타나게 된다. 한국음악에는 음악의 장르에 따라 다양한 음계 또는 선법이 있는데, 아악雅樂과 당악唐樂의 7음음계, 향악鄕樂의 평조平調와 계면조界面調, 산조散調·판소리의 우조羽調·평조平調·계면조界面調, 무속음악이나 민요의 서도토리, 경토리, 육자배기토리, 메나리토리 등 10종류가 있고 이외에 제주도 민요나 무속음악의 경우는 조금 독특한 선법과 음계를 사용하고 있다. 또 향악의 계면조는 18세기 이후 변질되어 3-4음계로 변화되었다. 이를 정리하면 다음 〈표 2〉와 같다.

---

08 한만영·전인평. 1989. 위의 책. 249-254쪽.

〈표 2〉

아악 · 당악		宮	商	角	變徵	徵	羽	變宮
		Do	Re	Mi	Fa#	Sol	La	Si
향악	평조	Sol	La	Do	Re	Mi		
		黃鐘	太簇	仲呂	林鐘	南呂		
		E♭	F	A♭	B♭	c		
	계면조	La	do	re	mi	sol		
		黃鐘	夾鐘	仲呂	林鐘	南呂		
		E♭	G♭	A♭	B♭	d♭		
	변형계면조	La		re	mi	(sol)		
		黃鐘		仲呂	林鐘	(南呂)		
		E♭		A♭	B♭	(d♭)		
산조 · 판소리	우조	Sol	La	do	re	mi		
	평조	Re	Mi	Sol	La	do		
	계면조	Mi	Sol	La	^{do}Si	re		
무악 · 민요	서도토리	Re(Mi)	Sol	La	do	re		
	경토리	Sol	La	do	re	mi		
	육자배기토리	Mi	Sol	La	^{do}Si	re		
	메나리토리	Mi	Sol	La	de	re		

〈표 1〉은 한국음악에 사용되는 음계를 나열한 것이다. 이들의 구분은 음계 구성음의 음정관계에 따른 구분을 한 것이다. 따라서 음정관계만을 살펴보았을 때 민요의 경토리나 판소리의 우조, 향악의 평조는 모두 같은 형태로 되어있다. 또 산조의 계면조와 무악의 육자배기토리도 같은 형태의 구성음으로 되어있다. 산조와 무악의 계면조는 그 뿌리가 같고 음악적 특징도 유사하기 때문에 동일한 종류의 음계로 볼 수 있지만 향악의 평조와 산조의 우조, 그리고 민요의

경토리가 그 구성음의 형태가 같다고해서 동일한 음계인가에 대해서는 논란의 여지가 있다. 그것은 장르에 따라 음악적 특징이 조금씩 다르기 때문이다. 그래서 음정관계만을 살피는 음계로는 한국음악의 음계를 명확하게 설명하기 어렵다고 생각되고, 각 음들의 기능과 연관된 선법으로 설명되어야 한다. 서양음악에서 화성이 발전되어 조성調聲(tonality) 개념이 확립되기 이전, 단성음악이나 다성음악에서 만들어진 개념이 선법(modality)이다. 서양음악의 선법은 그레고리오 성가와 함께 완성된 것으로, 그에는 Re(Doria, Hypo-Doria), Mi(Phrigia, Hypo-Phrigia), Fa(Lydia, Hypo-Lydia), Sol(Mixolydia, Hypo-Mixolydia)이 각각 주음(종지음)인 네 종류, 변격까지 합하면 여덟 종류가 있다.[09] 이들 각 종류의 서양음악 교회선법은 지배음과 종지음 등 구성음들의 기능에 다른 분류라 할 수 있는바, 이러한 개념의 선법론은 중국음악인 아악과 당악의 악조론과 유사하다.

아악雅樂과 당악唐樂의 궁宮(Do)·상商(Re)·각角(Mi)·변치變徵(Fa#)·치徵(Sol)·우羽(La)·변궁變宮(Si)의 7음음계는 궁·상·각·변치·치·우·변궁이 돌아가면서 주음이 되는데, 그에 따라 각각 궁조宮調·상조商調·각조角調·변치조變徵調·치조徵調·우조羽調·변궁조變宮調라 부르고, 해당 악조의 음악은 각각 주음으로 시작하여 주음으로 끝난다.[10] 이중 변치조와 변궁조는 아악에서는 사용하지 않고 속악俗樂에서만 사용한다. 황종黃鐘이 궁宮인 경우 상商은 태주太簇, 각角은 고선姑洗, 변치變徵는 유빈蕤賓, 치徵는 임종林鐘, 우羽는 남려南呂, 변궁變宮은 응종應鐘이

09 이여진. 2003. 「선법 이론」. 『창작과 분석』 1. 음악춘추사. 2-3쪽.
10 이혜구. 2000. 「60조」. 『신역악학궤범』. 국립국악원. 39-44쪽.

되는데, 이렇게 궁·상·각·변치·치·우·변궁의 7음음계가 황종·태주·고선·유빈·임종·남려·응종의 7음으로 구성된 것을 황종균黃鐘均이라 하고 이 황종균 안에서 궁조부터 변궁조까지 7개의 악조가 구성된다. 이 황종균의 대표가 황종궁黃種宮이 된다. 황종궁외에 대려궁大呂宮, 태주궁太簇宮, 협종궁夾鐘宮, 고선균姑洗宮, 중려궁仲呂宮, 유빈궁㽔賓宮, 이칙궁夷則宮, 남려궁南呂宮, 무역궁無射宮, 응종궁應鐘宮이 있게 되며, 이렇게 12율律에 따라 12균均이 있게되고 각 균에 7조가 있으므로 악조는 모두 84개가 있게 된다. 물론 아악에는 변치조와 변궁조를 사용하지 않게 이중 아악에서는 60개의 조만 사용한다. 궁·상·각·치·우는 각각 군君·신臣·민民·사事·물物이라하여 이 다섯 음중에서 궁宮을 가장 중요한 음으로 여겼다. 이런 아악 악조의 이론에 따르면 서양음악의 선법이론과 유사하다.

한국음악에서도 세종때 향악을 중국 음악의 악조이론에 맞추어 정리하면서, 평조를 중국 아악의 치조徵調, 계면조를 중국 아악의 우조羽調라 하여 각각 임종궁평조林鐘宮平調(林鐘·南呂·黃鐘·太簇·姑洗)와 남려궁계면조南呂宮界面調(南呂·黃鐘·太簇·姑洗·林鐘)로 정리하였다. 평조는 Sol·La·do·re·mi의 음정관계이고 계면조는 La·do·re·mi·sol의 음정관계이므로 7음음계 중 변치와 변궁을 사용하지 않는 무반음無半音 5음음계인 향악의 평조가 徵·羽·宮·商·角, 계면조가 羽·宮·商·角·徵와 같은 것으로 정리한 것이다.[11] 구성음의 종류로만 보아서는 같기 때문에 평조와 계면조가 동일한 것으로 보이지만, 시작이 치徵(林鐘)에서 시작하는 것은 평조이고, 우羽(南呂)에서

11 이혜구. 1957.「양금신보의 4조」.『한국음악연구』. 국민음악연구회. 26-47쪽 참조.

시작하는 것은 계면조로 정리한 것이다. 이런 점에서 세종 당시에는 한국 음악의 악조도 중국 아악이나 서양음악의 교회선법과 같은 선법론의 방법으로 정리된 것이라 할 수 있다. 그러나 세조대에 와서는 12율명으로 표기되던 악보가 오음약보五音略譜로 바뀌면서 주음主音인 궁宮도 음계의 중간에 오도록 하였으며 그 음도 청황종淸黃鐘으로 통일되었다.[12] 이로 보면 한국음악을 중국 아악이나 서양음악의 교회선법과 같은 선법이론으로 살피는 것은 잘못된 것인지도 모르겠다. 평조는 지금까지 변함없이 사용되고, 서울 경기 지방 민요의 민요 음계인 경토리와, 판소리와 산조에서도 우조에 나타난다. 그러나 계면조는 『어은보漁隱譜』(1779)에서부터 변질되어 두 번째 음인 협종夾鐘이 사라지고 네 번째음인 무역無射도 잘 사용되지 않는 3-4음 음계로 변형되었다.[13] 이를 정리하면 다음 〈표 3〉과 같다.

---

12 국립국악원. 1986. 「세조실록악보」. 『한국음악학자료총서』 20. 국립국악원. 217-268쪽 참조.

13 김경희. 1993. 「어은보 소재 우조낙시조 연구」. 서울대학교 대학원 석사학위논문 참조; 이혜구. 1957. 「현행 가곡의 계면조」. 『동방학지』 3. 동방학회. (1957. 『한국음악서설』. 서울대학교출판부. 복간) 참조.

〈표 3〉

雅樂	宮	商	角	變徵	徵	羽	變宮	宮	商	角	變徵	徵	羽	變宮	宮
	黃鐘	太簇	姑洗	蕤賓	林鐘	南呂	應鐘	黃鐘	太簇	姑洗	蕤賓	林鐘	南呂	應鐘	黃鐘
	Do	Re	Mi	Fa#	Sol	La	Si	Do	Re	Mi	Fa#	Sol	La	Si	Do
(世宗) 平調					林鐘	南呂		黃鐘	太簇	姑洗					
					Sol	La		do	re	mi					
(世宗) 界面調						南呂		黃鐘	太簇	姑洗		林鐘			
						La		do	re	mi		sol			
(世祖) 平調	黃鐘	太簇		仲呂	林鐘	南呂		黃鐘	太簇		仲呂	林鐘	南呂		黃鐘
	Sol	La		do	re	mi		Sol	La		do	re	mi		sol
	下五	下四		下三	下二	下一		宮	上一		上二	上三	上四		宮
(世祖) 界面調	黃鐘		夾鐘	仲呂	林鐘		無射	黃鐘		夾鐘	仲呂	林鐘		無射	黃鐘
	La		do	re	mi		sol	La		do	re	mi		sol	la
	下五		下四	下三	下二		下一	宮		上一	上二	上三		上四	宮
平調	黃鐘	太簇		仲呂	林鐘	南呂		黃鐘	太簇		仲呂	林鐘	南呂		黃鐘
	Sol	La		do	re	mi		Sol	La		do	re	mi		sol
	下五	下四		下三	下二	下一		宮	上一		上二	上三	上四		上五
(變形) 界面調	黃鐘			仲呂	林鐘		(無射)	黃鐘			仲呂	林鐘		(無射)	黃鐘
	La			re	mi		sol	La			re	mi			la
	下五			下三	下二		下一	宮			上二	上三			上五

선법旋法은 음계音階와 달리 음계 구성음 사이의 음정관계 뿐만 아니라 각 구성음의 기능에 따라 구분된다. 아울러 선법의 특색은 음계의 구성음이 돌아가면서 주음이 된다는 것이다. 한국음악의 평조와 계면조는 궁·상·각·치·우의 다섯 구성음이 돌아가며 주음이 되는 궁조·상조·각조·치조·우조가 모두 있는 것이 아니고 이중 Sol-La-do-re-mi의 치조(평조)와 La-do-re-mi-sol의 우조(계면

조) 두 가지만 있지만 세종대에는 한국음악을 궁조・상조・각조・치조・우조의 일부로 해석하려고 노력하였다.[14] 현대에 이르러 일부 학자들에 의해 현재까지 전승되고 있는 한국음악 중에서 궁조・상조・각조・치조・우조의 치조(평조)와 우조(계면조) 외에 궁조(Do-Re- Mi -Sol-La)・상조(Re-Mi-Sol-La-do)・각조(Mi-Sol-La-do-re)까지 찾아내어 한국음악의 '5음음계 조견틀'이라는 것이 주장되기도 하였다.[15] 그러나 세종대 선법적 방법으로 한국음악을 정리하려 했던 것이, 세조대 오음약보의 기보법으로 변화와 선법적인와 계면조의 변질되면서 한국 음악을 선법으로 설명하기 어렵다는 것을 보여준다.

한국음악은 중국 아악이나 서양음악의 교회선법과 같은 선법적 개념이 아니라 각 구성음에 부여된 시김새의 특성에 따라 악조의 구분이 만들어진다. 즉 평조의 'Sol(黃)-La(太)-do(仲)-re(林)-mi(南)' 중 첫째 음인 'Sol(黃)'은 요성搖聲하고, 셋째 음인 'do(仲)'와 다섯째 음인 'mi(南)'는 퇴성退聲하는 것이 특징이고, 계면조 'La-do-re-mi-sol'의 첫째 음인 'La(黃)'는 평조와 같이 요성하지만 평조의 셋째음 'do(仲)'와 다섯째음 'mi(南)'가 아니라 넷째음 'mi(林)'를 퇴성하는 것이 특징이다.[16] 계면조의 넷째음 'mi(林)'는 그 높이가 조금 낮은 것도 하나의 특징이다. 또 산조・판소리의 계면조는 무악・민요의 육자배기토리와 같이 가장 낮은 'Mi'를 굵게 떨어주고, 'Si'는

---

14 국립국악원. 1986. 「세종실록악보」. 『한국음악학자료총서』 20. 국립국악원 참조.

15 백대웅. 1982. 「민속음악의 선법적 양상」. 『한국 전통음악의 선율구조』. 대광문화사. 96-99쪽. 이 논문에서는 1형(솔음계), 2형(레음계), 3형(라음계), 4형(미음계)의 4가지만 언급되었지만 후에 '도음계' 까지 포함하여 5가지로 늘렸다.(김해숙・백대웅・최태현. 1995. 『전통음악개론』. 도서출판 어울림. 32-41쪽 참조)

16 장사훈. 1985. 「농현법과 퇴성법」. 『최신국악총론』. 세광음악출판사. 83쪽.

매우 낮고 'do'나 're'에서 꺾어 주는 것이 특징이다. 또 무악·민요의 메나리토리는 가장 낮은 'Mi'를 잘게 떨어주고 're-de'의 반복 선율의 특징을 보여주는데, 're-de'의 반복 선율이 육자배기토리의 꺾는 목과 비교되는 것으로 해석되기도 한다.[17] 무악·민요의 서도토리의 경우에는 가장 낮은 음이 아니라 중간의 'La'를 굵게 떨어주는 것이 특징이다.[18] 이런 시김새에 따라 각 장르의 선법 특성이 구분되는데, 현대에 와서는 이러한 시김새 등의 특성에 따른 음계의 구분도 선법旋法(mode)으로 규정짓고 있다. 따라서 한국음악의 음고조직 중 음계·선법 층위는 선법으로 보는 것이 타당하다 하겠다. 그러나 현대 한국음악계에서는 새로운 창작음악을 만들면서 서양음악의 화성을 사용하기 시작했고, 따라서 특히 작곡가들에 의해서 선법보다는 음계로 한국음악을 설명하고자 하는 주장이 많아지고 있다. 그래서 한국음악의 음계·선법 층위는 음계나 선법의 하나로만 설명되는 것이 아니라 음계로도 설명되고, 또 한편으로는 선법으로도 설명되고 있다. 다만 음계로 설명될 때는 구성음의 음정과계가 중시되고 있고, 선법으로 설명될 때는 음의 기능도 살펴보지만 이보다는 시김새의 특징이 더 중시되고 있다.

---

17 이보형. 1983. 「메나리토리 무가·민요권의 음악문화」. 『한국문화인류학』 15. 한국문화이류학회. 233-249쪽.
18 이보형. 1992. 『경서토리 음구조 유형 연구』. 문화재관리국.

〈표 4〉

향악	평조	Sol(黃, E♭)	La(太, F)	Do(仲, A♭)	Re(林, B♭)	Mi(南, c)
		∽∽		↘		↘
	변형계면조	La(黃, E♭)		re(仲, A♭)	mi(林, B♭)	sol(南, d♭)
		〰			↘	
산조·판소리	우조	Sol	La	do	re	mi
	평조	Re	Mi	Sol	La	do
	계면조	Mi	Sol	La	^{do}Si	re
		〰				
무악·민요	서도토리	Re(Mi)	Sol	La	do	re
				〰		
	경토리	Sol	La	do	re	mi
	육자배기토리	Mi	Sol	La	^{do}Si	re
		〰				
	메나리토리	Mi	Sol	La	de	re
		∽∽				

선법이나 음계에 시김새의 요소가 부가된 것인 한국 음악 선법의 특징이라는 점에서 이를 음계나 선법 보다는 '토리'로 명칭하기 시작하였다.[19] 토리는 음계 구성음의 음정, 기능 외에 시김새의 사용 방식이 중요한 특징으로 부각되는 것인데, 이에 더 나아가서 각 지역별 민요는 해당 지역, 또는 민요의 장르 고유의 선율 진행방식을 나타내는 경우가 많다. 예를 들면 전라도지방 '육자배기토리' 민요의 음

19 이보형. 1992. 위의 책. 문화재관리국.

계는 그 특유의 음정과 기능, 그리고 시김새를 가지고 있는데, 이에 더해서 청淸인 'La'에서 'doSi'의 꺾는 음을 거쳐 'La'를 거쳐 가장 낮은 음 'Mi'를 떨어주며 선율을 마치거나 다시 청淸인 'La'로 4도 상행하여 종지하는 선율진행방법을 많이 보여주고 있다. 또 'doSi'의 '꺾는' 시김새는 더욱 발전하여, 'do-Si-mi-doSi'하는 장식선율군을 연주하며 꺾어 내리는 선율진행법도 자주 보이는데, 이는 산조나 판소리 등 전문가 음악에 많이 보이는 선율진행방식으로 소위 '울이치는' 가락이라 불리고 있다. 한편 경상도지방의 '메나리토리' 민요는 're-do-re-do'를 반복하는 선율형이나 'redo-Lado-redo-Lado'의 선율 진행을 반복하다, 육자배기토리의 청淸에 해당하는 'La'로 떨어지고 이어서 'Sol'을 거쳐 가장 낮은 'Mi'까지 떨어져 종지하는 하행 선율형이 특히 고형의 민요에 많이 보이며, 또 여기에서 다시 4도 상행하여 'La'로 끝나기도 한다. 또 'Sol-La-do-re-mi'의 음계로 구성된 한강 이북의 서울·경기지방 민요의 '경토리'는 'Sol-La-Sol-La', 'do-re-do-re'와 같이 바로 옆의 음으로 반복 진행하는 선율진행이 특징적이다. 이러한 각 지역 민요에 나타나는 선율진행방식의 특징은 아지 면밀하게 정리된 것은 아니지만, 각 지역 민요 선율을 분석하는 과정에서 자주 제시되는 특징이기 때문에, 민요의 시김새와 이러한 선율진행방식까지를 합하여 '토리'로 보는 것이 타당할 것이라 생각한다. 따라서 이러한 '시김새'에 '선율진행방식'의 특징을 합친 내용을 음의 음정과 기능에 따른 음계와 선법과 같은 층위의 음고요소로 보는 것, 즉 선법·음계·토리를 음고요소의 같은 층위로 여기는 것은 너무 복잡하고 다양한 요소를 한 층위에 포함시키는 것이어서 바람직하지 않다고 보고, 이를 분리하여 음정과 기능의 음계·선법 층위와 시김새·선율진행방식의 토리로 층위를 구분하고자 한다. 이 토리 층위는 지역별, 장르별 특징을 나타낸다고 하겠다.

다음으로는 각 곡별 가락의 특징을 나타내는 곡별 가락 층위를 들 수 있다. 이는 결국 선율진행의 특징이라 할 수 있는데, 토리 층위가 지역이나 장르별로 공통되는 선율진행법의 층위라 한다면, 가락의 층위는 곡별 가락 특징에 따른 층위라 하겠다. 즉, 아리랑을 아리랑이라 할 수 있는 가락의 특징, 상사소리를 상사소리라 할 수 있는 고유의 '가락'을 말한다. 이러한 가락은 각 곡에 따라 다양한 방식의 '반복反復'과 '변화變化'를 통하여 곡을 만들어 가는데, 단순한 반복만을 보여주는 민요가 있기도 하고, 복잡한 변화를 보여주는 민요도 있다. 또 변화의 방식에 일정한 방식의 규칙을 보여주는 비교적 복잡한 구조의 민요도 보인다. 따라서 '기본음'에서 '음렬'-'음계·선법'-'토리'의 층위를 거쳐 구성된 하나의 '가락'은 다양한 방식의 '반복'과 '변화'로 개별적인 특성을 갖는 하나의 악곡을 만들어낸다는 것인데, '가락'의 선율형태와 이를 '반복'하는 다양한 방식을 음악의 '구조'라 할수 있고, 음의 요소인 음장音長, 음고音高, 음색音色과 함께 구조構造가 음악의 4요소로 여기고 있다.

이상에서 설명한 음고요소의 각 층위별 개념과 용어를 정리하면, 음악을 구성하는 모든음의 기본이 되는 '기본음基本音', 한 옥타브 안에 음악에 사용되는 음정의 최소 간격을 기준으로 일정하게 나눈 '음렬音列', 음렬 구성음 중 일정수를 선택하여 각 음악에 사용하는 '음계音階·선법旋法', 시김새와 선율진행방식을 보여주는 '토리', 각 곡별 특징을 보여주는 '가락' 가락의 반복으로 형성되는 '악곡'의 층위로 설명할 수 있다.

Ⅲ. 경상도 민요 음고조직론 검토

경상도 지역 민요의 음계나 선법은 경상도뿐만 아니라 강원도 함경도와 함께 '메나리토리'[20] 또는 '동부지방 민요 음계'[21]로 설명된다. 그 구성음은 낮은음부터 'Mi-Sol-La-do-re-mi'으로 되어 있어 'Mi 음계'라 할 수 있다.

이러한 경상도 민요 음계를 메나리토리라 설명되었다.

그러나 'Sol'은 주로 선율의 하행시에만 사용되고 상행 선율에는 잘 나타나지 않기 때문에 하행시와 상행시 음계가 다른 것으로 설명되기도 하며, 경우에 따라 가장 낮은 'Mi'가 조금 높아져 그 다음의 음인 'Sol'과 단3도가 아닌 장2도로 좁아지므로 서 'Do-Re-Mi-Sol-La-do'의 'Do음계'가 나타난다는 주장도 있었다. 이와 관련해서는 이러한 현상이 주로 경상도의 동쪽 지역에 나타난다는 지역적 특색으로 설명한 경우도 있고, '어사용'에 주로 나타난다 하여 '어사용토리'로 설명한 경우도 있다.[22] 어사용 음계의 가장 낮은 음 'Mi'는 'Mi'인 경우, 'Fa'인 경우, 'Mi-Fa' 중간인 경우가 있다고 한다.[23] 즉 어사용에 출현하는 가장 낮은음 'Mi'는 그 음고가 변화하여 'Fa'까지도 올라가지만 다양한 경우가 나타나기 때문에 'Fa'까지 올라가 'Do 음계(Fa음계)'로까지 변화된 것으로 한가지의 것으로 정리할 수 있

---

20 이보형. 1992. 위의 책. 문화재관리국.

21 한만영. 1973. 「태백산맥 이동지방의 민요선법 연구」. 『예술원논문집』. 대한민국예술원.

22 김영운. 2000. 「한국 민요 선법의 특징」. 『한국음악연구』 28. 한국국악학회. 27쪽.

23 김영운. 1999. 「영남민요 어사용의 음조직 연구」. 『한국민요학』 6. 한국민요학회. 45-131쪽.

는 것은 아니라고 해석되는 설명이다. 또 같은 선율도 경우에 따라 'Mi'의 높이가 낮아졌다 높아졌다하는 현상을 볼 수가 있기 때문에 'Do음계(Fa음계)'로까지 상정하는 것은 좀 더 숙고해야할 문제로 생각된다.

한편 경상도의 대표적인 민요인 성주풀이는 그 구성음이 낮은음부터 'Sol-La-do-re-mi-sol'로 되어 있어 서울·경기지방의 경토리와 그 형태가 같다. 그래서 이를 성주풀이토리로 또는 남부경토리로 부르기도 한다.[24] 그런데 경상도지역의 지신밟기소리는 대표적인 메나리토리음계로 되어 있는데, 경우에 따라 낮은 'Mi' 혹은 'Mi-Sol'을 생략하는 경우가 있다. 혹시 성주풀이토리나 남부경토리는 메나리토리의 변화형 또는 메나리토리 그자체로 설명될수 있는 것은 아닐지 모르겠다. 그러나 이 문제는 경상도 민요 가운데 어떤 노래들에서, 특히 부녀자들의 노래들 가운데 그 선율을 바꾸어 경기도 지방의 창부타령 가락에 노랫말만 옮겨 부르는 현상과 관련지어 더 깊게 생각해보아야 할 것이다. 성주풀이는 경상도의 민요로 알려졌지만 그 음계는 경토리형으로 되어있어 경상도지역의 다른 민요와 구분이되고, 실제 성주풀이는 전라도지역의 창우집단 뒷고사소리에서 유래된 통속민요라는 주장이 제기되었다.[25]

메나리토리는 're-do'로 꺽는 장식선율 또는 'redo-Lado'로 확대된 꺽는 장식선율이 특징이다. 이는 전라도 지방의 육자배기토리에서 'doSi'로 꺽는 것과 비교되기도 하는데, 그 음정과 음고에 있어서

---

24 이보형. 2008. 「동남토리 음구조 유형 생성과 변이」. 『한국음악연구』 44. 한국국악학회. 119쪽.

25 이보형. 2012. 「통속민요 성주풀이 발생고」. 『한국민요학회 2012 동계전국학술발표대회』. 129-140쪽.

서로 다를 뿐만 아니라, 전라도 지역의 꺾는 장식선율이 하나의 선율선에서 주로 한번 꺾는 것에 비해 경상도 메나리토리의 꺾는 장식선율은 여러 차례 반복하는 것이 차이라 할 수 있다. 이와 관련해서 이러한 메나리토리 선율의 특징인 반복적으로 꺾는 것이 '산노래'의 특징이라 하여 백두대간의 산간지역에서 시작하여 중앙아시아의 산악지역, 유럽의 스위스 등지의 알프스 산악지역까지 연결되는 선에서 불리는 노래의 특성이며, 한마디로 한국의 '요들송'으로 생각했던 적도 있다.

경상도 음악 음고조직중 음계나 선법에 대해서는 그것을 구조적으로 해석하려는 시도도 있었는데, 메나리토리의 'Mi-La'와 'La-Re'의 연접 Tetra Chord와 육자배기토리의 'Mi-La'와 'Si-mi'의 이접형 Tetra Chord로 설명하였던 적이 있다.[26] 또 교회 선법의 이론과 비교되어 가장 낮은 'Mi'로 끝나면 정격종지, 그보다 4도 위의 'La'로 끝나면 변격종지로 설명한 주장도 있었다.[27] 그런가 하면 그리스음계와 연계하여 메나리토리를 '미음계' Dorian Mode의 'Fa'와 'Si'를 제외하고 'Mi-La'와 'La-Re'의 연접 Tetra Chord로 설명하기도 했다.

한편 메나리토리 음계의 음정의 변화와 관련하여서는 지역적 차이로 보고 강원도 지역의 메나리토리는 그 구성음 가운데 're'와 'do'가 높고, 남쪽으로 내려오면서 점차 낮아져 경상도 부산 지역까지 오면 대략 본래의 높이의 're'와 'do'가 되었다가 다시 남해안의 서쪽

26 권오성. 1977. 「향토조 선율의 음악적 특징」. 『예술논문집』. 대한민국예술원. 116-130쪽; 권오성. 1979. 「상여소리의 음악적 특징」. 『국악과 교육』 3. 한국국악교육학회. 30-49쪽.
27 김영운. 1987. 「강릉농요 오독떼기의 음악적 고찰」. 『인문과학』 3. 강릉대학 인문과학연구소. 1-25쪽.

으로 옮겨가면서는 더 낮아져 경상도의 서남쪽 거제, 진주, 사천 등지에 가면 'do'와 'Si'까지 낮아져 육자배기토리에 가깝게 된다는 현상이 설명되기도 했다.[28] 이러한 현상은 두 토리가 서로의 유사한 성격을 갖는다는 연계성에서 메나리토리와 육자배기토리를 합하여 '동남토리'로 묶을 수 있는 근거가 되기도 했으며, 이에 따라 한때 육자배기토리와 서도토리가 슬픈 느낌을 많이 준다는 이유에서 계면조로 분류되고, 경토리와 메나리토리가 경쾌한 느낌을 준다는 이유에서 평조로 설명하였던 주장이 수정되어 서도토리와 경토리가 묶여서 경서토리가 되고 이것이 평조에 대입되고, 메나리토리와 육자배기토리를 묶어서 동남토리로 보고 이것이 계면조에 대입되는 것이 아닌가하는 생각이 조심스럽게 제시되었다.[29]

경상도지역의 민요의 선율은 대체로 're-do-La-Sol-Mi'로 하행하는 구조를 갖는 것이 많다. 물론 앞에는 낮은 'Mi'로 숙여내거나 'La'나 'do'로 평평하게 내는것, 're'나 'mi'로 높게 질러내는 것 등 다양한 변화가 있지만 그 뒤에는 대체로 'do-La-Mi'의 하행 구조로 되어 있고, 다만 노래에 따라 하행구조 끝에 가장 낮은 'Mi'로 종지하거나, 가장 낮은 'Mi'까지 하행한 뒤에 다시 4도 위로 올라가 'La'로 끝내는 종지가 있는데, '정자소리'나 '어사용' 같은 오래된 민요가 가장 낮은 'Mi'로 끝나는 것으로 보아, 아마도 가장 낮은 'Mi'로 끝나는 종지가 고형古型일것으로 추측되고, 'La'로 4도 올라가 끝나는 종지형은 고려가요나 조선전기 향악곡의 '宮-宮'의 여음형과 관계가

28 최헌. 2004. 「고성 농요의 특징」. 『고성농요』. 국립문화재연구소. 114-117쪽.
29 이보형. 2008. 「동남토리 음구조 유형 생성과 변이」. 『한국음악연구』 44. 한국국악학회. 115-142쪽; 이보형. 1992. 『경서토리 음구조 유형 연구』. 문화재관리국.

있지 않을가 하는 생각이 들기도 한다.[30]

경상도 민요의 음고조직을 살펴 보기위해 기존 연구를 검토해본 결과를 음고조직의 기본음-음렬-음계·선법-토리-가락의 층위별로 살펴보면, 기본음 층위에 대해서는 경상도 민요와 관련하여 연구된 바가 없으며, 이어서 한 옥타브 사이를 일정한 간격으로 나누는 음렬 층위에 대해서도 논의된 바가 없다. 기본음과 음렬 층위에 대해서는 실제 음악의 현장에서 직접적으로 필요한 이론이라기보다는 다양한 종류의 음악 장르와 지역의 음악을 통합하여 일관된 잣대로 살펴보기 위한 층위이기 때문에 향토음악인 민요에서는 이러한 층위에 대한 음악적으로 정리가 이루어지지 않았기 때문일 것이다. 다만 전문가들의 기악반주를 동반한 민요 조율음 D~E 정도의 음 높이가 제기된 적이 있어, 경상도 민요도 이에 준하지 않을까 생각해볼 수 있겠으나, 기악반주를 동반하는 전문가들의 민요와 이런 기준이 없는 향토민요에는 차이가 있을 수밖에 없기 때문에 경상도 민요의 기본음을 전문가들의 민요와 동일시 하기는 어렵다. 향토민요의 특징이 지역과 노래 부르는 사람에 따라 음높이와 음정이 달라지기 때문에 경상도 민요의 기본음과 음렬 문제는 폭넓은 연구가 필요하다.

경상도 민요의 음계는 낮은음부터 'Mi-Sol-La-do-re'로 구성된다는 것이 국악학계의 일반적인 견해이다. 어사용이나 정자 소리 같은 오래된 경상남도의 민요에서 하행선율의 특성상 'Mi'가 조금 올라가는 특징을 보여주는 지역도 있지만 같은 가락을 정확한 'Mi'로 노래하는 경우도 많기 때문에 이를 하나의 음계(Do-Re-Mi-Sol-La)

30 최헌. 2007.「한국 모심기 소리의 선율구조」.『한국민요학』20. 한국민요학회. 313-368쪽.

로 보기는 어렵다. 또 성주풀이나 부녀자들의 내방가사 또는 흥글노래조의 가락에 'Sol-La-do-re-mi'의 음계가 나타나기도 하지만 이는 본 가락이 아니라 서울·경기 지방의 창부타령 가락이 유입되어 불리기 때문에 나타나는 현상이고, 성주풀이는 전라도지역의 전문 창우집단이 부르던 뒷고사소리 성주풀이에서 유래된 것이라는 주장이 있었다. 또 경상남도 서남해안의 남해, 진주, 사천, 고성, 거제 등지에서는 전라도의 육자배기 음계가 나타나기도 하는데, 이는 전라도 지역의 영향으로 보인다. 결국 경상도 민요의 음계로는 몇 가지 다른 형태가 보이기도 하지만 이는 주로 근래에 와서 교통과 통신의 발달로 인한 타 지역의 영향으로 보이고 본래 경상도 민요의 음계는 Mi음계로 설명할 수 있겠다. 경상도 민요의 선법적 측면에서 음계 구성음의 기능의 특징으로 주로 가장 낮음 Mi로 끝나거나 La로 끝나는 것을 들 수 있다.

경상도 민요의 토리 층위의 특징으로는 가장 낮은 Mi를 떨어주는 요성搖聲과 're-do-La-do'의 반복형 장식선율을 들 수 있다. 또 경상도 민요 가락의 특징은 're-do-La-Mi'의 하행구조가 중심이고 그 앞에는 질러 내는 're'나 'do', 평으로 내는 'La', 숙여내는 낮은 'Mi'가 변화구조로 붙는다. 종지음으로는 'Mi'나 'La'를 주로 사용한다. 이어서 이렇게 형성된 가락은 노래에 따라 다양한 방식으로 반복과 변화를 통하여 악곡을 구성하게 된다.

Ⅳ. 맺는말

본 논문에서는 경상도 민요의 음고조직을 살펴보기 위해서 먼저 관련 용어와 개념을 정리하였고, 이어서 경상도 민요의 음고조직을 논의한 주요 논문들을 검토해보았다.

보통 음계나 선법과 관련되어서 '음조직'이라는 말을 사용하는데, 이는 영어의 tonal system을 번역한 용어인바, 그 의미는 음 높이 요소의 음계나 선법을 주로 의미하는 것이다. 그러나 '음조직'의 음에는 높이, 길이, 색깔의 요소가 더 있으므로 이들의 체계를 각각 음고조직, 음장조직, 음색 조직이라할 때, 음고 요소의 조직을 의미하는 tonal system은 '음조직'보다는 '음고조직'으로 번역해는 것이 타당할 것이다.

음고조직의 기본음, 음렬, 음계·선법, 토리, 가락의 단계를 거쳐 가락이 형성되는 것으로 보았다. 기본음은 모든 음의 기본이 되는 음으로 기본음의 높이를 먼저 정한 다음 한옥타브 안의 일정한 간격으로 나뉘는 음렬의 음을 구하게 된다. 음렬의 음중 일정 수를 선택하여 음계를 만드는데, 음계 구성음의 기능을 주로 살피는 선법과 구성음의 음정관계를 주로 살피는 음계의 개념이 서로 다르며, 선법은 선율음악에서, 음계는 화성음악과 관련한 개념이라 볼 수 있다. 한국음악은 이와 달리 장르, 또는 지역별 음악에 공통되게 나타나는 선율진행방식과 각 음에 붙여지는 시김새를 음계·선법 층위와는 별도로 토리 층위로 구분하였다. 이어 각 곡 특유의 가락 층위로 음고조직을 정리하였다.

경상도 민요의 음고조직은 국악계에서 소위 메나리토리라 칭하는 'Mi-Sol-La-do-re'의 5음음계가 대부분이다. 여기에 가장 낮은 'Mi'는 떨어주는 경우가 많고, 're-do'를 짧은 시가로 반복하는 선율이 많이 사용되고 있어, 전라도 지방 육자배기 토리의 'do-Si'의 '꺽는 목'과 비교되기도 한다. 그러나 전라도 지방의 육자배기토리는 그 구성음이 'Mi-Sol-La-do-Si-re'로 되어 있어 경상도의 메나리토리와 같은 'Mi'음계라 할 수 있지만 'Si'를 중요하게 사용한다는 점이 차이가 난다. 또 'Mi-La' 사이에 'Sol'은 진정한 육자배기 토리에서는 거의 사용하지 않거나 그 음정이 낮아져 'Fa#'으로 내려가는 경우가 많아 경상도 메나리토리의 그것과 비교된다.

한편 경상도 민요에는 더러 'Sol-La-do-re-mi'로 되어있는 경토리와 같은 음계를 사용하는 노래들이 보이는데, 성주풀이의 그것은 이 지역의 독특한 형태의 토리로 '남부경토리' 혹은 '성주풀이토리'로 칭해지고 있고, 그 기원은 전라도 육자배기토리권 창우집단의 고사소리 성주풀이라 하여 타 지방에서 흘러들어온 것일 가능성이 주장되고 있다. 또, 경토리 형태의 음계를 보여주는 노래로는 창부타령 가락이 있는데, 이는 전형적인 경기도지방 민요이지만, 20세기에 들어서 경상도에서 자주 불리는 가락이 되었다. 이는 명백한 경토리이다. 한편 전형적인 메나리토리의 가락 중에서 지신밟기소리 같은 경우에도 'Sol-La-do-re-mi'의 경토리 같은 음계형태가 보이는데, 이는 그 아래의 낮은 'Mi'가 생략된 형태일 뿐이다.

'Mi-Sol-La-do-re'의 메나리토리는 더러 낮은 'Mi'가 높아져

'Fa'로 들리기도 하는데, 그래서 'Mi-Sol-La-do-re'는 'Do-Re-Mi-Sol-La'로 들리기도 하며, 이를 'Do음계'라 주장하기도 한다. 또 이러한 현상은 경상도 지역 고유의 민요인 '어사용'에 주로 나타난다 하여 '어사용토리'라 불리기도 한다. 그러나 이는 메나리토리의 가장 낮은 'Mi'가 변한 것일 뿐 음계의 변화로 보기는 어렵다. 그 변한 이유는 경상도 민요의 오래된 형태는 대개 높은 'do'에서 낮은 'Mi'까지 하행하는 선율형태가 많이 사용되는데, 이때 점점 낮아지며 사라지듯 힘을 빼며 노래하기 때문에 당연히 마지막의 'Mi'가 정확하게 음정이 표현되지 않는 까닭으로 생각된다.

한편 메나리토리는 경상도 지역 외에도 강원도와 함경도 까지 포함하는 소위 한반도의 동부지방에 두루 나타나는 특징으로 설명되고 있는데, 다만 강원도 지역의 메나리토리는 높은 'do-re'가 좀 높아지는 경향이 있고, 경상남도의 서남부 지역에서는 낮아지는 경향이 있으며 경상남도 동해안지역과 경상북도 지역에서는 원래의 높이로 불리는 특징이 있다고 보고되고 있다. 이로 볼 때 같은 메나리토리 지역이지만 강원도지역의 메나리토리와는 또 다른 특색을 보이고 있는 것이 경상도 지역 메나리토리라 하겠다.

경상도 민요는 're-do'의 장식적인 선율을 반복 사용하는 것이 특징이다. 선율은 대체로 're-do-La-Sol-Mi'로 하행하는 구조를 갖는 것이 많다. 물론 앞에는 낮은 'Mi'로 숙여 내거나 'La'나 'do'로 평평하게 내는것, 're'나 'mi'로 높게 질러내는 것 등 다양한 변화 선율이 붙여진다. 노래에 따라 하행구조 끝에 가장 낮은 'Mi'로 종지하거나, 4도 위로 올라가 'La'로 끝내는 종지가 많다.

참고문헌

Donald E. Hall. 1990. 「음의 강도와 그 측정」. 『음악을 위한 음향학』. 박관우·안정모 옮김. 삼호출판사.

국립국악원. 1986. 「세조실록악보」. 『한국음악학자료총서』 20. 국립국악원.

권오성. 1979. 「상여소리의 음악적 특징」. 『국악과 교육』 3. 한국국악교육학회.

_____. 1977. 「향토조 선율의 음악적 특징」. 『예술논문집』. 대한민국예술원.

김경희. 1993. 「어은보 소재 우조낙시조 연구」. 서울대학교 대학원 석사학위논문.

김영운. 1987. 「강릉농요 오독떼기의 음악적 고찰」. 『인문과학』 3. 강릉대학 인문과학연구소.

_____. 1999. 「영남민요 어사용의 음조직 연구」. 『한국민요학』 6. 한국민요학회.

_____. 2000. 「한국 민요 선법의 특징」. 『한국음악연구』 28. 한국국악학회.

남상숙. 1990. 「한국 전통음악의 기본음에 대한 사적 고찰」. 『국악원논문집』 2. 국립국악원.

박헌봉. 1966. 「창악의 발성」. 『창악대강』 12. 국악예술학교출판부.

백대웅. 1982. 「민속음악의 선법적 양상」. 『한국 전통음악의 선율구조』. 대광문화사.

이보형. 2008. 「동남토리 음구조 유형 생성과 변이」. 『한국음악연구』 44. 한국국악학회.

_____. 1983. 「메나리토리 무가·민요권의 음악문화」. 『한국문화인류학』15. 한국문화이류학회.

_____. 2012. 「통속민요 성주풀이 발생고」. 『한국민요학회 2012 동계전국학술발표대회』.

_____. 1992. 『경서토리 음구조 유형 연구』. 문화재관리국.

이여진. 2003. 「선법 이론」. 『창작과 분석』 1. 음악춘추사.

이혜구. 2000. 「60조」. 『신역악학궤범』. 국립국악원.

_____. 1957. 「양금신보의 4조」. 『한국음악연구』. 국민음악연구회.

_____. 1991. 「장단의 개념」. 『한국음악연구』 19. 한국국악학회.

_____. 1957. 「현행 가곡의 계면조」. 『동방학지』. 동방학회. (1957. 『한국음악서설』. 서울대학교출판부. 복간) 참조.

장사훈. 1985. 「농현법과 퇴성법」. 『최신국악총론』. 세광음악출판사.

최　헌. 2004. 「고성 농요의 특징」. 『고성농요』. 국립문화재연구소.

_____. 2007. 「한국 모심기 소리의 선율구조」. 『한국민요학』 20. 한국민요학회.

한만영. 1973. 「태백산맥 이동지방의 민요선법 연구」. 『예술원논문집』. 대한민국예술원.

한만영・전인평. 1989. 「인도음악 : 장단 구조 - 딸라」. 『동양음악』. 삼호출판사.

황병기. 1990. 「현행 국악의 기본음」. 『국악원논문집』 2. 국립국악원.

영남의 음악과 무용의 전통을 찾아서

영남의 지역음악양식
- 차별화논의를 시작하며 | 박미경

영남의 지역음악양식

—

차별화논의를 시작하며

—

박 미 경

논의의 시작점

이 연구의 시작점은 영남의 지역음악이라고 하는 정체성을 찾을 수 있을까, 또 왜 찾아야 할까라는 두 가지의 문제의식이다. 그 문제의식은 단순히 한 지역에서 연행되고 있는 예술활동을 지리적으로 제한하고 그것을 살펴본다는 의미에 그치지 않는다. 우리가 몸담은 대구는 공연예술중심도시로 선언하고 문화의 주요 요소 중에서 공연예술에 집중지원을 하겠다는 의지를 보여주고 있다. 그런 의지는 공연예술분야의 매개자 기능을 하는 필자에게는 무척 다행스러운 일이기는 하다. 그러나 그 결정이 실제 지방정부의 문화예산 배정에 반영되면서 많은 이들에게 긍정적인 평가를 받고 있지는 못하다. 특히 대구는 뮤지컬 축제와 오페라 축제라는 유사한 그러나 모두 고비용이 드는 서양음악행사로 많은 예산을 쓰고 있는데,[01] 그 두 가지가

---

01 박미경. 2009.「2008 대구지역 축제현황과 진단」.『음악과 문화』제21호. 123쪽.

대구 지역의 대표성과 상징성을 키워나가고 궁극적으로는 대구 문화 역량을 키우고 경제적 성장을 담보할 것인가, 진정 그들이 시민의 결집력과 자부심에 기반이 될 기재인가는 그들에게 의문인 것이다. 그 의문은 왜 이러한 결과가 나왔는가 원인을 생각하게 하고, 곧바로 우리를 시작점의 문제의식에 도달하게 한다.

21세기를 훌쩍 넘어 처음에는 놀라움으로 등장한 세계화가 꽤 익숙해지고, 한 국가의 경제적 문제가 전지구가 휘청거리는 영향을 줄 정도로 연결되어 그로 인한 충격을 벗어날 길이 요원해 보이는 요즈음에 이 질문이 새삼스럽게 부각되는 것은 세계화 동전의 이면으로 언급되는 지방화 흐름 때문이다. 관련학자들은 세계화 시대의 경쟁력의 원천이 기존 개념의 국가가 아니라 지역이나 지방이며, 그들이 21세기 발전의 주요 전략자원이라고 말한다.[02] 지방은 자생력과 새로운 발전의 중심으로 거듭나면서 세계화의 전략지점으로 나아가는 것이 중요하다고 한다. 대구가 선언한 것처럼 지역의 공연예술과 문화 역량을 키워나가는 것이 이제 그 어느 시대보다 중요해 보이는데, 그 실천에서 우리는 잘 하고 있는가. 잠시 서서 우리 지역 안의 우리를 돌아보게 된다. 이 글은 그 두 상위질문과 연계된 많은 하위 질문을 생성시켜 답하는 과정으로 전개될 것이다.

---

02 오삼교. 2002. 「세계화 지방화 시대 지방분권의 논리」. 『아태연구』 제2집.

우리의 전통음악은 지역적 정체성을 키워낸 전통

우리의 지역음악 전통은 무엇인가. 선뜻 대답하기 어렵다. 지금은 잘 보이지 않으니 과거에는 있었는가부터 질문할 필요가 있을 것이다. 우리에게 전승된 전통음악은 지역적 정체성이 심어진 전통이다. 그런 의미에서 영남의 지역적 정체성은 그 전통에서 우선 살펴볼 필요가 있다. 이번 학기도 어김없이 한국음악을 강의를 시작하면서 국악을 낯설어 하는 서양음악전공 수강생들과 같이 소위 국악이라고 하는 예부터 내려온 전통음악의 그림을 그려보았다. 음악연구는 지역적으로든 시대적으로든 접근하게 되면 우선 음악장르(음악종류)의 개념을 가지고 씨름하기 마련이다. 우리 전통사회에서 넘겨받은 소위 한국음악에는 어떤 장르가 있을까라는 질문하고 답하는 것은 그래서 우리가 우선적으로 소화해야 하는 작업이다. 그리고 그 장르 안에서 지역전통이 살아있는 것은 무엇인가를 물을 수 있을 것이다.

예부터 내려온 전통 음악을 우리는 일반적으로 크게 궁중전통, 민간전통으로 나눈다. 아악이라고도 불렸던 궁중음악은 20세기 초 조선왕조(또는 대한제국)가 붕괴되면서 그 기능적 존재기반도 무너졌는데, 그 연행양식이 무대에 오르면서 명맥을 유지하다가 정부의 강력한 지원으로 재현의 역사를 이어오고 있다. 궁중에서 공식행사에 쓰였던 음악을 학자들은 기능에 따라 제례의식용, 연례용, 군례용으로 구분하는데, 이 용어들은 현재 무대에 오른 궁중음악 레퍼토리의 장르명으로도 종종 등장한다. 궁중음악전통의 계승자라는 권위가 인정된 국립국악원 같은 곳에서는 최근에 와서 궁중음악을 옛 그대로의 모습을 살린 형태로 또는 현대인의 눈에 무대에 오르는 다른 장르들에 비해 우리의 것으로 초라하거나 꿀리지 않도록 화려하게 해석된 형태로 재현한다.[03]

학자들은 궁중음악을 상대개념인 민간전통의 음악과 구분한다. 2분화 구분은 현상을 너무 단순화시킨 것이다. 행정의 중심인 궁중의 의식음악이 지방관아의 그것과 완전히 단절된 형태로 존재하지는 않았을 것이기 때문이다. 또 조선사회가 신분사회였기 때문에 민간전통의 음악도 사회계층과의 관련 고리를 무시할 수 없을 것이고, 따라서 그 안에서 향유계층별로 음악범주가 더 구분되어 존재하였을 것이다. 실제로 조선시대 양반과 평민으로 신분이 세습되면서 각기 유지한 고유한 문화가 비록 어느 정도 서로 맞물리면서 형성되어갔을 것이지만, 거기서도 획일적인 2분화 논의는 문제가 되기는 한다. 그러나 그 두 문화는 정악과 민속악이라는 각각의 전형적인 양상으로 분리된 흐름으로 흔히 언급된다. 그래서 그 틀 안에서 설정된 장르적 구분이나 음악 양식적 구분은 개설서뿐만 아니라 모든 음악연구의 기본으로 오랫동안 깔려있었다.

그래서 전통음악 장르는 흔히 궁중음악, 정악, 민속악이라는 틀 안에서 다음과 같이 소개된다. 정악이라는 장르용어는 흔히 확대 적용되어 궁중음악을 그 안에 포함하기도 한다.

03 송혜진. 2009.『오래된 무대 새길을 찾다』. 민속원.

〈표 1〉 전통음악장르와 구분방식

<table>
<tr><td>장르</td><td>제례악, 연례악, 군례악</td><td>풍류, 가곡, 시조</td><td>산조, 판소리, 민요, 농악, 무악, 법악</td></tr>
<tr><td>구분방식1</td><td>궁중음악(아악)</td><td>정악</td><td>민속악</td></tr>
<tr><td>구분방식2</td><td colspan="2">정악</td><td>민속악</td></tr>
</table>

민간사회에서 양반들에 의해 향유되었던 음악인 정악(풍류, 가곡, 시조)은 소위 평민들의 노동현장에서 등장한 민요나 농악과 구별되어 언급된다. 이 장르들은 기능, 연행조건, 연행양상, 음악양식, 등이 서로 다른 대상들이었다. 신분의 태생적 조건과 함께 소통과 교통이 쉽지 않은 시대적 조건은 각각의 음악 양식적 특징을 생성, 확립, 숙성시키기에 충분한 과정을 거쳐 가게 하였을 것이다. 특히 시간이 느리게 진행되고 소통이 원활하지 않았던 전통사회에서 그러한 과정은 민간전통의 음악을 장르나 양식 면에서 지역화하면서 차별화가 이루어졌을 것이다. 당연히 형성된 지역적 정체성은 소위 양반들의 삶에서 기능하거나 향유되었던 대상에도, 또 그것과 차별화되는 평민들의 삶의 경험과 연결된 많은 대상에도 나타나 있을 것이다. 일면 양식적으로 상이해 보이는 그 대상들 간에도 관통하는 지역적 정체성 또한 음악적으로 관찰될 것을 우리는 기대할 수 있다.

우리의 향유문화에서의 전통음악의 전개

그러한 전통음악 장르들은 20세기 이후 현대사회에 들어오면서 원래의 문맥에서 단절되고 새로운 향유문화에 적응하여야 했다. 그렇다면 그 새로운 향유문화는 무엇이고 그것에 적응하는 과정에서 전통음악 장르들에게는 어떠한 변화가 일어났는가, 또 이후 그 생존과 전개와 어떻게 연결되는가 등을 살펴보는 것은 당연하게 느껴진다. 특히 전통음악이 가지고 있었던 지역적 정체성의 유지가 그 과정에서 진정 가능했을까 등의 질문도 물어야 하기 때문이다.

전통음악이 새로운 문맥으로 이식되기 시작하면서 100년이 넘어선 우리 사회에서 음악향유대상으로서의 정체성은 크게 두 가지로 확립되었다. 그 하나는 음악회장 무대에 오른 음악이다. 주로 서양화를 의미하는 근대화 과정에서 물밀듯 들어오는 서양음악과 그 문화는 전통음악의 모든 장르의 존속을 음악회장의 무대음악으로 전환되는가의 여부에 달리도록 바꾸어 놓았다. 무대가 있는 음악회의 장소는 음향시설을 잘 갖춘 실내를 의미하지만 이제는 고도로 발달한 음향제어장치 덕분에 옥외도 포함한다. 녹음 또는 녹화되어 대중매체를 통해 (방송이나 인터넷으로 송출되는 음악도) 무대음악으로 연출된 양식으로 전달된다. 그래서 현대 한국사회에서 모든 전통음악 장르는 무대에서 향유하는 음악으로 전환되면서 살아남아야 했던 것이다.

그러나 그 전환과정을 보면 전통음악이 무대음악의 정체성으로 승부하는 것은 너무도 어려운 일이었음을 알 수 있다. 지금은 꽤 자연스럽게 여겨지는 음악회장의 무대는 음악을 일종의 자본주의적 상품으로 제공하기 위한 기재로 서양에서 개발된 것이다. 우리 주변에 자주 보는 서양 예술음악은 원래 귀족들의 후원으로 성장했는데, 봉건주의가 붕괴되면서 후원체계가 무너진 18세기 후반부터 입장료를 받는 음악회 체재가 들어섰다. 음향 제어 시설의 발전이 함께 추구된 음악회장은 자본주의적 이상에 맞도록 최소의 비용으로 최대의 효과를 추구하는 것이었고 그러한 추구에 병행하여 형성되는 문화적 관습을 형성시켰던 것이다. 1회의 음악회구성에 적합한 연주매체유형, 연주 레퍼토리 등도 그 체제에 맞춘 형태로 개발되었다. 적어도 통상의 음악회장에서 청중에게 잘 전달될 만큼의 울림이 있는 악기만 살아남았다. 또 음악회에서 바이올린과 피아노는 살아남고 비올, 류트와 하프시코드는 음악회장문화의 주변으로 남았다.

음악회장의 무대음악이 우리의 음악향유문화에 중심을 차지하고 있다는 것은 이제 움직일 수 없는 사실이다. 전문음악연주가는 무대에서 자신의 역량을 발휘해야 하며 그래서 전문가 양성체계도 무대음악 연주가로 전문성을 키워내는 체제로 전환되었다. 이러한 문화에서 전통음악이 현대사회의 향유대상으로서 존재하는 또 하나의 정체성은 감상대상이 아닌 하기대상이다. 무대에서 제공되는 음악으로 고도로 전문화되어가고 있는 현실은 일반인이 음악을 직접 하고 싶어하는 욕구를 만들어내고, 그러한 측면에서 성공한다면 전통음악의 전통이 이어가는 순행을 기대할 수 있었을 것이다. 그러나 공교육이 서양음악에 집중시켜온 몇 십 년은 많은 한국인들의 삶에서 전통음악을 손수 하면서 즐기는 일은 불가능하게 만들었다.

그러한 관찰 하에서 볼 때 현대 한국사회에 이식된 서양의 음악회장 문화에 들어가게 된 한국의 장르와 악기는 이길 수 없는 싸움을 시작한 것이었다. 사랑방에 연주자와 감상자가 둘러싸여서 만들어가던 음악이 무대와 청중석이 확연히 격리된 커다란 음악회장에 옮겨놓았을 때 제대로 신명이 실릴 수 없을 것은 당연한 일이었다. 민족적 이데올로기의 주창과, 정부의 적극적 지원이 없었더라면 전통음악의 독자적인 생존은 어려운 과제였을 것이다. 지금의 음악문화에서 차지하는 국악의 위상과 비중을 보면 놀라울 뿐이지만, 그 과정은 결코 순탄하거나 합리적인 것은 아니었다.

전통음악의 생존양상, 장르별 진행의 다각화

위의 도표에 들어간 장르들은 이제 현대사회 연주무대에서 전통음악 또는 국악이라는 범주로 클래식이나 대중음악 등과 함께 공연문화에서 한몫을 차지하고 있다. 그러나 우리의 향유문화에서 살아남은 이 장르들의 비중은 같지 않다. 이들 중에서 산조와 판소리가 가장 확실하게 무대레퍼토리로 확립된 장르이다. 산조와 판소리는 민속 음악계열이며 그 지역정체성은 호남이다.[04] 필자가 연구하는 씻

04 이 장르들의 기원이나 양식적 특징을 호남이라고 주장하는 것은 단순화한 인식의 결과라는 주장도 있다. 그러나 그 음악적 특징이 호남양식이 주류인 것은 의심할 바 없다.

김굿의 텃밭에서 자란 장르이다.

반면에 전문성에 있어서 수준이 덜하지 않은 장르인 가곡이나 풍류는 전통사회에서 사족들이 향유한 음악이었고, 고악보 고문헌이라는 문헌자료를 남겨 국악의 역사를 구성하는 자료로 활용되면서 상당한 비중을 갖던 장르였다. 그러나 현재 이들은 특히 가곡은 우연히 얻게 된 지식이나 특별한 관심으로 매료되어 의식적으로 그 연행을 찾지 않으면 흔히 접할 수 없는 장르가 되었다. 시조도 1970, 80년대 시조보급운동으로 시조인구가 100만 명을 넘었다고 하지만 이제 서서히 쇠퇴하고 있다.[05]

나머지 장르들은 삶에 밀접하게 관련된 장르로 기술적 전문성이 깊이 추구된 음악은 아니어서 무대용 파생물로 전환하는 과정을 거쳐야 했는데, 그 성공사례가 사물놀이이다. 전통사회에 마을단위로 있었던 농악(풍물)은 꽹과리, 소고, 장구, 북, 징, 태평소 등 규모가 어느 정도 갖춰진 타악앙상블에 춤과 개인기를 핵으로 하지만 초심자 숙련자를 같이 포용하여 신명을 창출하는 놀라운 기재였다. 그러나 변화된 농촌사회는 이전에 각 마을에 있었던 농악의 문맥과 기반이 더 이상 되어주지 못했다. 다만 거기서 그럴 듯하게 균형을 이룰

---

05 김영운. 2003.「가곡과 시조의 음악사적 전개」.『한국음악사학보』제31집. 157-160쪽; 필자가 전국의 축제에서 조사한 장르별 음악프로그램 중에서 기대치와는 달리 상위에 점한 시조에 대해 "시조경창대회가 프로그램의 하나로 20여개의 축제에 조직된 것은 의외이다. 시조부르기가 우리 주변에서 흔히 찾을 수 없다고 연구자가 생각하는 이유는 두 가지에 근거한다. 우선 그 하나는 학교교육에서 시조장르가 배재되어왔고 또한 사교육에서도 활성화되지 않았기 때문이며, 또 하나는 일반인들의 시조음악 향유 현장도 주위에서 쉽게 발견되지 않기 때문이다. 100만인의 시조인구를 자랑하던 1970년대 이후 급속도로 축소되어왔지만 그 흐름이 아직도 축제현장에서 발견되고 있다는 것은 흥미로운 현상이다." 라고 진단하였다. 박미경. 2008.「축제문화에서의 음악: 그 편재성과 특화재성」.『관광연구』제22권 4호. 27쪽.

네 개의 악기가 선택되어 새로운 연주매체로 창출된 사물놀이가 리듬놀이의 탁월함에 현대적 감각을 겸비한 무대경쟁력을 가진 장르로 성장하였다. 현재까지도 지역적 양식을 유지하는 각 지방의 농악과는 달리 사물놀이는 그 모두를 흡수 혼합하여 정수를 뽑고 재창조로 나아간 사례라고도 할 수 있다.

농악과 함께 각 지역양식의 다양성이 명맥이나마 보존되고 전승될 것을 기대하는 장르는 민요와 무속음악이다. 전통적인 삶 속에서 생활과 기능에 맞물려 연행되었던 이 장르들은 무대 위 감상용으로 전문성을 갖추기는 어려웠을 것이다. 다만 지방 민요(토속민요) 중에서 일부는 통속민요로 전문가가 부르는 노래인 통속민요로 무대에 오르면서 현재까지도 대중들에게 향유되고 있기는 하다. 지금까지 살펴본 전통음악에서 지역성 표현에 열려 있었던 장르는 그러므로 시조, 판소리, 산조, 민요, 무가이다.

현대사회에서 전통음악은 장르별로 다른 생존양상을 보인다. 판소리나 산조는 무대레퍼토리 주류로 진입하여 현재의 음악으로 인식되고 공교육을 통한 전문가 풀이 강력하게 존재하는 장르가 되었다. 무대에서 살아남은 장르는 동시에 대학의 교육체계에 들어갔으며 그 과정에서 원래의 지역성을 벗고 전국적으로 연주되는 보편성을 더 얻었다. 산조와 판소리는 무대전문성이 강화되면서 이들은 확실하게 전국적으로 대학교육의 전공과 커리큘럼으로 자리매김하였기 때문이다.

대학교육체제 안으로 들어가 보편적 기반을 공고히 하고 초지역성을 얻은 장르들과는 다르게, 급변한 삶의 방식 때문에 전통적 문맥을 잃게 되면서 독자적 생존이 어려운 장르들은 일종의 보호시스

템인 무형문화재체계에 의해 주로 전승 유지되고 있다. 이 체계는 중앙과 지방 두 갈래로 나누어 운영되며 지정된 각 장르는 일종의 박물관과 같은 역할을 하는 보존회를 설립하거나 전수기관을 정해 기술을 전수하고 박물관의 전시개념과 같이 정기적 발표회를 한다. 대학의 전문가 교육체계에 들어가지 못한 많은 장르들이 이 기재를 통해 주로 전승하게 되는데, 덕분에 지역적 특성이 유지되는 경향을 보이고 있다.

대구경북 지역음악 장르와 양식의 존재양상

호남에서 기원한 판소리와 산조가 주류 무대레퍼토리로 형성되고 대학교육에 들어갔는데, 그러한 사례를 대구 경북 지역에서도 찾을 수 있을까. 아니면 대구 경북 지역의 대학에서는 지역음악을 비록 전국성을 띠는 레퍼토리 안으로 들어가지는 못하더라도 이 지역 안에서의 향유대상으로 자리매김은 하고 있는가. 그러한 목적으로 교육과정으로는 들어가 있을까? 대구 경북의 지방의 무형문화재지정 현황에서 지역성을 유지하고자 하는 인식과 어느 정도 약화되었다면 다시 살려내려는 의지가 보이는가. 이러한 질문들은 대구 경북 고유의 지역음악의 존재양상을 비판적으로 그려내려 한다면 꼭 물어야 하는 질문들이다.

국악과가 있는 지역의 대표적인 대학인 경북대학교와 영남대학교에서 제공하는 전문가교육에서 전공과 전공이수 교과과정을 정리하면 우선적으로 그 대답을 얻을 수 있다. 경북대학교 국악과에서 현재 개설하고 있는 전공은 기악전공으로 가야금, 거문고, 대금, 피리, 해금, 아쟁, 타악이, 성악전공으로 판소리/가곡/민요가 있으며, 또 작곡/이론전공이 있다.[06] 모집인원은 28명이며 기악 26명, 성악 2명이다. 영남대학교 국악과에서 현재 개설하고 있는 전공은 경북대와 유사하며, 기악으로 소금, 성악으로 가야금병창이 첨가 공시되어 있으며,[07] 2012년도 모집인원은 27명이다. 특이하게도 기악의 전공은 악기별, 성악 전공은 장르별이다.

〈표 2〉 경북대학 국악과 입시요강에서의 모집인원 정리

	가야금	거문고	대금	피리	해금	타악/아쟁	판소리/가곡/민요	작곡/이론	기악(성악)
경북대학교 모집인원[08]	3/1	3/2	4/2	4/0	3/1	0/2	0/2	0/1	26(2)

경북대학교의 입시 전공실기과제는 기악전공은 정악과 산조 각 1곡 씩이며, 정가전공은 가곡과 시조, 판소리 전공은 판소리와 단가,

06 관련정보출처: http://ipsi1.knu.ac.kr/.

07 관련정보출처: http://enter.yu.ac.kr/. 영남대학교 국악과에는 그 외에 실용국악, 유아국악, 한국무용 전공이 더 있는데, 그중 실용국악의 세부전공으로 보컬, 건반악기, 기타, 베이스, 드럼, 퍼커션으로 나누어져 국악관련성이 세부전공명으로는 드러나지 않는다.

08 모집인원은 수시/정시로 게시.

민요 전공은 잡가와 민요장르에서 각 1곡이다.

〈표 3〉 경북대학교의 입시 전공실기과제 수시와 정시

모집단위	실 기 과 제	배점
현 악	1. 정악 中 자유곡 1곡	400
(가야금 · 거문고)	2. 산조「진양」,「중모리」,「자진모리」中 택일	400
관 악	1. 유초신지곡 中 1곡 택일	400
(대금 · 피리 · 해금)	2. 산조「진양」,「중모리」,「자진모리」中 택일	400

전공		실 기 과 제	배점
기악	가야금	1. 정악 중 자유곡 1곡 택일	500
	거문고	2. 산조「진양」,「중모리」,「자진모리」中 택일	500
	대 금	1. 유초신지곡 中 1곡 택일	
	피 리	2. 산조「진양」,「중모리」,「자진모리」中 택일	500
	해 금	※ 피리는 수시모집에서 미충원 되어 정시모집에서 선발	500
	아 쟁	할 경우에 한 한다.	
	타 악	1. 정악 · 산조장단 전 장단	500
		2. 설장고 10분 내외	500
성악	가 곡	1. 가곡 中 자유곡 1곡	500
		2. 시조 中 평시조 1곡	500
	판소리	1. 판소리 5마당 中 한 대목 (심청가 · 적벽가 · 흥부가 · 수궁가 · 춘향가 中 택일)	500
		2. 단가 中 자유곡 1곡	500
	민 요	1. 십이잡가 中 자유곡 1곡	500
		2. 민요 中 자유곡 1곡	500
이론/작곡	이 론	1. 국악개론	750
		2. 기악실기(가야금 · 거문고 · 대금 · 피리 · 해금中택일): 정악 中 자유곡 1곡	250
	작 곡	1. 화성풀이(부7화음까지)	750
		2. 기악실기(가야금 · 거문고 · 대금 · 피리 · 해금中택일): 정악 中 자유곡 1곡	250

일단 입학한 학생들의 악기연주기술 훈련을 진단하는 기말시험은 1학년 기악전공은 정악, 2학년은 가곡반주(현악의 경우)나 정악(관악의 경우), 3학년과 4학년은 산조를 보는 것으로 나타난다. 성악전공은 각 장르의 레퍼토리를 학년별로 짜서 연주기술을 진단한다. 그렇다면 기악전공을 보면 대학에 들어와서 전공 교육은 정악(풍류와 가곡반주)과 산조라는 장르의 악기별 기술에, 그리고 성악은 전공 장르에 치중하는 것을 알 수 있다.[09]

이 자료에서 특히 악기전공 26명 대비 성악전공 2명은 좀 의아스럽게 느껴진다. 성악전공자는 판소리, 민요, 가곡 등 세 장르별 전공을 열어놓고 있으나 단 2명 정원이어서 각각이 독자적으로 활성화된 것은 아니다. 어느 문화이던 인성은 음악적 표현의 핵심적인 매체이고, 인성이 갖는 민족적, 지역적 표상성은 고유 언어로 전달되기 때문에 강화되어 기악매체가 따를 수 없는 것인데도 불구하고 우리의 경우는 그 반대현상을 보이고 있다. 이러한 방향에서의 조사는 대구 경북에서 자란 전통장르가 제도권의 대학교육에 들어가지 못하였으며, 심지어 간간이 판소리나 가곡 전공과 두자리를 놓고 다투어 들어간 민요전공도 경기민요 전공자가 내려와 가르치고 있다는 따가운 현실을 더 드러냈다.[10] 경기민요는 통속민요로 전문가 활동으로 더 많이 열려있기 때문일까.

전공분야, 전공커리큘럼 등에 있어서 지역대학이 갖고 있는 이러

09 전국대학의 판소리 전공의 학생수와 커리큘럼을 조사한 자료에 의하면 판소리 전공자를 가장 많이 키우는 전북대학교(국악전공 30명 정원에 8-10명을 판소리 장르 지원자를 뽑음)의 4년간 판소리 5마당을 이수시키고 있다. 채수정. 2010. 「학교 교육 안에서의 판소리 교육 현황과 실태」. 『판소리연구』 제30집.

10 면담자: 손정일. 2011. 11. 9.

한 특징은 다른 지역의 대학들과 크게 다르지 않다. 대학교육에 산조나 판소리 같이 어느 한 지역적 토대에서 자란 음악이라도 당위성이 있으면 인프라로 들어가 전국적으로 보편화시키는 역할을 했다고 본다면 그 전통음악의 지역적 다양성의 포괄적 전승의 보완책으로 아무래도 무형문화재체계가 적극적으로 담당해야할 당위성을 기대하게 된다. 놀랍게도 중앙에서 관리하는 중요무형문화재로 들어간 음악장르는 예천통명농요 밖에 없다. 그나마 대구를 지역 기본으로 한 장르는 없다.

〈표 4〉 중요무형문화재 대구경북 종목

문화재연번	종목	장르
중요무형문화재제24호	안동차전놀이(安東車戰놀이)	놀이
중요무형문화재제44호	경산자인단오제(慶山慈仁端午祭)	의식
중요무형문화재제69호	하회별신굿탈놀이(河回別神굿탈놀이)	연희
중요무형문화재 제84-2호	예천통명농요(醴泉通明農謠)	음악

대구경북의 무형문화재가 어떤 것이 있는가를 정리하면 다음과 같다.

〈표 5〉 지방무형문화재 대구경북 종목

문화재연번	종목	장르	지역
시도무형문화재제1호	고산농악	농악	대구 수성구
시도무형문화재제3호	욱수농악	농악	대구 수성구
시도무형문화재제5호	가곡	가곡	대구 동구
시도무형문화재제6호	영제시조	시조	대구 달서구
시도무형문화재제7호	공산농요	민요	대구 동구
시도무형문화재제8호	판소리	판소리	대구 남구
시도무형문화재제16호	달성하빈들소리	민요	대구 달성군
시도무형문화재제2호	날뫼북춤	무용	대구 서구
시도무형문화재제9호	살풀이	무용	대구 동구
시도무형문화재제4호	天王메기	놀이	대구 서구
시도무형문화재	가곡	가곡	경북 경주시
시도무형문화재	자인계정들소리	민요	경북 경산시
시도무형문화재	상주민요	민요	경북 상주시

대구 경북의 지방무형문화재 지정종목에서 음악장르를 보면 농악 2, 민요4, 가곡2, 시조 1, 판소리1 이다. 음악장르 10종목 중에서 호남 기원의 판소리, 향제가 없는 가곡에 세 종목이 지정되어 있다. 지원 선택에서 지역양식 전승을 우선하는 정책을 두었는가 의아해 하게 하는 결과이다.

지역 연주문화에서의 지역적 정체성

이 논의 끝에 이 지역음악의 정통성을 가진 장르가 우리 주변 연주현장에서 어떠한 비중을 차지할까는 이제 자연스럽게 나올 질문이다. 전국적 보편성을 띠는 장르로 성장한 영남지역 장르가 없다면 그럼 우리 지역에서라도 향유되거나 전승 양성되는 장르가 있는가를 물어야 하기 때문이다.

전통음악의 연주현황에 대한 대략적 그림은 이미 그려져 있다. 서양음악의 연주레퍼토리에 비해 엄청나게 왜소한 전통음악레퍼토리는 국악인들에게 창작국악이라는 새로운 탈출구를 찾게 하였는데, 서양의 연주문화의 자극을 받아 국악관현악단이라는 대규모 연주매체 창조와 함께, 이후 많은 개량악기들이 개발되면서 새로운 실내악 연주매체들이 창단 실험되었고, 그들에게 새로운 음악을 조달하는 창작국악 카테고리도 서양 작곡과 차별화되어 독자적 영역으로 꿋꿋이 성장하였다. 위에서 대학교육의 인프라에 깔린 주류 장르를 언급하였지만, 전통음악 연주기술 교육은 저학년에 그치고 상위학년에 올라갈수록 창작국악을 연주할 수 있는 역량을 증진시키는 교육을 하였다. 오선보보기와 초견능력(첫눈에 악보이해하기), 시창, 청음능력과 함께 국악인들은 전통음악의 모든 장르, 그리고 창작국악을 소화할 수 있는 능력을 갖추어야 한다. 그것은 제한된 레퍼토리에만 의존할 수 없는 현행 국악연주문화와 직결된 현상이었다.

대구지역의 시립국악단 정기연주회를 2002년 이전 18년간 총

96번의 연주레퍼토리 목록을 제공한 이현창은 서론에서 "그간 연주된 곡목 목록을 보면 곡목선정에서 초창기에는 전통음악에 많은 비중을 두었으나 해를 거듭할수록 창작음악의 비율이 높아지고 있는 것을 알 수 있다"고 하였다.[11] 최근에 출판된 대구 국악연행 자료집[12]에서 대구시립국악단이 지난 10년간 56회 정기연주회 기록을 정리해 분석해 보면 그러한 성향은 더 심화되어 전통적 장르에 집중한 음악회는 채 10회도 되지 않았다. 나아가 대구에 대표성을 띤 시립연주단체인데도 불구하고 대구 지역적 특징을 담은 레퍼토리 구성은 2001년 11월 23일 단 한번 93회 정기연주회뿐이었다. 그 연주에 대구 시인들의 지역을 표현한 시를 (전통음악양식의 창작이 아닌) 서양풍의 성악가들이 노래하고 국악단이 반주하는 소위 "오케스트라 리트(관현악 반주의 예술가곡)"인 "아 대구여" 외 곡목들이 무용작품과 함께 구성되었다.[13]

우리의 지역예술은 특히 타지역과 차별화된 상태로서의 지역예술은 이제 그 존재감을 거의 느낄 수 없다. 지금 우리에게 사실 그것이 꼭 있어야 할까를 묻는 이도 있을 것이다. 지역양식의 의미와 가치는 과거 유산을 간직하는 것으로서만 있지 않다. 그것은 지금 우리의 표현기재에 자원이 되고 재창조의 원형이 되어 궁극적으로는 새로운 공동체적 지역문화 창출을 도모하는 데 꼭 필요하다. 이 글

11 이현창. 2002. 「대구 시립국악단 정기연주회 총람」. 『음악과 문화』 제7호. 155-171쪽.
12 박미경. 2010. 『대구지역 국악인들의 전통예술 현대화 시도: 자료집』. 세계음악학회.
13 '측백수림', '지금 말해줘요', '파계사 가는길', '대덕산이 걸어오네', '건들바위', '수성못 둑 에서면', 안무- '아! 대구여', '이 땅에 살자꾸나', '청산별곡'을 김완준·손정희·김성남(테너), 박영국·정진균(바리톤), 이의춘(베이스), 신미경·이은희(소프라노)가 노래하고 최정임이 안무한 작품이 올랐다. 이현창. 2002. 「대구 시립국악단 정기연주회 총람」. 『음악과 문화』 제7호. 171쪽.

의 초두에 언급했지만 지방화로 승부하는 시대가 오고 있음을 예감하면서 지역적 정체성을 둔화시키고 수도권 따라가기로 줄서서 경쟁하는 양상이 진정 바람직한가를 묻는다면 그는 자신의 질문을 다시 생각해볼지 모른다.

논의 방향으로 더 진전시켜 지역에서 이루어지는 창작활동을 우리는 주목하게 된다. 좀더 구체화한 질문은 지역의 고유 음악장르가 있다면 그것을 지역의 문화콘텐츠 대표 아이템으로 활용된 사례가 있는가, 지역의 고유 양식이 있다면 그것을 원형으로 한 재창조 사례는 있는가 등이다. 음악의 주목할 만한 창작활동은 물론 예술음악 작곡가들의 작품이다. 대구작곡가들은 메나리 토리 같은 지역고유의 음자료[14]를 활용하거나 팔공산 같은 지역적 상징물을 표제로 구상한 작품을 내놓았다. 위에서 언급한 지역문인들의 시에 음악을 붙인 경우도 그 예이다. 이 작품들은 비유적으로 말하면 논문 같은 학술적 활동이라서 지역민들의 향유물로서의 대상이 아닐 수도 있겠다. 그렇다면 서두에 언급한 두 개의 음악축제가 내세우는 장르에서 창작품의 성격을 살펴보는 것이 이 논의에 더 적합할 수도 있을 것이다. 인터넷 검색을 통한 수치여서 체계적 조사를 거친 결과는 아니지만 대구에서 기획되어 초연된 창작뮤지컬은 거의 30편에 달한다. 대구문화 264호(2007년 11월)는 대구에서 당시 신생 극단인 〈마카〉와 소극장 마카를 이끌면서 〈허브로드〉라는, "문화예술도시 대구와 대구의 대표 문화아이콘 중 하나인 약전 골목이 만난 창작뮤지컬"을 제작한 최주환

14 이보형. 1983. 「메나리토리 무가 민요권의 음악문화」. 『한국문화인류학』 제13집. 234쪽. "慶尙道 鄕土民謠 旋律의 歌調를 옛부터 「경상도 메나리조」 「경상도 메나리목」이라고 일러왔다."

대표를 인터뷰한 기사를 싣고 있다. 최대표는 "지역사회에서 뮤지컬의 나아갈 방향을 고민하는 데 한 목소리를 내고 싶어 뮤지컬 제작에 나섰다."고 했다. 그의 머리에 지역적 정체성을 뮤지컬에 담을 필연성에 대한 인식은 있는 듯하나 뮤지컬이 음악장르이고 그래서 지역음악양식이 자원 가능성일 수 있다는 인식은 있었을까를 묻게 된다.

지역 연주인들의 지역적 정체성에 대한 인식

현대 한국사회에서 전통음악의 흐름, 지역의 연주현황과 교육현황, 그리고 창작현황을 짚어 내리면서 내놓은 진단은 마지막으로 현장에서 연주인으로 활동하는 지역국악인들을 대상으로 확인작업을 시도하고 싶게 한다. 전국적으로 활동하는 지역 거주 타악주자들[15]에게 영남지역에서 성장한 고유한 장르가 있는가, 있다면 그 음악양식이 타 지역양식과 구별하여 어떻게 설명할 수 있을까를 물었을 때, 시원스레 답이 나오지는 않았다. 물론 지역장르로 영남토리 민요, 진주나 경주의 향제 풍류나 영제시조 등을 꼽기는 하였다. 오늘의 학술대회에서도 이 분야의 새로운 결과가 제공되었다. 이들은 이미 학술적으로 타지역 양식과 차별화된 것으로 확립된 자료에 기반

15 손정일과 최병길 면담. 2011년 10월 17일과 11월 9일.

한 논의를 담고 있지만, 이 질문은 그런 방식의 답을 기대한 것은 아니었다. 다만 지역양식의 훈련으로 성장하여 전국적으로 다니는 그들에게 어떠한 차별화 인식이 있는가가 궁금하였다.

경남 언양 얼음골 근처 외딴 마을에서 자란 타악주자 최병길은 자신이 7살까지 살았던 마을에서 자주 행해졌던 잔치를 이렇게 회상한다. "마을 소나무골에서 풍장으로 시작하여 한바탕 치고 빠지면 완전히 경상도식 '억수로 센' 반주를 배경으로 마을 주민들이 주특기를 뽐내는 음악과 춤으로 한바탕 노는 잔치였다. 호남의 애절하고 유연하고 부드러운 음악은 아닌 그러나 거리낌없이 재주를 뽐내게 하는, 그래서 독창적 표현을 부추기며 참석자 모두 한바탕 신명나게 노는 그들만의 잔치였다."[16] 그러한 풍장치기 문화에서 꽹과리, 장구, 북, 징 순으로 악기 연주기술을 습득한 최병길이 당시 타악전공을 뽑는 몇 안 되는 대학이었던 대구예술대학교에 들어가 처음으로 정악의 반주를 배우기 시작했을 때 자퇴를 결심할 정도의 어려움을 겪게 된 경험을 다음과 같이 회상한다. "어떻게나 뜸을 들이면서 여러 선율악기들이 각자로 흐르는지 정말 거기에 장구점을 어디에 대야 하는지 알 수가 없었다." 영남음악이 "리듬감각이 유별나서, 신나게 두들겨 대서 많이 튀고 강하다"는 표현은 다율리듬으로 복잡한 아프리카 인들에게 기능화성적 진행을 인프라로 깐 베토벤의 음악을 들려주었을 때 고개를 절레절레 흔들며 단순하다고 반응했다는 얘기와 일맥상통하는 것이다. 영남제 타악리듬에 신나게 한바탕 노

16 경남 밀양시 산내면 남명리에서는 2011년 10월 29일에서 30일까지 제14회 밀양 얼음골 사과 축제가 열렸다. 축제방문기에는 전통적 잔치와는 그 목적과 내용이 다르지만 여전히 잔치라는 이름을 붙이고 싶어 했다. http://blog.daum.net/mifaff/13431979 (2011.11.10.)

는 잔치는 이제 지역민들에게 더 이상 현실감이 없고 경험한 기억조차 없는 듯하다. 최병길도 이제는 전천후로 모든 장르에 맞춰 반주를 해내는 몇 안 되는 악사가 되었지만, 영남의 지역 음악양식은 최근에 와서 그 존재양상을 찾기 힘들 정도로 약화되었을 뿐만 아니라, 그러한 현실에 대한 인식 또한 약한 것이 아닌가 하는 질문에는 부정적으로 답하지는 않았다.

"대중음악과 호남 사투리의 감성 정치"라는 글을 쓴 최유준[17]은 공교육 시스템의 표준어 교육과정, 중앙방송국 프로그램의 전국적 영향력 등에도 불구하고 "21세기에 이른 지금까지 한국의 지역 도시민들이 고유의 사투리 음조를 지켜내고 있다는 사실이 경이롭기 까지" 하다고 표현하고 있다.[18] 그는 그러나 이제 지방사투리가 악역, 희화화된 인물, 하층민 등으로 등장하며 수도권을 중심으로 한 헤게모니에 일조하는 현상에 이르렀는데, 지역민들조차도 당연시하고 그에 한 걸음 더 나가서 자신의 전통을 타자화하고 억압하고 있다고 진단한다. 이 글은 호남사투리가 없는 대중음악이라는 기이한 현상을 적나라하게 그려내면서도, 지역민들이 자학적 인식에 메몰되었음을 고발하는 기능도 한다. 자신의 지역음악을 꿋꿋이 지키고 또 그 양식을 전국적으로 보편화시킨 호남에서 나온, 사투리 없는 대중음악에 대한 반성문이 자신의 지역적 유산에 대한 아무 자의식도 없는 무념무상의 영남과 크게 대비되어 다가온다.

---

17 최유준. 2011. 「대중음악과 호남 사투리의 감성 정치」. 『호남문화연구』 제29집. 517-550쪽.
18 위의 논문. 522-523쪽.

영남지역음악양식의 차별화논의를 마감하며

영남의 지역양식의 차별화 논의라는 제목으로 지금까지 필자는 주로 대구에 사는 하나의 지역민으로서 갖는 문제의식이 이끄는 대로 논의를 진행하였다. 체계적인 자료에 근거한 심각한 논의로 진행하지는 않았다는 의미이다. 그러나 이 문제의식은 2009년 2월 필자가 대학원생 논문지도를 위해 따라갔던 동해안별신굿의 현장연구 중에 매우 강하게 떠올라 시작되었으며, 이후 잠재되면서 모든 관찰에 깔리게 된 것이다. 그때 7일간의 총 33개의 거리가 연행되었는데, 거기에서 실습기회를 얻어 한 거리씩 연행한 신新무당 두 사람이 경기민요와 판소리 전공자였다.[19] 그들은 자신의 굿거리 연행에는 동해안식 무가를 배운 대로 연행은 하였으나, 청중의 흥을 돋우는 부분에서는 서슴없이 흥타령이나 판소리를 불렀다. 그것은 충격으로 다가왔는데, 그들에 의해 주도될 미래의 별신굿은 상당히 다른 방향으로 전진해 있을 터였다. 굿연행 전통을 무당의 후손이 더 이상 이어가지 않아 그 빈자리를 그들이 채우는 것은 어쩔 수 없는 현상이긴 하다. 그러나 지금까지 우리가 필연이라는 자위적 인식으로 받아들여 왔을 바람직하지 않은 많은 변화의 단초가 통상 우리가 인식하지 못하는 사이에 그렇게 일어났을 것이며, 그러한 인식을 놓치면서 그것에 대응할 기회도 사라져 온 것이다.

이제라도 지역사회가 이 문제를 인식해야 할 당위성은 있는가 그

19 최병길. 2009.「동해안 별신굿 장단연구」. 동아대학교 대학원 박사학위논문. 83쪽.

리고 지역사회에서 그 당위성에 비중을 둘 정도로 성숙한가. 영남지역양식을 가진 음악은 있어야 하며 길러져야 하는가라는 인식과 당위성을 학술적 장에 끌어들여본 사례가 우리 주변에서 있는가, 또 그러한 방향에서의 전진은 필요한가. 계명대학교 대학원에서 "지역음악연구"라는 과목을 30년 가까운 재직기간 동안 2010년 단 한번 개설했는데 3명의 최소수강자를 맞추지 못해 구걸해서 겨우 턱걸이로 열렸다는 사실에서 우리가 처한 상황을 다시 한 번 절감하게 된다. 지역음악연구가 더 활성화되어야 하겠다는 것은 여기서 강조될 필요는 없을 것이다. 그러나 지역정체성을 차별화하는 작업은 학술적 결과물 집적으로만 그쳐서는 안 될 것이다. 우리 지역의 누구든 그 문제를 인식하고 고유한 문화적 역량으로 키우려는 다각도의 노력 없이는 구체적 성과를 얻기가 어려울 것이다. 그것은 우리 아니면 아무도 해주지 않는 일인 것만은 틀림없다.

그것은 단순히 우리 지역 출신의 전통음악 장르나 인맥을 키우자는 인식을 자극하는 정도의 일회성 제스처에 그쳐서는 안 된다.[20] 우리는 우리 지역의 차별화라는 문제의식을 가지고 교육현장도 다시 돌아보고, 지방문화재 지정체계도 저 위에서 하라는 방식이나 다른 지역과 유별나지 않는 방식으로 그냥 하는 건 아닌가도 의심해봐야 한다. 예술에 전문가교육 못지않게 중요한, 저변확대를 위한 일반인의 음악적 교양교육에도 그 의식을 염두에 두면서 우리 지역문화와 교육의 인프라를 진지하게 비판적으로 바라보고 개선하려는 의지를 굽혀서는 안 된다. 특히 어떻게든 우리 특유의 향유 공간을 개발하

20 이창신. 2004. 「충북의 음악적 정체성과 향후 과제」. 『淸大學術論集』 제4권.

고 차별화된 축제를 창출해 내는 것은 지역음악의 정체성을 질문하고 구체화해야 하는 우리 지역인들의 몫이다.

참고문헌

김영운. 2003.「가곡과 시조의 음악사적 전개」.『한국음악사학보』제31집.

박미경. 2008.「축제문화에서의 음악: 그 편재성과 특화재성」.『관광연구』 제22권 4호.

_____. 2009.「2008 대구지역 축제현황과 진단」.『음악과 문화』제21호.

_____. 2010.『대구지역 국악인들의 전통예술 현대화 시도: 자료집』. 세계음악학회.

송혜진. 2009.『오래된 무대 새길을 찾다』. 민속원.

오삼교. 2002.「세계화 지방화 시대 지방분권의 논리」.『아태연구』제2집.

이보형. 1983.「메나리토리 무가 민요권의 음악문화」.『한국문화인류학』제13집.

이창신. 2004.「충북의 음악적 정체성과 향후 과제」.『淸大學術論集』제4권.

이현창. 2002.「대구 시립국악단 정기연주회 총람」.『음악과 문화』제7호.

채수정. 2010.「학교 교육 안에서의 판소리 교육 현황과 실태」.『판소리연구』 제30집.

최병길. 2009.「동해안 별신굿 장단연구」. 동아대학교 대학원 박사학위논문.

최유준. 2011.「대중음악과 호남 사투리의 감성 정치」.『호남문화연구』제29집.

"천연기념물 224호 얼음골이 키운 밀양얼음골사과 잔치에 가다" 2011.11.10. http://blog.daum.net/mifaff/13431979

경북대학교 입학정보 http://ipsi1.knu.ac.kr/

영남대학교 입학안내 홈페이지http://enter.yu.ac.kr/

[저자소개]

채희완(蔡熙完)

서울대학교 문리과대학 미학과를 졸업하고, 같은 학교 대학원 미학과를 졸업하였다. 청주사범대학 교수를 거쳐 부산대학교 예술대학 무용학과로 옮기고 현재 같은 대학 예술문화영상학과 교수로 있다. 〈한국춤평론가협회〉 회장, 〈한국민족극운동협회〉 이사장, 〈민족미학연구소〉 소장, 〈창작탈춤패 지기금지至氣今至〉 대표를 맡고 있다.

E-mail: bullim2040@hanmail.net

손태룡(孫泰龍)

현 한국음악문헌학회(『음악문헌학』) 대표이며 영남대(기악과), 연세대 대학원(음악교육학), 영남대 대학원(한국음악학) 졸업하였다. 『대구시사』(1991-1994), 『대구예술30년사』(1992-1993), 『경상도칠백년사』(1997- 2000) 집필위원으로 있다. 『한국전통음악가연구』(보고사, 2011)와 『한국서양음악가연구』를 비롯하여, 문화관광부 우수학술도서로 선정된 『사진으로 읽는 음악사』(영남대학교출판부, 2006)와 『한국의 전통악기』(2003)의 저서가 있으며, 제8회(1994) 금복문화예술상(서양음악부문), '94국악의해조직위원회 학술부문상, 제31회(2011) 대구시문화상(학술부문 : 인문·사회) 수상하였다.

E-mail: husb@chol.com

김성혜

현재 동국대학교 강사이며 경상북도 문화재 전문위원이다. 단행본은 『한국음악관련 학위논문총목』, 『한국음악학논저해제 2·3·4』 (공저 2000~2007, 『신라음악사연구』 (2007년 우수도서 선정), 『삼국시대 음악사연구』 (2009), 『신라토우 속의 음악과 춤』 (2010년 우수도서 선정), 『그림으로 보는 중국음악사』 (2010)의 저서외 「조선 초기 당악용 악기의 종류 고찰」 『음악과 민족』 (2011), 「경주의 유난곡과 동도국악원의 활동」 『한국음악연구』 (2011), 「백제 국가의례의 종류와 음악」 『한국음악사학보』 (2011)등 논문이 있다.

E-mail: sillakim@daum.net

정서은

경북대학교 예술대학에서 작곡을 전공하고 한국예술종합학교에서 「일제강점기 신민요의 음악학적 연구」로 석사학위를 받았다. 현재 한국학중앙연구원 음악학 박사를 수료하고, 경북대, 동국대, 창원대에 출강 중이다.

E-mail: sueeun0320@hanmail.net

이종희(李宗姬)

계명대학교 음악.공연예술대학 무용학과와 동 교육대학원 무용교육전공을 졸업하고, NEW YORK UNIVERSITY - The Steinhardt School of Culture, Education, and Human Development- Dance Education 에 수학하였다. 〈동해안 별신굿 푸너리춤〉, 〈여원무 연희 연구〉 를 저술하였고, 2003 하계유니버시아드, 2011 세계육상경기대회, 2012 제93회 전국체육대회 조안무를 역임하였다. 현재 계명대학교 무용학과 강사, 다움 무용단 부회장을 맡고 있다.

E-mail: soobee@kmu.ac.kr

김용철

계명대학교 무용학과를 졸업하고 세종대학교 대학원 무용학 석사 및 박사를 했다. 서울시립무용단원, 구미시립무용단 안무자역임했으며, 한예종, 세종대, 용인대, 상명대, 계명대강사를 역임했다. 현재 경기예고 연극영화과강사이며 섶-무용단 예술감독으로 재직 중이다. 1997 서울미래춤비엔날레 특별상 (붉디 붉은), 2000 한국문화예술진흥원 진진예술가(뉴욕연수), 2010 대한민국무용대상/경연대상 본선작품 BEST5(업경대), 한국춤비평가협회선정/비평가상BEST6(업경대), 공연과리뷰선정/제15회 PAF춤작가상(업경대), 연낙재 춤춤닷컴선정/올해의무용작품 BEST 5(업경대)에 선정되었다.

E-mail: seopdance@hanmail.net

최 헌

서울대학교 음악대학 국악과 및 동대학원을 졸업하고 성균관대학교 대학원 동양철학과를 수료하였다. 현재 부산대학교 한국음악학과에 교수로 재직하고 있다. 최근의 연구성과로는 「가야금과 고대음악」, 「한국모심기소리의 선율구조」, 「경상도 음악문화의 형성과 특징」, 「정선아라리의 선율구조 분석연구」, 「불모산영산재 범패의 선율구조」, 「한국민요 음악적 특징의 철학적 의미 연구」 외 다수가 있다.

E-mail : chhn130@hanmail.net

박미경

계명대 음악·공연예술대학 교수로 재직 중이며, 세계음악학회 회장을 맡고 있다. 서울대 작곡과 졸업, 미국 켄트 주립대 음악학 석사, 미국 캘리포니아대(UCLA) 음악학 박사를 졸업했다. 논문으로 「세계음악과 월드뮤직: 우리 문화현장에서의 관련 쟁점과 존재양상」, 「창작국악, 그 문화현상이 보여주는 스펙트럼」, 「축제문화에서의 음악: 그 편재성과 특화재성」, 저역서로 『진도씻김굿: 종족음악학적 접근』, 『탈서양중심의 음악학』, 『음악이론사 Ⅰ, Ⅱ』, 『진도씻김굿의 분석연구』, 편찬서 『세계음악장르용어사전』 등이 있다.

E-mail: mkp462@kmu.ac.kr

영남의 음악과 무용의 전통을 찾아서

2013년 1월 16일 초판1쇄 인쇄
2013년 1월 31일 초판1쇄 발행

지은이 **계명대학교 한국학연구원 편**
펴낸이 **신 일 희**
펴낸곳 계명대학교 출판부
(704-701) 대구광역시 달서구 달구벌대로 1095
TEL: (053)580-6233
FAX: (053)580-6235
홈페이지: www.kmupress.com
출판등록: 제347-1998-1호(1970. 9. 1.)

ISBN 978-89-7585-608-2 93600
정가 23,000원
*잘못된 책은 교환하여 드립니다.